入中論善顯密意疏

宗喀巴大師會通一切經教，互不相違，
認為一切聖言皆是最勝教授，
大乘道遍攝一切餘乘所有斷證功德，
一切至言皆攝入成佛大乘道支分中。

印度月稱論師◎造論

華夏出版公司本著「弘揚傳統文化，好書永世流傳」的理念，因舊版圖書年代久遠，囿於時空因素，在尚未能聯繫到原著作人並取得同意下，重新出版了這本著作，如有侵權，敬請著作權人或其親友和華夏出版公司聯繫，謝謝您。

入中論善顯密意疏序

佛說法四十九年全部精義實匯歸於般若大海中論爲渡般若之慈航入中論乃達中論之梯蹬總其要旨是在成立一切法無自性而建立因果緣起惟文義幽邃極難通達宗喀巴大師從而疏之顯彼密意全論以十波羅蜜配釋十地其前五度及後四度與大乘各宗無大差異而慧品中則詳辨正見廣爲質難不但不共瑜伽經有且不共自續別於他生義中廣破唯識分及清辨精微與妙嘆未曾有諸有智者幸善觀擇次封 仰慕此論前年春間曾請悅西格什依據藏文原本講授嚴定法師翻譯惜甫畢初地空襲頻仍格什復有赴藏之行遂爾中輟今幸

法尊上人善能遠承玄奘事業譯出斯論使渴望月稱者心願圓滿中觀正義亦得更爲光顯嗟夫正法凌夷邪說橫興殺伐相循靡有攸止用將此論付印流通伏冀見者聞者咸引發善根深信因果倘能於性空中不壞一切善行緣起上不起我我所執則彼岸在望跂足可躋豈特止戈息苦而已哉猗歟人法皈命曷極願長住世燭破羣昏

中華民國壬午初夏成都牛次封謹誌於成都西郊青龍埂子疏散區餘園

入中論大疏科文 分四

卷一

甲一 釋題義

二 釋禮敬

三 釋論義 分四

乙一 造論方便先伸禮供 分二

丙一 總讚大悲 分二

丁一 明大悲心是菩薩之正因 分三

戊一 明二乘從諸佛生

二 明諸佛從菩薩生

三 明菩薩之三種正因

二 明彼亦是菩薩餘二因之根本

卷二

卷一終

庚一　極喜地分三
辛一　略說地體性
二　廣釋地功德分三
壬一　莊嚴自身德分二
癸一　別釋功德分三
子一　得真義名初功德
二　生佛家等四功德
三　趣上地等三功德
癸二　總明功德
壬二　勝過他身德分三
癸一　此地由種姓勝二乘
二　七地由智慧勝二乘
三　釋成上說分三

子一　明十地經說二乘通達法無自性 分二

丑一　解釋釋論之意趣

二　明彼亦是入行論宗

子二　引教證成 分二

丑一　引大乘經證

二　引論及小乘經證

子三　釋妨難 分二

丑一　釋釋論已說之難

二　釋釋論未說之難

卷二終

卷三

壬三　初地增勝德 分四

癸一　釋初地之布施

二　釋下乘之布施分二
子一　由施能得生死樂
二　由施能得涅槃樂
三　釋菩薩之布施分四
子一　明菩薩布施之不共勝利
二　明二種人皆以布施爲主
三　明菩薩行施時如何得喜
四　明菩薩施身時有無痛苦
癸四　明施度之差別
辛三　結說地功德
庚二　離垢地分五
辛一　明此地戒淸淨分四
壬一　明此地戒圓滿

二　明依此故功德清淨
三　明戒比初地增勝
四　明戒清淨之餘因
辛二　明戒之功德分五
壬一　明於善趣受用施果必依尸羅
二　明生生展轉受用施果必尸依羅
三　明無尸羅難出惡趣
四　明施後說戒之理
五　讚尸羅爲增上生决定勝之因
辛三　明不與破戒雜住
辛四　明戒度之差別
辛五　結明此地功德
庚三　發光地分四

辛一 釋地名義

二 釋地功德分四

壬一 明此地忍增勝

二 明餘修忍方便分二

癸一 明不應瞋恚分四

子一 明無益有損故不應瞋

二 明不欲後苦則不應報怨

三 修能壞久修善根故不應瞋分二

丑一 正義

二 旁義

四 明當思不忍多失而遮瞋恚

卷三終

二　明理應修忍分二
子一　多思安忍勝利
二　總勸修習安忍
壬三　明忍度之差別
四　明此地餘淨德
辛三　明初三度之別
辛四　結明此地功德
庚四　燄慧地分三
辛一　明此地中精進增勝
二　明此地訓釋
三　明斷德差別
庚五　難勝地分二
辛一　明此地訓釋

二　明靜慮增勝善巧諸諦

巳二　釋第六現前地分四

庚一　明此地訓釋與慧度增勝

二　讚慧度功德

三　觀甚深緣起真實分五

辛一　立志宣說深義

二　可說深義法器

三　說後引發功德

四　勸法器人聽聞

三　宣說緣起真實分三

壬一　聖教宣說真義之理分二

癸一　引聖教

二　明了知真實之障分二

子一 明自續中觀派之實執分三

丑一 明實有與實執

二 以幻事喻明觀待世間之實妄

三 法喻合釋

子二 明應成中觀派之實執分二

丑一 明由分別增上安立諸法之理

卷四終

二 明執彼違品之實執

壬二 以理成立聖教真義分二

癸一 以理成立法無我分四

子一 就二諦破四邊生分三

丑一 立無自性生之宗

卷五

二 成立彼宗之正理 分四

寅一 破自生 分二

卯一 以釋論之理破 分三

辰一 破自許通達真實之邪宗 分二

巳一 破從同體之因生 分三

午一 從同體因生成無用

二 從同體因生違正理

三 破彼救難

巳二 破因果同一體性 分三

午一 種芽形色等應無異

二 破其釋難

三 二位中應俱有俱無

辰二 明末學宗派者之名言中亦無

三、結如是破義

卯二　以中論之理破

寅二　破他生分二

卯一　敍計

二　破執分二

辰一　總破他生派分五

巳一　正破他生分三

午一　總破他生分二

未一　以太過破分二

申一　正明太過

二　決擇彼過分二

酉一　明他生犯太過之理

二　許太過反義亦無違

未二　破釋妨難分二

申一　釋難

二　破救

午二　別破他生分二

未一　依前後因果破他生分二

申一　正破

二　釋難

未二　依同時因果破他生

午三　觀果四句破他生

卷五終

卷六

巳二　釋世間妨難分二

午一　假使世間共許他生釋世妨難分二

未一 世間妨難

二 答無彼難分五

申一 二諦總建立分四

酉一 由分二諦說諸法各有二體

二 明二諦餘建立

三 觀待世間釋俗諦差別

四 明名言中亦無亂心所著之境

申二 正釋此處義

三 別釋二諦體分二

酉一 釋世俗諦分三

戌一 明於何世俗前爲諦何前不諦分

二

亥一 正義

二　釋煩惱不共建立

戌二　三類補特伽羅見不見世俗之理

戌三　觀待異生聖者成爲勝義世俗之理

酉二　釋勝義諦分二

戌一　解釋頌義

二　釋彼妨難

申四　明破他生無世妨難

申五　明世間妨難之理

午二　明世名言亦無他生釋世妨難

巳三　明破他生之功德

卷六終

巳四　明全無自性生分二
午一　破計有自相分三
未一　聖根本智應是破諸法之因
二　名言諦應堪正理觀察
三　應不能破勝義生
午二　釋妨難
巳五　明於二諦破自性生之功德分二
午一　易離常斷二見之功德
二　善成業果之功德分三
未一　明不許自性者不須計阿賴耶等分三
申一　釋連續文
二　釋本頌義
申三　釋所餘義分二

酉一　明滅無自性是不許阿賴耶之因由

酉二　明雖不許阿賴耶亦立習氣之所依

未二　明從已滅業生果之喻

三　釋妨難分二

申一　釋異熟無窮難

二　釋違阿賴耶教難

酉一　正釋違教之文義

二　離意識外說不說有異體阿賴耶之理

三　明密意言教之喻

卷七終

卷八

辰二　別破唯識宗分三

巳一　破離外境識有自性分二

午一　敍計

二　破執分二

未一　廣破分三

申一　破無外境識有自性之喻分二

酉一　破夢喻分三

戌一　夢喻不能成立識有自性

戌二　夢喻不能成立覺時無外境

戌三　夢喻成立一切法虛妄

酉二　破毛髮喻

申二　破由習氣功能出生境空之識分三

酉一　破說由習氣成未成熟生不生見境之識分二

戌一　敍計

二　破執分三

亥一　破現在識有自性功能

二　破未來識有自性功能

三　破過去識有自性功能

酉二　重破說無外境而有內識分二

戌一　敍計

二　破執

酉三　明破唯識宗不違聖教

申三　明如是破與修不淨觀不相違

未二　結破

卷八終

巳二　破成立依他起有自性之量分四

午一　破成立依他起之自證分四

未一　徵依他起之能立明其非理

未二　破救分二

申一　敍計

二　破執分三

酉一　正破他宗

二　自宗不許自證亦有念生分二

戌一　此論所說

二　餘論所說

三　釋難分二

戌一　釋餘現量及比量難

二　釋餘意識難

性同石女兒

六壞二諦

猛宗應隨修學

四　明破依他起與破世俗名言不同

巳三　明說唯心非破外境分三

午一　解十地經說唯心之密意分三

未一　以十地經成立唯字非破外境

二　復以餘經成立彼義

卷九終

卷十

三　成立唯字表心爲主

二　明外境內心有無相同

三 解楞伽經說唯心之密意 分二

未一 明說唯心都無外境是不了義 分二

申一 以教明不了義 分二

酉一 正義

二 明如是餘經亦非了義

二 以理明不了義

二 明通達了不了義經之方便

寅三 破共生

寅四 破無因生

丑三 破四邊生結成義

子二 釋妨難 分二

丑一 正義

二 總結

子三 以緣起生破邊執分別
子四 明正理觀察之果
癸二 以理成立人無我分三
子一 明求解脫者當先破自性我
二 破我我所有自性之理分二
丑一 破我有自性分六
寅一 破外道所計離蘊我分二
卯一 敍計分二
辰一 敍數論宗
二 敍勝論等宗
卯二 破執

寅二　破內道所計卽蘊我分五
卯一　明計卽蘊是我之妨難分二
辰一　正義分二
巳一　敍計
二　破執
二　破救
二　成立彼計非理
三　明計卽蘊是我之餘難
四　解釋說蘊爲我之密意分五
辰一　解釋經說我見唯見諸蘊之義分三
巳一　明遮詮遮遣所破是經密意
二　縱是表詮亦非說諸蘊卽我
三　破救

寅五　明假我及喻分四
卯一　明七邊無我唯依緣立如車
二　廣釋前未說之餘二計分二
辰一　正義分二
巳一　破計積聚爲車
二　破計唯形是車
辰二　旁通
卯三　釋妨難
四　餘名言義均得成立
寅六　明此建立易除邊執之功德分五
卯一　正義
二　釋難
三　車與我名法喻相合

四　明許有假我之功德

五　明凡聖繫縛解脫所依之我

丑二　破我所有自性

子三　觀我及車亦例餘法分三

丑一　例瓶衣等法

二　例因果法

三　釋難分二

寅一　難破因果過失相同

二　答自不同彼失分四

卯一　自宗立破應理分二

辰一　於名言中許破他宗

二　許立自宗

二　不同他過之理

三　如成無性難成有性

四　了知餘能破

卷十二終

卷十三

壬三　說彼所成空性之差別分二

癸一　略標空性差別

二　廣釋彼差別義分二

子一　廣釋十六空分四

丑一　釋內空等四空分二

寅一　釋內空分二

卯一　正義

二　兼明所許本性

寅二　釋餘三空

丑二　釋大空等四空

三　釋畢竟空等四空

四　釋一切法空等四空分三

寅一　一切法空

二　自相空分三

卯一　略標

二　廣釋分三

辰一　本法自相

二　道法自相

三　果法自相

三　總結

三　不可得空與無性自性空

子二　廣釋四空

庚四　結述此地功德

已三　釋遠行等四地分四

庚一　第七地

二　第八地分三

辛一　明此地願增勝及起滅定之相

二　永盡一切煩惱

三　證得十種自在

三　第九地

四　第十地

卷十三終

卷十四

戊三　明十地功德分三

巳一　明初地功德

二　明二地至七地功德
三　明三淨地功德
丙二　果地分五
丁一　初成正覺之相分二
戊一　正義
二　釋難
己一　敍難
二　解釋分二
庚一　釋不證真實義難
庚二　釋無能知者難分二
辛一　正義
二　明理
丁二　建立身與功德分二

戊一　建立身分三

己一　法身

二　受用身

三　等流身分三

庚一　於一身及一毛孔示現自一切行

二　於彼示現他一切行

三　隨欲自在圓滿

二　建立十力功德分四

己一　略標十力

二　廣釋十力分二

庚一　釋處非處智等五力

二　釋遍趣行智等五力

三　一切功德說不能盡

四　知深廣功德之勝利
丁三　明變化身
四　成立一乘
五　成佛與住世分二
戊一　釋成佛時
二　釋住世時
乙三　如何造論之理
乙四　迴向造論之善
甲四　結義分二
乙一　何師所造
乙二　何人所譯

卷十四終

入中論善顯密意疏 卷一

宗喀巴大師造　　翻經沙門釋法尊譯

敬禮皈依恩師妙音與聖者父子足

釋第一勝義菩提心之一

一切深廣善說藏　普爲世間不請友　啓示三地善道眼
牟尼法王常照護　遍於無央佛會中　演唱最勝甚深處
作獅子吼無能等　妙音恩師恆加持　三世諸佛心中心
緣起中道離二邊　佛記龍猛如理釋　至心敬禮哀攝受
由前教授登高位　以自所見示衆生　演說善道得自在
敬禮吉祥聖天足　奉行至尊妙音教　開顯龍猛究竟意
證得悉地持明位　頭面敬禮佛護足　微細難測大仙道

龍猛不共諸關要　圓滿開顯月稱師　及靜天足我敬禮
龍猛提婆所成宗　三派大車廣解釋　我以無垢淨慧眼
不共要義皆善見　此間欲宣彼宗者　我爲除其惡說垢
因衆請故以淨語　當即廣釋入中論

今依月稱論師入中論釋解說無倒決擇深廣二義大入中論，分四

甲一　釋題義，甲二　釋禮敬，甲三　釋論義，甲四　釋末義。今初

「摩陀耶摩迦阿波達囉拏摩」

此論於印度四種語中，雅語爲「摩陀耶摩迦阿波達囉拏摩」，藏語「名入中」，其所入之中是中觀論。如云「爲入中論故」。又釋論於引根本慧時，每曰「中觀云」，故知是根本慧論也。雖般若燈論。依「摩陀耶摩迦」字根，謂中觀論與中觀宗皆名中觀。然此言「中觀」，當知唯是（龍樹）中觀論，勿作餘中觀論及中觀義解。

由此論入根本慧者。有謂彼論未廣說世俗勝義自性，此論廣說，故能入彼。然決擇眞實義之正理異門，根本慧中較入中論尤廣。故彼說未善。自宗謂由甚深廣大二門能入根本慧論。初如自釋云：「智者當知此宗是不共法」。又云：「不通達眞實義故謗此深法，今欲無倒顯示論眞義故，造此入論，入中觀論」。此說爲顯自宗所決擇之中觀義，不共餘中觀師。及顯中論不可順唯識釋，故造入中論。顯句論說：「依緣假立之理，如入中論應知」，又根本慧論與顯句論，皆未廣破唯識宗，惟此中廣破。故依此論二種所爲，乃能善解根本慧論之義，是爲此論入中觀之第一理門。二由廣大門入中觀者。聖者宗，不以有無通達甚深眞實義慧而判大小乘。但根本慧論除甚深品外，未別說有廣大大乘法。此論說彼以無邊理門，廣說法無我義。故於大小兩乘中，唯爲大乘所化而造。如自釋云：「又爲光顯法無我故，宣說大乘亦應正理，欲廣說故。聲聞乘中，則唯略說」。此說最顯，後當廣釋。是故若於彼論所說道中，別以聖者所說大乘廣大道而滿足之，極爲善說。爲滿足彼故，宣說異生地三法，聖位有學十地及果地。又於五地六地次第，宣說依止靜慮自性修正奢摩他，以觀察二無我眞實義之妙慧，修毘鉢舍那。故於思惟根本慧論義時。若不憶及此論所說諸法，而思惟甚深廣大和合之道次者。則知彼人失於造入中論之二種所爲。故依此論由廣大門入根本慧論之道，即是入中觀之第二理門。

甲二 釋禮敬

「頂禮曼殊室利童子」

頂禮妙吉祥者。是法先王之遺制，以此論爲勝義阿毘達磨，宣說慧學爲主故。

甲三 釋論義分四，乙一 造論方便先伸禮供，乙二 正出所造論體，乙三 如何造論之法，乙四 迴向造論善根。初又分二，丙一 總讚大悲，丙二 別禮大悲。今初

爲令悟入中觀論故，月稱論師造入中論。非但不得以餘論所禮聲聞獨覺爲禮供之境，即較之諸佛菩薩，亦應先讚諸佛最初勝因，救護生死牢獄所繫一切無依有情

爲相。因立果名號稱佛母之大悲心。爲顯此故，頌曰：

『聲聞中佛能王生　諸佛復從菩薩生　大悲心與無二慧
菩提心是佛子因　悲性於佛廣大果　初猶種子長如水
常時受用若成熟　故我先讚大悲心』

此中有二，丁一　明大悲心是菩薩之正因，丁二　明彼亦是菩薩餘二因根之本，初又分三，戊一　明二乘從佛生，戊二　明諸佛從菩薩生，戊三　明菩薩之三種正因。今初

從他聞正教授，修行證得聲聞菩提果，能以此義令他聞，故名聲聞。令他聞者，如經說「所作已辦，不受後有」等。無色界聲聞雖無此義，然不爲過。以有彼名者不必定有彼義，如陸生蓮華亦得有水生之名也。又聲聞之梵語「薩囉波迦」，亦訓「聞說」。從諸佛德聞成佛妙果之道，爲大乘種姓求彼道者說故。名曰聲聞。如法華經云：「我等今者成聲聞，聞佛演說勝菩提，復爲他說菩提聲，是故我等同聲聞」。此二義雖菩薩與聲聞相同，然「聞說」之義正屬聲聞。有說第三句中

無勝字，故前句是大乘菩提，後是聲聞菩提。但疏意不然，前是大乘菩提，次是往菩提之道。若謂何者？菩提雖亦從佛聽聞佛道，爲所化宣說。然經說聲聞，意取但說彼道，而自身全不修者。

中佛之佛。釋說：「佛之真實於三類補特伽羅處轉」。有謂此說「達朵佛陀之聲於三類補特伽羅處轉」，此說甚善。如云：「達朵爲真實。佛陀爲覺悟」。以取覺悟真實爲佛陀時，則三類補特伽羅皆有其義。「覺悟真實之聲，亦詮辟支佛」。但今誤譯爲佛。佛陀之聲，雖可通譯爲佛，但於此處則失當。以佛陀聲亦詮「華開」及「夢覺」，非必須譯爲佛也。

中者謂諸獨覺輩。由百劫中修集福智勝進，故勝出聲聞。然無福智二資糧，一切時徧一切有情之大悲及一切相智等，劣於正覺。故名曰中。有謂此智慧勝聲聞之義。如云「離所取分別」。彼說非理。此宗說聲聞獨覺亦能通達一切諸法無自性故。即彼說者，亦許彼義故。故知釋論說智勝進爲勝出。言勝進者謂所修道漸進漸妙。此復於百劫中勤修福智，非若聲聞不耐久修。雖諸福智皆可名爲資糧。然資糧之正義，乃無倒修行無上菩提之方便，能攝受自果者。如顯義論說，「大悲心等正行，以能攝取大菩提故，乃名資糧」。故具此義之福智乃資糧正義。不具此義者，乃通常資糧。且就資糧之梵語「三跋羅」之義訓而譯。由福智之行勝出聲聞。故於欲界最後生時，不依他教，能自發阿羅漢智。復以唯爲自利而得覺悟成阿羅漢。故名獨覺亦曰自覺。

「能士」者，二乘阿羅漢雖亦可名能。然非能王。唯諸佛乃稱能王。以得勝出聲聞獨覺菩薩之無上法王，彼三人亦依佛語而得法故。聲聞獨覺從佛生者，謂由佛力之所植生。以諸佛出世，必無倒宣說甚深緣起。二乘種姓於此聽聞思惟，精勤修行。卽能隨其信樂滿足聲聞獨覺所希願果。故說彼二由佛植生。若作是念：聲聞種姓雖有衆多從佛聞法卽於現生而證菩提。然獨覺種姓必不於現生趣證。說彼等於佛所說義聞思修行，乃圓滿自果。似不應理。無失，設有一類獨覺種姓，聞佛所說甚深緣起。已善通達眞實義諦。雖不卽於現生證獨覺涅槃。然彼獨覺行者，由修佛所說緣起力故，於他生中定得涅槃。如造定業雖不於造業生中卽受其報。然於他世則定受也。前說亦爾，由於佛所說法，聞思修行能滿所願，亦非依現生說也。此如四百論云：「設已知真實，現未得涅槃，他生決定得，猶如已造業」。中論亦云：「若佛不出世，聲聞已滅盡，諸辟支佛智，無依而自生」。釋論「設有一類」等義。有謂此答「若說緣起而非即得聲聞等果，應說緣起不能滿足聲聞等希願」之難。有謂此答「修緣起無生義，應無間能生彼果。然無此事。故後亦應不生彼果」之疑。彼二家俱未了達文義，以於諸佛植生獨覺最疑難處，理應別爲斷疑者，皆未能斷故。

戊二　明諸佛從菩薩生

若聲聞獨覺從諸佛生諸，佛復從誰生。曰諸佛世尊從菩薩生。若作是念：豈非菩薩從佛教而生名佛子乎。是佛子，而又說諸佛從菩薩生，云何應理。如說彼子之父從彼子生。答：雖諸菩薩是佛子。然有二緣，菩薩亦得爲諸佛之因。初依分位差別說。如釋說：「以如來是菩薩之果故」。此謂「一切證佛位者，皆先由學地菩薩位來。約佛果之同類因，故說菩薩是諸佛因。次依勸令發心者說。如契經說：文殊室利菩薩，勸吾等大師，及餘諸佛最初發心。此約菩薩，與餘菩薩所成之佛，作俱有因。成立諸佛從菩薩生。

有難：「敵者與諸菩薩是佛子故，應說菩薩從諸佛生，不應作相違說。諸菩薩是佛子，自既許之，則應解說彼與諸佛從菩薩生互不相違之理。今置彼不說，而別成立諸佛從菩薩生，云何應理？以縱能成此事，而前疑猶在，不能斷故」。此無失，釋論於解說佛從菩薩生之第一緣時，謂學位菩薩由修道而得佛果。是則彼菩薩非即彼菩薩所得佛果之子，嘗亦可知。豈說是彼佛子。又如從吾等大師所生之菩薩，是此佛之子，非謂此佛亦從彼菩薩生。敵者未能辨此理而起疑。釋論已爲解答。則有智者。於此疑難已渙然冰釋矣。然猶有多人妄於此義，而作無關之攻難，何哉！由菩薩是成佛之要因，故諸佛讚嘆菩薩。讚義有四：一菩薩爲諸佛之圓滿主因，故極應尊重。二說因位菩薩是應供養，則果位諸佛之應供養，自可知故。三如藥樹能與無量藥果，則於彼樹初生之嫩芽，應尤爲愛護，如是可知諸佛樹王能滿一切衆生所願，則於如佛嫩芽之初業菩薩，亦應勵力而愛護之。四契經稱讚菩薩，爲令會中三乘有情決定趣入大乘道。如寶積經云：「迦葉！如初月爲人禮敬，過於滿月。如是若有信我語者，應禮敬菩薩過於如來。何以故？從諸菩薩生如來故」。此是以教成立諸佛從菩薩生。前二因緣是以理成。由是當知餘論所禮之聲聞獨覺諸佛菩薩，令此論中未禮供者。爲欲禮供彼等之根本因。聲聞等二句顯示彼四爲次第因果者，爲抉出彼等之究竟根本因也。菩薩雖亦從佛教而生，然不於說「能王生」時，如二乘釋者。以說彼二從「能王生」，爲顯彼二究竟根本亦是大悲。菩薩根本是大悲心，論後當別說故。

戊三明菩薩之三種正因。

若聲聞獨覺從諸佛生，諸佛復從菩薩生者。是諸菩薩之因復云何？謂大悲心，與通達遠離有事無事等二邊之慧，及菩提心。此三即是諸菩薩佛子之正因。菩提心者，釋論引經云：「如自所達法性，願諸有情皆能了達，此所發心，名菩提心」。此僅緣菩提心所爲之一分。釋論又云：「應發如此心，願我拔濟一切世間皆令出苦，決定成佛」。此未緣所得菩提，亦僅是相之一分。當如釋論於說依大悲心生菩提心處所說：「正法甘露妙味之因，永離一切顚倒分別爲相，一切衆生親友體性，正欲求得如是佛果」。此文顯說緣所得之菩提。故應許爲利一切有情，欲得無上正等菩提。乃爲圓滿發心之相。本論疏亦作此說。現觀莊嚴論所說亦同。安立此三爲菩薩正因，是寶鬘論意。彼云：「若自與世間，欲得大菩提，本謂菩提心，堅固如山王，大悲徧十方，不依二邊智」。此但說爲菩提之根本。未直說爲菩薩之根本。然根本卽最初義，以彼以三種正因爲最初，故知卽是菩薩之正因。又說三法爲菩薩因者，在觀察聲聞獨覺既從佛生，諸佛從菩薩生，則菩薩復從何生，故知非是能建立因，乃明菩薩之能生也。

如是立此三法爲菩薩因，其最初得名菩薩者，是否指最初入道者而言。是則不應安立大乘發心爲彼之因，以初發彼心者，卽立彼爲菩薩數故。亦不應安立不依二邊智爲彼之因，以諸菩薩要先發世俗菩提心，而後乃學菩薩六度行。要學般若波羅蜜時，乃學不依二邊之智故。若謂否，則與所說如初月及如藥樹嫩芽之菩薩皆成相違。答：不許後說。雖許初說，然無前二過。以菩薩前導之發菩提心，意在修學發心，非謂修成之真實發心。此如嘗蔗皮及皮內之汁味。若但發宏誓，爲利一切有情故，願當成佛。此乃隨言作解。如嘗蔗皮之味。雖此亦名爲發心，然非真發心。若依修菩提心之教授而修，發生超越常情之勝證，如嘗蔗漿之真味。卽真發心。勸發增上意樂會，卽依此義密意說云：「愛樂言說如蔗皮，思惟實義若真味」。利根菩薩種姓，先求真實正見，次乃發心。故亦無後過。所言無二慧，非無能取所取二，乃釋論所說之離二邊慧。此亦不妨於菩薩之前有之。有謂此是勝義菩提心，極爲不可。以所言無二慧，是初入道菩薩之因慧也。

丁三明彼亦是菩薩餘二因之根本

三因中以大悲爲主。由大悲心亦是菩提心與無二智之根本。爲顯此故，說「悲性」等一頌。大悲心於豐盛廣大之佛果，爲初生要因，如種子。中間令增長，如水潤。後爲衆生常時受用之處，如果成熟。故我月稱，於聲聞獨覺諸佛菩薩及餘二因之先，或造論之首，先讚大悲心。此非入後文方讚，卽此所說於生佛果初中後等卽是讚嘆也。性者，顯佛果三位中之心要，唯一大悲。不如外穀初中後三位之要因別有三事。爲最初宗要如種子者。謂具大悲心者，見有情受諸苦惱，爲欲救一切苦有情故。便緣所爲事而發心曰：「我當度此一切有情出生死苦，令成佛道」。又見要自成佛道，乃能滿彼願。故復緣菩提而發心言：「我爲利益諸有情故，願當證得無上菩提」。又見不修無二慧所攝施等諸行，則彼誓願終不能成辦。乃進修智慧等行。是故大悲心爲一切佛法種子。寶鬘論依此義云：「若大乘經說大悲爲前導，諸行無垢智，有智誰謗彼」。此說大悲爲前導，菩提心所引諸行，與離二邊無垢淨智。此三行攝一切大乘義盡。

爲中間要因如水潤者。謂大悲種子發生菩提心芽已，若不時以大悲水灌漑之，則不能修習二種廣大成佛資糧。定當現證聲聞獨覺涅槃。若以悲水時加灌漑，則必不爾。

爲末後重要如成熟者。謂成佛已，設離大悲心，則必不能盡未來際爲諸有情作受用因。亦不能令聲聞獨覺菩薩聖衆展轉增上。若於果位有大悲相續者，則一切皆成。

如是解釋悲性等四句之義。應知即是顯示，樂大乘者應先令心隨大悲轉。次依大悲，至誠引發衆相圓滿大菩提心，既發心已則學菩薩諸行，尤應徹了甚深正見。

丙二 別禮大悲分二 丁一 敬禮緣有情之大悲，丁二 敬禮緣法與無緣之大悲。今初，頌曰：

『最初說我而執我，次言我所則著法，如水車轉無自在，緣生興悲我敬禮。』

由我執薩迦耶見故，引生我所執薩迦耶見。故有情類於生我所執薩迦耶見之前，先起我執薩迦耶見，於無自性之我妄謂有性。乃於所說之我執為寔有。次由我所執薩迦耶見，離於我執所緣境，緣餘眼色等法，謂是我所有。乃於我所着為實有。由是流轉生死，如水車之旋轉不已，不得自在。緣此衆生而興大悲者，我今敬禮。此即敬禮緣有情之大悲。

諸衆生類如水車者，諸有情與水車輪，是能同所同之總體。其相同之理，釋論別說若喻若法各有六義，今且合說之。一此有情世間，為惑業繩索所繫。二由識推動之，如旋轉水車之人。三於上自有頂下至無間，深邃生死大井中無間旋轉。四墮惡趣時不待功力任運而墜，升善趣時要極大勤勇方得上升。五雖有無明愛取煩惱雜染，及行有業雜染，餘七支生雜染，然前後次第則無一定。六恆爲苦苦壞苦行苦之所逼惱，故諸衆生迄未有出輪轉之時。

此六門法喻合說，非僅令了知有情流轉之理而已。前雖說樂大乘者應先發大悲。然未說如何修習，悲心乃發。今說有情無有自在，流轉生死。卽顯由此修習乃能引發大悲心。此復應思由誰令其流轉，謂最不寂靜未善調伏之心。於何處流轉，於上自有頂下至無間，流轉不息。何因如是流轉，由惑業增上力故。謂由非福業及煩惱力則墮惡趣，由諸福業不動業及煩惱力則升善趣。墮惡趣者，不待功力而任運自墮，升善趣者，非極大勤勇修集彼因，難得上升。如阿笈摩說：「從善趣惡趣死，墮惡趣者如大地土。從二趣死而生善趣者如爪上塵」。又於某一緣起中三種煩惱隨一生時，其他緣起之餘二雜染亦相續不斷。又時時爲三苦之所逼惱，如水浪之滾滾而來。此復應知初發業者，若未思自我流轉生死而令心厭離。則於思惟他有情時，不忍其受苦之心，必不能生。故當如四百論釋所說，先於自身思惟己，次緣他有情而修。修他有情於生死中受苦，爲卽此能引生大悲心耶？抑須餘法助成之？曰：現見見怨家受苦者，非但無不忍心，且心生欣幸。見非親非怨者受苦，則多捨而不問。是於彼無悅意相之所致也。若見親屬受苦，則心多不忍，其悅意愈重，不忍受苦之心亦轉增。故欲引生大悲心者，於餘有情務須心生最可愛樂悅意之相。此悅意相由何方便得引生？諸大論師略有二規，一，如月稱四百論釋說：「思惟一切有情從無始來，皆是父母等眷屬，爲度彼等故，能入生死」。大德月及蓮華戒論師亦如是說。二，靜天論師之規，如餘廣說應知。

若能於有情思惟最可悅意，及於生死受苦之理，而修大悲心，則月稱論師作此不共禮敬方爲有義。若不能者，雖自矜聰智，直與鸚鵡誦經等耳。此爲緣有情大悲心之理，至下當釋。

丁二　敬禮緣法與無緣之大悲。

緣法與無緣之大悲，亦由所緣而顯。頌曰：

「衆生猶如動水月，見其搖動與性空。」

由見衆生如水中月影，爲風所動，刹那動滅。緣彼而起大悲心者，我今敬禮。此即敬禮緣法之大悲。由見衆生如水中月影，似有自性而性空。緣彼而起大悲心者，我今敬禮。此即敬禮無緣大悲。釋論略「緣生，」而僅引上句「與悲我敬禮」者，意謂後二所緣中，已說有「衆生」矣。

此謂如澄淨水，微風所吹故，波浪遍於水面。水中月影與彼所依之水，同時起滅，如有彼月自體顯現可得。然諸智者，則見彼月刹那無常，及所現月自性本空。如是菩薩隨大悲心者，見諸有情，隨薩迦耶見大海。無明大水流注其中令極增廣。非理作意邪分別風鼓動不息。往世所造黑白衆業，如空中月。今世有情如彼月影。刹那生滅爲諸行苦之所逼迫，而自性本空。緣此便有大悲心生。此亦由思有情悅意，及流轉生死，而後能生。已如前說。此中薩迦耶見即是無明，而復別說無明者。意取能引薩迦耶見之法我執無明。

釋論，不以行相，而以所緣境分別三種大悲。則知彼三，皆以欲令有情離苦爲行相。雖亦同緣有情爲境，而所緣不同。初大悲時，說「緣生興悲」，後二悲時亦說「衆生猶如」，此卽顯示同緣有情。若爾何別？應知緣法大悲，非但緣總有情，乃緣刹那起滅之有情。卽緣刹那無常所差別之有情也。若能解有情刹那起滅，則必已遣除常一自在有情之想。故亦能解定無離蘊異體之有情。爾時便知有情唯是五蘊和合假立。卽緣蘊等法上假立之有情。故名緣法。此說無常有情僅是一例，卽緣無寔主宰之有情，亦是緣法所攝。實緣法上假立之有情，而但云「緣法」者，是省略之稱也。無緣大悲亦非但緣總有情，乃緣自性本空之有情。所謂無緣者，謂無執實相心所著之境也。實是緣非實有所差別之有情，而但云「無緣大悲」者，亦是簡略之稱。藏人註疏。多謂「第二大悲緣刹那生滅，第三大悲緣無自性」。蓋是未解悲心所緣行相之談。此二大悲亦以欲令有情離苦爲行相，若以那刹生滅與無自性爲行相，則於一大悲中，應有不同之二行相矣。以是安立彼二義所差別之有情爲大悲之所緣。成就此二大悲心者，由先知有情是刹那生滅及無自性，便能現起二差別相（刹那相與無自性相）。非大悲心直緣彼二也。

本論釋論皆說後二大悲緣上述差別相所別之有情。第一大悲則非緣彼所差別者，但緣總相有情，依此說名緣有情大悲。以是應知或說第一大悲要緣常一自在之有情者，所說非理。以未得無我見者之大悲，多有僅緣有情總相者。卽得共同人無我及真理見者之大悲，亦多有未緣差別相所別之有情。喻如能遣瓶上常執已達無常者，非凡緣瓶心皆緣無常所別之瓶。卽未達瓶無常者，亦非皆緣常相所差別之瓶也。此三大悲隨緣某一所緣，皆以救拔一切有情出苦爲相。故與二乘之悲心有大差別。若已發起諸大悲心，便能引大菩提心，我爲利益一切有情，願當成佛。禮供文中所讚之大悲，雖以最初大悲爲主。但菩薩身中餘大悲心，亦是所讚。故此處釋論中說發大悲心之菩薩，亦不相違。

若爾，最初入道菩薩正因之大悲中，爲有三種大悲否。曰不定。大乘種姓隨法行者則有。彼先決擇勝義之正見，次乃緣有情發大悲心。依大悲故發菩提心學菩薩行能仁禁戒。若大乘種姓隨信行者則無。彼不能先達真理。待發心已，方能求真理正見及學菩薩行。如中觀莊嚴論云：「先求真理智，勝解勝義已，緣惡見世間，遍發大悲心，精勤利衆生，增長菩提心，受能仁禁戒，悲慧所莊嚴。諸隨信行者，發大菩提心，受能仁禁戒，次勤求真智」。

本論伸禮供已，雖未立誓願，然亦無失。如中觀論與六十正理論。亦有但立誓願無禮供者，如親友書。此入中論爲造論而伸禮供，應亦兼含立誓之義。

使他趣入之因，謂所爲繫屬等。本論所詮，卽甚深廣大二義。其不共所爲如前已說。所爲之心要，暫時者，謂由了解論義，如法修行，進趣四道。究竟者，謂證果地。所爲心要，依於所爲，所爲依於論，卽是繫屬也。

乙二 正出所造論體分二，丙一因地，丙二 果地。初又分三，丁一 總說此宗修道之理，丁二 別釋異生地，丁三 廣明菩薩聖地。今初

若謂此論隨順龍猛決擇菩薩甚深廣大之道，未知龍猛宗於趣入佛地之道次第如何？曰：應先以聞思力決擇龍猛菩薩等宗義。於修行之真實道獲大信解，不爲諸餘似道所引。若於諸大論師之論典專精研習，而於修道之理心無定解。則彼聞思未見扼要。雖於大乘多施劬勞，終難得真寔之果。故於修道之次第，當勤求了知。

龍猛菩薩說道之一分者多，說道之全體謂依深廣二分者，現有三論。一寶鬘論：「本謂菩提心」。及「大悲爲前導」等，前已引訖。論中又云：「菩薩諸功德，今當略宣說，謂施戒忍進，靜慮慧悲等，施謂捨自利，尸羅則利他，忍辱離瞋恚，精進長白法，靜慮專無染，慧決擇實義，悲於諸衆生，一味大悲慧。施富戒安樂，忍悅進有威，禪靜慧解脫，悲修一切利。此七能盡攝，一切波羅密，得不思議智，世世間依怙尊。」此卽說六度與勝利，及大悲之助伴，皆應修學。論中又說，諸行以菩提心爲前導，及由諸行進趣菩薩十地等。二法界讚：說皈依，次發菩提心，修習十度增長界性，及十地等。此卽道體之攝頌。三集經論：廣釋彼（道體之攝頌）時，復說暇滿難得，聖教難信，發菩提心尤爲難能。又謂普於一切有情發大悲心甚不易。其能斷除毀傷菩薩，輕懱菩薩，諸魔事業，謗正法等障，則爲尤難。此論所說雖較前二論爲明顯，然修道之次第猶難了知。

受持此宗之靜天論師，造集學入行二論。尤以集學論所說，顯而且廣。彼謂先思暇滿難得，於現生中取堅攝義。次修淨信，尤應思惟大乘功德生堅固信，發願菩提心。次受行菩提心之律儀。次緣自身，資財，善根，總修惠施，守護，淸淨，增長等，又四百論亦說甚深廣大之道體。中觀心論，中觀莊嚴論，中觀修次第三論等，略說道體亦復相同。故住持龍猛宗之諸大論師，所說之道體皆相同也。初修業者於此等法易生定解之方便，然燈智於菩提道次第論中，已顯了宣說，如彼應知。

丁二　別釋異生地

若此論中決擇菩薩甚深廣大二道，及彼果者。則於菩薩道極關重要之異生地諸道次第，應於禮敬後宣說。今未說彼而卽說聖地何耶？答：已於禮敬時說。前明修三種因乃成菩薩，卽是顯示欲入大乘者須先修彼三法，故此處不復宣說。又彼三法非僅道前須修，卽成菩薩亦應修習。其不依二邊之智尤爲諸行之上首。以彼爲例，則施等餘行亦皆須學。如集經論云：「菩薩若無善巧方便，不應修學甚深法性。以方便智慧雙運，乃是菩薩之正行」。此說當學二種資糧雙運之道。僅有智慧或方便一分，不應知足。若全無殊勝方便智慧，僅修心一境性，尤不可恃。

未知觀察真義正理所破之界限而妄破一切者，現世大有其人。誤以一切分別皆是寔執。謂一切名言安立皆唯就他而立，佛果唯有智慧觀空之真如法身，佛色身是所化相續中攝。若爾，則以教理成立聲聞獨覺從諸佛生，諸佛從菩薩生等，一切皆非入中論之自宗。彼謂修三法乃成菩薩，亦非中觀師自宗，唯就他而立。總之凡自宗所應修之道，悉皆毀謗。與論說自性本空之有情，有六法如水車流轉生死等，悉成矛盾。應知彼等始從禮供乃至論終，皆是倒說也。

聖地所說修學施等，多有爲異生地所應學者。故於現在卽應精勤修學。

丁三 廣明菩薩聖地分三，戊一 十地總相建立，戊二 諸地各別建立，戊三 明十地功德。今初

此中說極喜等十一地者，如寶鬘論云：「如聲聞乘中，說聲聞八地，如是大乘中，說菩薩十地」。今依彼論所說十地及佛地略說爲根本，并依十地經。彼說極喜等十地爲十種發心者，意取勝義發心。建立爲勝義發心之十地，釋論以地之體性，何法攝持，得名，及其名義四義而釋。如云：「菩薩無漏爲悲等所攝持，各別

分位，名之爲地。是功德所依故」。其體性之無漏智。有說如俱舍漏不隨增者，名爲無漏。是未解此宗安立無漏之義。自宗謂實執無明與彼習氣隨一所染，卽爲有漏。離染之智乃是無漏。如顯句論云：「離無明翳障諸智，非觀待無漏境性」。此復應知，未得佛地以來，其未爲無明習氣所染之智，唯聖根本無分別智。彼亦是暫時。從根本定起，仍生習氣爲彼所染。乃至七地以來有無明染。八地以後與阿羅漢，斷盡能染之無明則無彼染。然仍爲無明習氣所染。又釋論說初地始名無二智者。是約無心境別異之二相而說。非謂遠離二邊之智。又此論師多說離無明翳之智慧。故有說無明及彼習氣盡時智慧亦滅，以爲論師宗者。如觀行派外道，妄計垢盡心亦盡。是大斷見。有說聖根本定中無智者，亦與彼同。寶鬘論云：「見彼則解脫，爲由何法見？名言說爲心」。此問由何法能現見真理。答以於名言中由心現見。法界讚亦云：「猶如火浣衣，爲衆垢所污，投於猛火中，垢焚非衣損。如是光明心，爲貪等垢染，智火燒其垢，非彼光明性」。此說如石綿衣若有垢染投入火中，火能燒垢而不損衣。如是心垢用智火燒，僅燒其垢。非光明心亦隨之而遷。

菩薩聖根本智，雖與二乘聖根本智，俱無明習氣所染，現證法性。然安立爲菩薩聖地者。在是否隨大悲轉，有無十二類百種功德等增上。又如上說，於資糧加行道中，是否以無量理門，觀察二無我之真義。卽從彼智現證眞理，亦與二乘有大差別。各別分位者，謂卽一無漏智，就義別立，前後諸分位，卽各別諸地。名爲地者，以是功德依處，猶如大地，故立是名。此等是說勝義十地皆依無分別智安立。雖是一智，略以四門差別，各別立爲極喜地等。一，由功德數量展轉增長之差別，謂初地中有十二類百功德，第二地中有十二類千功德等。二。由殊勝神力展轉增長之差別，有說此謂能動百佛土千佛土等。然彼已攝入功德數量增長之內。此中似說各地淨垢之力與進道之力展轉增長。三，波羅蜜多各別增上之差別，謂初地布施波羅蜜多增上，二地持戒波羅蜜多增上等。四，受異熟生展轉增長之差別，謂初地作贍部洲王，二地作四大洲王等。以是當知各地無分別智，成就功德數量之功能，勝劣有大差別，故各別安立爲地。各地後得位之功德，亦各地所攝。故非唯說根本智德。

諸地差別雖如上說，然勝義地之所緣行相，則無不同。如十地經云：「如空中鳥跡，智者難思議，菩薩地亦爾，難說能聞况」。此說如鳥雖於空中飛翔。然彼鳥跡，世間智者語所不能議，心所不能思。如是如飛鳥之勝義地，雖於如虛空之法性中行。然彼行相，卽彼聖者亦不能如自所證而說，聞者亦不能如彼所現見而聞。

入中論善顯密意疏卷一終

入中論善顯密意疏　卷二

宗喀巴大師造

釋第一勝義菩提心之二

戊二　諸地各別建立分三，己一　釋極喜等五地，己二　釋第六現前地，己三　釋遠行等四地。初又分五，庚一　極喜地，庚二　離垢地，庚三　發光地，庚四　燄慧地，庚五　難行地。初又分三，辛一　略說地體性，辛二　廣釋地功德，辛三　結說地功德。今初

「佛子此心於衆生，爲度彼故隨悲轉，由普賢願善迴向，

安住極喜此名初」。

安住初地之佛子。由見衆生皆無自性，以無自性爲悲心緣境之差別。此心爲度諸**衆**生故，隨大悲轉。由普賢菩薩之大願，迴向衆善。其無二相智，名曰極喜。證得功德數量等果。此地菩薩之勝義心，名最初出世間心。初地菩薩發無數億大願

，如十地經之十大願等，皆可攝入普賢願中。故本論唯說普賢大願。於中「文殊室利勇猛智」等兩頌，集學論尊爲無上迴向。

釋論說如聲聞加行道非初果向，如是無間將入初地之勝解行地上上品菩薩，亦是未發菩提心地」。此約未發勝義心說。於彼地前，早有菩薩，已發無上菩提心。爲此宗所許，如前已說。

若作是念雜集論說：「始從一座順抉擇分，乃至未得初果，是預流向」。故譬喻不成。答：此兩派，俱舍論說要得聖道方立初果向，而集論則如上說。今此師所許同具舍論。亦與集經論相順，彼說假使有人經殑伽沙數刧，於日日中以百味飲食天妙衣服，供養世界微塵數隨信行者。若復有人，於一中日以一餐食供養一隨法行者，其福過彼無量數倍。復次設有人如前供養爾許隨法行者，若有餘人於一日中以一餐食供養一入人地者，其福過彼無量數倍。此中二隨行人，顯然是約資糧加行位說。

辛二 廣釋地德分三，壬一 莊嚴自身德，壬二 勝過他身德，壬三 初地增勝德。

初又分二，癸一 別釋功德，癸二 總明功德。初中又三，子一 得眞義名初功德，子二 生佛家等四功德，子三 趣上地三功德。今初，

「從此由得彼心故，唯以菩薩名稱說」。

菩薩入初地以後，已得勝義心，已超異生地。爾時唯應以勝義菩薩之名稱之。不應稱以不稱之名，以彼已成聖者故。釋論引寶雲經說：加行道上品世第一法，未得勝義菩薩地。故知特說勝義菩薩，非通名也。又般若經二千五百頌（即第十六會）說：「如實知無寔，無生，亦無虛妄，非如異生所執所得，故名菩薩」。此說諸法寔性，應如聖者所得而得。故彼所說之菩薩，亦是勝義菩薩，非異生菩薩也。

子二 生佛家等四功德

「生於如來家族中，斷除一切三種結，此菩薩持勝歡喜，亦能震動百世界」。

住初地之菩薩，過一切異生二乘地故，內身已生定趣佛地之道故，名生於如來家中。謂於自道種姓決定，不復更趣餘道也。又此菩薩已現見補特伽羅無我，故薩迦耶見及隨眠疑戒禁取等三結，一切永斷不復生。此說已斷三結種子。其薩迦耶見，是見所斷之分別起者，非俱生者。餘見所斷之隨眠，亦初地斷，何故唯說此三耶？雖有二釋，以俱舍所解為善。彼云：「或不欲發趣，迷道及疑道，能障趣解脫，故唯說斷三」。如趣向他處有三大障礙。謂不欲趣行，及迷失正道，疑惑正道。如是趣向解脫，亦有三障。由第一結怖解脫而不願趣行，由第三結。依止餘道而失正道，由第二結於道疑惑。故偏說斷此三結。

又此初地菩薩，入種姓決定，由得彼果功德，遠離彼地過失，故生不共之歡喜。由喜多故，說彼菩薩為持最勝歡喜者。由喜勝故，說此名極喜地。又此菩薩能周遍震動一百世界。

子三 趣上地等三功德

「從地登地善上進，滅彼一切惡趣道，此異生地悉永盡」。

初地菩薩爲欲進趣第二地故，起大勇猛，善進上地。又於得證初地時，此菩薩之一切惡趣皆悉永盡。豈不從得加行道忍位，便能不因業力而往惡趣，已盡惡趣道耶？得忍位已，不墮惡趣，非以對治壞彼惡趣之種子，特緣不具耳。此以眞對治壞彼種子名滅惡趣。集論亦說「惡趣之蘊界處等是所斷」也。又得初地時，此菩菩薩之異生地，一切永盡。

癸二　總明功德

「如地八聖此亦爾」

四果四向中，從阿羅漢下數至第八，即預流向名第八聖者，（即八人地）如彼創獲聖法，生隨順斷智功德。此菩薩亦爾，由得初地故，能斷過失，發生功德。

壬一　勝過他身德分三，癸一　此地由種姓勝二乘，癸二　七地由智慧勝二乘。癸三　釋成上說。今初

「即住最初菩提心，較佛語生及獨覺，由福力勝極增長」

菩薩之菩提心。不特二地以上，即住初心之極歡喜地，已由世俗菩提心及大悲心

福德之力，能勝於從佛語生之聲聞及辟支佛。較彼二乘之福德極爲增長。此如彌勒解脫經云：「善男子！如王子初生未久，具足王相，由彼種姓尊貴之力，能勝一切耆舊大臣。如是初發業菩薩，發菩提心雖未久。然由生如來法王家中。以菩提心及大悲力，已能勝於一切久修梵行之聲聞獨覺。善男子！如妙翅鳥王之子，初生未久，翅羽風力及清淨眼目之功德，爲餘一切大鳥所不能及。如是菩薩初發菩提心，生如來妙翅鳥王之家，此妙翅鳥王子，以後一切智心之翅力，及增上意樂清淨眼目之功德，彼聲聞獨覺雖百千劫修出離行，亦不能及」。疏抄謂此明世俗菩提心非也。此約勝義心說。經說初發業者及發心未久。與前說初地始生如來家中，其義相同。蓋本頌卽攝彼經之義也。又莊嚴大乘經論等亦多說清淨增上意樂發心，卽初地之發心。然則不許異生菩薩之世俗菩提心亦能勝過二乘耶？不爾，卽前經云：「善男子，如金剛寶雖已破碎，猶能勝過一切金莊嚴具，猶不失金剛之名，能除一切貧乏之苦。善男子，如是一切智心金剛寶。雖離修證。亦能勝過一切聲聞獨覺功德金莊嚴具。亦不失菩薩之名，能除一切生死衆苦。」所以知此是說世俗菩提心者。以集學論引證此經，謂大菩提心，雖離諸行亦不可輕毀。

若是已得大地之菩提心決無離諸行者。

癸二　七地由智慧勝二乘

「彼至遠行慧亦勝」

彼初地菩薩至遠行地時。非但以世俗菩提心勝二乘，卽勝菩提心智慧之力，亦能勝彼二乘。如十地經云：「諸佛子，譬如王子，生在王家具足王相。生已卽勝一切臣衆。但以王力，非是自力。若身長大，藝業悉成，乃以自力超過一切。諸佛子菩薩摩訶薩亦復如是。初發心時，以志求大法故，勝出一切聲聞獨覺。非以自智觀察之力。菩薩今住第七地，以自所行智慧力故，勝過一切聲聞獨覺所作」。初發心者，謂初地纔發淸淨增上意樂心。是則應知唯遠行地菩薩，乃能以自慧力勝過二乘。非六地以下。勝過一切聲聞獨覺所作者，卽以智力過勝二乘之義。以自所行智慧力者，謂了知菩薩實際滅定之殊勝。此中智力超勝者，有謂六地以下與七地智慧體性無別。然前者之智力無斷所知障之功能，第七地智則有能斷之力，故有智慧勝劣之別。有說七地以後乃能超越入三摩地。有說第七地智是趣向第八不退地智，故說智慧超勝。初且非理，此宗許一切補特伽羅寔執，皆是染汙無明。要永斷彼令不復生，須斷盡其種子。卽此斷德亦共二乘諸阿羅漢。故斷寔執種子，非斷所知障。若除種子，別立餘習氣爲所知障。則未至八地皆不能斷。故安立寔執爲所知障之宗派，分所知障爲輭中上九品，由二地等九品修道而斷。非此宗所許，下當廣說。次說亦非理。超越古譯次第錯亂，由此門入三摩地，非六地以下所能，七地方有云云，無經可證。第三說亦不然。解六地以下與第七地，能否以智力超勝之理，猶不能斷疑。如以宗爲因也。

疏抄說：「七地菩薩，有分別念，謂我當修道，故猶有功用，然不作意經等相法，故得無相道。六地以下及聲聞獨覺，無無相道，故由智慧能超勝之」。吾師解云：此應於通達真實之智慧，辨其差別。謂由緣實際真理之入定出定而分。經說第七地時，謂一刹那心能緣寔際滅定而入定出定，要七地方有，非以下諸地所能。此說極善。以勝解行地，心與真理尙未融合一味。故於出入空三摩地，猶不甚難。但至聖位，心與真理融合一味如水注水，出入彼定，轉極難也。

說初地功德，而敍七地以智力勝二乘，得無有紊亂之失耶？無失。本論釋初地等，依十地經。彼經分別解說，初地菩薩能以世俗菩提心勝過二乘，非以勝義菩提心勝。爾時應有作是念者，要至何地智慧方勝。經說至第七地智慧方勝。爲除彼疑，故本論於此中安立其義，極爲適當。

癸三 釋成上說分三，子一 明十地經說二乘通達法無自性，子二 引教證成，子三 釋妨難。初又分二，丑一 解釋論之意趣，丑二 明彼亦是入行論宗。今初

十地經說，六地以下不能以智德勝二乘。由此可知，二乘亦知法無自性。若二乘人無彼智者，則初發勝義心菩薩之智德，亦應勝彼。以彼不知法無自性故。如以粗靜相世間道而得離欲之仙人。釋論謂「猶如外道，聲聞獨覺亦應不能永斷三界煩惱及種子」，意顯若不通達空性修習，則如粗靜相世間道不能盡煩惱種子。又說：「不若通達真實義，則應緣色等五蘊而執實有。由此心顛倒故，則應不能圓滿了解補特伽羅無我。以於施設人我所依之諸蘊執爲實有之境，未能破故」。此

明若於施設所依之諸蘊，未能破執寔之境。則於安立之補特伽羅，亦不能破執寔之境。由未通達補特伽羅無寔，則亦不能圓滿了解補特伽羅無我也。此義極難通達，諸依本宗及靜天論師者，多未能善說。故更爲決擇之。或有作是念：若以正理決擇補特伽羅寔我。與諸蘊性，一異俱遣。則能定解空無我相及無常等十六行相。旣能解彼，則彼正所化機亦必緣彼極善修習，由修習力，定能現證補特伽羅無我。此是成立瑜伽現量諸理之所成立。由是因緣，現證彼義之見道，能斷分別煩惱亦得成立。若彼已成，則現見補特伽羅我已，更數數熏修之修道亦得成立。亦能成立斷除俱生煩惱，乃至漏盡。雖未通空性，亦能斷三界一切煩惱及種子。以所述見修斷惑之理，即出世間道斷惑之理也。故修無常等十六行相之道，亦能斷一切煩惱盡。

當釋此疑。吾等非說；未得真寔義見，則以正理決擇無常等十六行相，及彼所不勤修彼義，現見分粗補特伽羅無我，幷見後熏修，皆不可能。乃說彼道不能圓滿通達補特伽羅無我，非是真見道及出世修道，全不能斷見修所斷之種子。故說彼道爲見道修道，能斷二種所斷惑及種子，彼二道究竟能得阿羅漢果者，此皆判爲不了義。如唯識宗彼無方分極微與極微所集之外境，并與彼異體之能取，雖可以量成立。彼所化機久修彼義，則能現見。見後熏修雖亦得成。然若說彼道能登十地而趣後三道。則中觀宗釋彼爲不了義也。

況修無常等十六行相雖同，然許唯證如上所說之補特伽羅無我智，乃是解脫煩惱之道。如集論說：「無我作意能斷煩惱，所餘諸相是修彼之方便」釋論亦云：「空見能解脫，修餘爲證彼」。印度論師有誤解此中「空見」爲通達眞寔義之見者，深乖論義。論說空彼補特伽羅寔我之空見耳。此道雖不能永斷煩惱種子，然能暫斷煩惱現行。彼共外道之粗靜相道，尚能暫斷無所有地以下煩惱現行，而況前道之暫斷現行乎。然所言暫斷煩惱現行之煩惱，亦是集論俱舍所說之所緣行相煩惱。若本宗所說染污無明之寔執，及由彼所起之利鈍煩惱，凡異於對法所說者，則雖現行亦不能斷。又對法說有頂地攝之煩惱現行，粗靜相道雖不能斷。然修前說通達粗分補特伽羅無我之道，則亦能伏斷也。

此等卽是解說釋論：「凡未通達真寔義而說為對治煩惱之道者，皆與粗靜相道同，及如外道不能斷除一切煩惱」之意。

丑二 明彼亦是入行論宗

靜天菩薩亦許此義，入行論云：「由見諦解脫，何用見空性」。外人意謂由見無常等十六行相之道，已能解脫煩惱。故為盡斷煩惱，不須見無自性之空性也。答曰：經說無此道，不能證菩提」。意謂若無見自性空之道，則不能得三乘菩提。此如入行論大疏，引般若經說：「有法想者則無解脫」。及「預流乃至獨覺，皆依般若波羅蜜多而得道果」。有但釋為無上菩提者，非也。次說：「苾芻是教本」等四句，亦明心有寔執所緣之道，不能得於涅槃。次云：「若斷惑解脫，彼無間應爾」。若斷惑解脫，是勝敵者之宗。此與前說「由見諦解脫」義同。意謂若如汝說由修無常等十六行相之道，便煩惱而得解脫。此中所諍在唯修無常等十六行相之道，能否解脫煩惱。此卽從「由見諦脫」等諍論演繹而來，極為明顯。以是有人許唯修無常等十六行相之道，能斷盡煩惱。又說由彼不能解脫一切苦果，全非論義。此中破他意云：若由身心生起十六行相之道，其共聲聞兩宗所立煩惱暫不現行，便立彼爲煩惱已盡而得解脫者，則應暫斷煩惱現行之際，無間當得諸漏永盡之解脫。然「彼等雖無惑，猶見業能功」。雖暫無煩惱現行，猶見業力能引後有。故不應許爾。有釋論及藏人釋此論意，如目犍連及指鬘等。雖無煩惱，由昔異生位所造之業，猶受苦果，非無間而得解脫。不應如此釋。此中非說引生現法昔果之功能，乃說惑未永滅，由業功能引生後有，故不得解脫。如云：「由遠離空性，心滅當復生，如無想等至」。此說若離通達空性之智，雖修餘道亦能暫滅煩惱心現行。然非畢竟滅，當復生起煩惱現行。由業增上流轉生死永無止息也。敵者於「猶見業功能」，作如此難：「且謂無愛取，而云決定者」。謂由彼道斷盡受後有之愛，故決定不由業力更受後有。答曰：云「此非染污愛，如愚云何無」？此謂敵者既許愚癡無知，有染污不染污之二，何不許此愛，亦如對法所說，有染污不染污之二耶？然此乃說應有大小乘共許之非染污愛，非謂自宗許彼愛爲不染污也。故此是說，其有寔我補特伽羅我執所引諸愛現行雖暫斷除，然執補特伽羅由自性成，薩迦耶見所引諸愛猶不能滅。若作是思，若俱斷彼二宗所說之煩惱現行，不斷種子。現行之有無既同，何事分判愛之差別也！論曰：「由受緣生愛，彼等受仍有」。此即顯示餘道（十六行道）能斷餘煩惱現行。而不能斷愛之理。謂離真寔義見，則不能斷緣受之寔執無明，由是生樂受則起不離愛，生苦受則起速離愛，依於順緣具足障緣遠離之受因，定生愛果也。自宗於受斷愛之理，如入行論云：「若時無受者，受亦不可得，爾時見彼義，何故愛不滅」謂見受者及受都無自性；如是修習，方能斷愛。故亦是說若無此道則一切愛即不能滅。此亦即六十正理論義，如云：「若心有所依，惑毒寧不生」。此以有受之因而證有愛。西藏法獅子與自在獅子輩，破入行論云：「有因不能成立有果，故非善說」。此因習聞藏地諸師多說聲聞不證法無我義。又因未能精識論師之教理，乃於智者妄生毀斥。如是藏人有於月稱論師見其過失者，亦由未解論師之義，乃以似過妄相攻難。又如疏抄中所說：「無常等十六行相道，能斷分別煩惱，不能斷俱生」。亦不應理。以若約暫斷諸宗共許之煩惱現行而言，則分別俱生俱可斷。若約不斷種子而言，則俱不能斷。此亦不知月稱靜天意趣相同之失也。是故若未了知五蘊無寔，則不知補特伽羅無寔，亦卽不能通達補特伽羅無我。如於五蘊等法空無寔有，立法無我。則補特伽羅空無寔有，亦應立爲人無我，以其義相同故。以是執補特伽羅寔有，必應立爲補特伽羅我執。乃至彼執未盡，一切煩惱亦不能盡。執補特伽羅及法寔有，應皆煩惱障攝　靜天論師宗必應作如是建立也。

子二　引教證分二，丑一　引大乘經證丑二　引論及小乘經證，今初

顯句論引增上意樂請問經云：「如有人聞幻師奏樂，由見幻師所幻之女，起貪心而爲貪所縛。惟恐衆知，深生羞恥，從座起去。到靜處已，卽緣彼女作意不淨，作意無常苦空無我。善男子於意云何？當言是人爲正行耶爲邪行耶？白言：世尊！女尚非有，況緣彼女作意不淨，作意無常苦空無我。當言彼人是爲邪行。世尊告曰：善男子；若有苾芻，苾芻尼，鄔波索迦，鄔波斯迦，緣於不生不起諸法，作意不淨，作意無常苦空無我，當知與彼無異。我終不說彼愚癡人是修正道，當說彼等是行邪行」。此謂若緣幻女以爲寔女，卽緣彼女作意無常等五相，與執五

蘊寔有即緣五蘊作意無常等五相相同。其執五蘊寔有修無常等，乃於所著境錯誤之邪執，非量所能成。若未破寔執境未得正見者，不分別爲寔爲妄，但總緣五蘊修無常等，其所修義由名言量可容成立，修習此義亦能生起如上所說之道。

又顯句論引靜慮慳恪經說：「曼殊室利，諸有情類由不如寔見諸聖諦，以四顚倒顚倒其心，不能出離虛妄生死」。曼殊室利問佛云：「世尊！惟願爲說諸有情類由緣何事不出生死」。佛說「由不如寔了知四諦，故不能解脫生死」。曼殊室利又問：「於何境，如何執，故不能解脫生死」。佛答：「若作是念我當出離生死，我當得般涅槃。以寔執心修無常等。謂我已知苦，斷集，證滅，修道。我已獲得阿羅漢果。由暫離煩惱現行，即自謂諸漏永盡。臨命終時見生相現，遂於佛所而生疑謗。由此罪業墮大地獄」。此約一類住此道者，有如是過。非一切皆爾。前說要如寔了知四諦方能解脫生死，故曼殊室利復問云：「如何乃能通達四聖諦」。答曰：「曼殊室利，若見一切諸行無生，彼即知苦。若見一切諸行無起，彼即斷集，若見一切諸法畢竟涅槃，彼即證滅。若見一切諸法究竟不生，彼即修道」。

又說：「彼道能無所取而般涅槃」。此說要見四諦皆無自性，乃能解脫生死。則未離實執之道，決定不能出離生死，亦極明顯。故亦是說唯修四諦無常等十六行相之道，不能斷煩惱種子。斷彼種子，必須通達真實義而修習。有未善了別此等義者，妄謂聲聞唯修無常等十六行相，更無餘斷煩惱之道。乃說聲聞聖者非真聖者，聲聞阿羅漢非真阿羅漢。造毀謗聖人之重罪。作如是說者，若有菩薩戒即犯根本罪。以集學論說：「若執有學乘，不能斷貪等，亦令他受持」。即犯根本罪故。

能斷金剛經亦顯此義，如云：「善現！於汝意云何？諸預流者頗作是念，我能證得預流果不！善現答言：不也！世尊。何以故？世尊，諸預流者，無少所預，故名預流」。又云：世尊！若預流者而作是念，我能證得預流果者，即執我，有情，命者，補特伽羅」。於後三果亦如是說。此謂若預流者，於能得人及所得果執為實有而作是念，我能證得預流之果，即為執我。蓋執補特伽羅實有，即補特伽羅我執，執果實有，即法我執。所言諸預流者不執實有能證果者，約彼無有實執所著之境，非說彼身全無俱生我執也。於後三果亦應如是知。自續中觀師雖於此文有異解，然慧生論師引此文以證，證二乘菩提亦須通達空性，極爲善哉。如是諸教皆顯示，若離真實義見，則不能解脫生死。要脫生死則必須彼見。若說二乘阿羅漢未能解脫生死繫縛，非諸智者所許，亦不應理。故是明說二乘亦證法無自性。般若經等可引證者尚多，恐煩不述。

丑二　引論及小乘經證

寶鬘論云：「乃至有蘊執，從彼起我執，有我執造業，從業復受生。三道無初後，猶如旋火輪，更互爲因果，流轉生死輪。彼於自他共，三世無得故，我執當永盡，業及生亦爾」。初二句顯示若時於蘊有實執，即從彼執而起我執薩迦耶見。故斷盡薩迦耶見者，必須於蘊斷盡實執。由此可知二乘阿羅漢，亦於蘊斷盡實執。是則未破實執所著之境，即不能破薩迦耶見所著之境。故知大小學派共許之補特伽羅無我，但破粗分補特伽羅我，非是微細補特伽羅無我。是故有人見此論師或說二乘通達補特伽羅無我，與他宗相同。須說與他宗不同，唯在是否通達法無我理。寔係未解此宗正義。以釋論說若離真寔義見，亦不能通達微細補特伽羅無我也。次二句說以有薩迦耶見增上力，便造緊縛生死之業，以此業力復受生死。此亦約未破寔執所著之境者說，非謂凡有薩迦耶見皆爾。以至七地猶有薩迦耶見，而初地以上卽不由業力受生。此請教證，并明若不修真寔義見，則不能斷盡薩迦耶見。故亦卽是說：但無常等十六行相之道，不能斷盡煩惱也。故凡許此不共補特伽羅無我之理，而猶依於共許之補特伽羅無我，而明薩迦耶見，許彼煩惱建立。是未了不共宗義。成大矛盾。豈此大論師而有此失。故知本宗學者，若許二乘證法無我，然於煩惱建立，全不思惟不共之理是僅有信仰本宗之名而已。言「三道」者，謂煩惱業生三雜染。無初後者，謂由煩惱造業，從業感苦，復從於苦生同類果及煩惱等。由彼此更互相生，故前後次第無定，卽「更互爲因果」之義。又彼緣起，不從自生他生共生，其自性生於三世中俱不可得。見無彼故，或不可見故。卽能斷盡我執薩迦耶見。故亦能滅生死流轉。

決擇蘊等皆無自性已，又云：「如是如寔知，無寔衆生義，猶如火無薪，無住取涅槃」。此說由見真實義故而般涅槃。此非但依菩薩說如是見，乃依二乘說。以彼「涅槃」文後，復說「菩薩亦見彼，決定求菩提，然由大悲故，受生至菩提」故。釋論所引寶鬘論，係舊譯本，譯文欠善。

聲聞乘經亦有此說：諸聲聞爲斷煩惱障故，「諸色如聚沫，諸受類浮泡，諸想同陽燄，諸行喻芭蕉，諸識猶幻事，日親之所說。」以五喻觀察諸有爲法皆無自性。雖釋菩提心論云：「佛於聲聞宣說五蘊，於菩薩衆說色如聚沫等喻」。然彼論意。且約暫時不能了達真實義之聲聞而言，非指一切聲聞。以彼論亦云：「若不知空性，卽非解脫依，彼愚者流轉，六道三有獄」。

又聲聞藏中亦說諸法無自性義。如寶鬘論云：「大乘說無生，餘說盡空性，盡無生義同，是故應忍許」。此謂大乘經中，說無自性生爲空性，餘小乘經中則說有爲盡爲空性。以二種空性義同，故於大乘空性，應信可勿疑。

此二空性義同之理。有說：諸聲聞乘許有爲滅盡。若自性則滅盡不成。既許滅盡，則應先許無自性。故說彼義同。此不應理，若如彼說，則凡中觀師所許苗芽等法，皆有此義。則應許苗芽等一切法皆與空性義同。寶鬘論疏謂：「無生與剎那義無別」。亦是未解論義。此當如六十正理論疏說：先引小乘經云：「若於此苦，無餘斷。決定斷，清淨，永盡，離欲，滅，靜，永沒。不生餘苦，不生，不起，此最寂靜，此最微妙，謂決定斷一切諸蘊，盡諸有，離貪欲，息滅，涅槃」。次解此義云：「言此苦者，唯依現在身中苦蘊。說無餘斷，乃至永沒。依未來苦，說不生餘苦，乃至涅槃」。若謂「此苦」正詮煩惱，是總名詮別也。此不應理，若時總名，不可作總義解者，乃可作別義解。此中可就總名解故，不應作此說。若必如彼寶事師說，則寶性論之：「煩惱本盡故」，不應釋爲諸蘊本來無自性生，名爲本盡。若必釋爲由修道力無餘斷者，則有所證涅槃時，已無能證之人。有能證人時，蘊未永盡，則無所證之涅槃。故彼不能解說經義。若如吾等所許，此言永盡非由對治而盡，乃本來盡故名盡。則於經義善能解釋。龍猛菩薩謂經中所說之永盡，卽苦蘊寂滅之滅諦涅槃，與無自性生之滅諦義同。釋者多未能通達，故今詳說之。中觀論云：「世尊由證知，有事無事法，迦旃延那經，雙破於有無」。此亦顯示小乘經中雙破二邊者。此經出雜阿笈摩。上來僅略舉少分，餘寶鬘論，六十正理論，各種讚文中，猶多可引者。

子三 釋妨難分二，丑一 釋釋論已說之難，丑二 釋釋論未說之難。今初

釋論云：「設作是念，若聲聞乘中亦說法無我，則說大乘經應成無用」。此所出敵者，是清辨論師。以佛護論師第七品疏中解釋：「小乘經說一切法無我之義，即諸法無自性義」。般若燈論破云：「若如是者，則大乘經便爲無用」。今反破云：爲總說大乘經無用耶？爲別說大乘經說法無我爲無用耶？若如初難作決定說者（不犯不定過），則大乘經應唯說法無我，而寔不爾。以大乘經中更說菩薩諸地布，施等波羅蜜多行，大願，迴向，大慈悲等，二種廣大資糧，菩薩神力，及異生二乘不可思議之法性故。如寶鬘論云：「彼小乘經中，未說菩薩願，諸行及迴向，豈能成菩薩，安住菩提行，彼經未曾說，惟大乘乃說，智者應受持」。此破唯以小乘經所說之道便能成佛。不須別說大乘經之邪執。若如汝所解，應云：「唯小乘經所說之道猶不具起，故大乘經中別說法無我」。然不作彼說。而說：

「別說廣大行品」，故所難非也。

若作第二義，犯不定過。聲聞藏中僅略說法無我，大乘經中則以無量門廣說之，此亦龍猛菩薩所許，如出世讚云：「若不達無相，佛說無解脫，故佛於大乘，圓滿說彼義」。初二句顯示，若不通達無相真寔義，則不能滅盡煩惱，故不能證得解脫。後二句，謂大乘經中乃圓滿宣說無相法無我義。故亦當知小乘經中是未圓滿宣說諸法無我。如何以一「故」字能作圓滿宣說之理由耶？當作是說：「若不通達無相，卽不能滅盡煩惱證得解脫。聲聞乘中雖亦必說法無我。然大乘小乘應有差別，故於大乘作圓滿說。故知彼所設難及所成立，皆不決定，是以能破。卽是違理之失。其違教失，前已廣說。

若爾此論師說，大小乘經說法無我有圓滿不圓滿，大小乘道修法無我亦有圓滿不圓滿，其義云何？有說：「大乘人能通達一切所知皆無自性，二乘人僅能通達一分所知無自性」。決非如是，若以正量於一法上能成立爲法無我，次觀餘法有無寔性，卽依前理便能通達無寔性故。豈不中觀學者，亦有破除有事寔有，而許真空寔有。或許法性是自在成就真寔有者乎。初說是未善知寔有之量，僅破粗分。後說則雖自以爲能破有事寔有，然彼不以正量而破，僅是毀謗有事之惡見。故不以彼等所說而成不定。由是當知諸大乘人，隨成立一法無寔，亦如中觀論所說，有無量品類能立之理。故於真寔義慧極爲廣大。諸小乘人僅以略理成立真寔義，故於真寔義慧略而不廣。故說彼二慧有廣略，修有圓滿不圓滿之殊。致此差別者，亦由諸二乘人唯爲斷除煩惱障故，精勤修行，以略理通達真寔義，便能滿其所願。而諸大乘人爲斷所知障故，精勤修行，故於真寔義，須以廣大慧而善通達也。

丑二 釋釋論未說之難

現觀莊嚴論云：「遠所取分別，未離能取故，當知由所依，攝爲麟喻道」。此說獨覺道雖能斷執所取實有之分別，猶未能斷執能取實有之分別。又云：「惑所知三道，斷故爲弟子，麟喻佛子淨」。此說執所取實有，爲所知障。此當如何會釋。答：此中斷執所取外境實有之義不出二宗，或如中觀師所許，外境雖是量所成立，然正理能破外境實有。由修此所決擇義卽斷實執。或如唯識師說，先以正理破外境，由修彼義，便斷有外境執。若如初說，且不應理，若能安立外境爲有，以觀察真實義之正理能破實有者，則於能取，依前理之力，便能通達其非有實性。如提婆菩薩云：「若見一法真如性，卽見一切法真如」。若如第二說，卽獅子賢等之規。是則無外境乃量所成立。若能成立無有外境，則能取心非離所取別有實體，雖最鈍根亦能成立。故不斷能取分別，是依總許心爲實有而言。非謂緣異體之能取所取，破其一分而執一分爲實有。故識「執能取實有之獨覺，與執離二取心爲勝義有之唯識宗相同，殊爲希有」者，乃自未解。

此中顯示獨覺道爲中乘，卽說於所取能取有斷不斷實執之差別。由彼二義，較聲聞爲勝，較菩薩爲劣，故說名中。此大中小三乘之三類補特伽羅，依根姓之利中鈍而分。復是依於無我建立根之次第。謂大乘上見是中觀見。中乘中見是唯識見。小乘下見是共許補特伽羅無我見。然此義不定，若許三乘人皆有真實義見者，則依能否速疾了解真實義等而建立三根，亦不相違。又以不斷能取內心之實執，判爲劣根。則現觀莊嚴論所說之無我見。不可說卽是莊嚴經論，辨中邊論，辨法法性論之唯識見。但印度諸師亦有以現觀莊嚴論作唯識中觀見而解釋者。恐煩不述。

又彼論云：「法界無差別，種性不應異，由能依法異；故說彼差別」。此說聲聞獨覺亦通達法性。言法界者，如二萬明論云：「此中分別觀察」，謂於有事及有事相而起執著，由彼無故當知無貪。此非有性，卽一切法之真如性。法界性卽諸聖法之因，故本性住種姓，卽修行之所依也」。此說於有事及彼相之執著爲貪，如彼所執非實有，卽說此實空爲法界。次設難云：「若法界卽種姓，應一切有情皆住種姓，以法界遍一切故」。所言住種姓，意取入道位之種姓。答彼難云：「若緣某法而能轉成聖法之因，卽說彼法爲種姓，故無彼失」。此謂但有法性，非安住道位之種姓。要由道緣法性而修，至轉成聖法之殊勝因時，乃立爲殊勝種姓也。如是答彼法界無差別，種姓不應異之難曰：「由能依法能緣道之差別，故說種姓有異」。所依謂所緣，能依卽能緣。其能緣中亦有聲聞獨覺之二乘。緣法性者，必須於覺慧成立。若於覺慧前未破實有，則彼覺慧不能成立實空，亦於彼覺慧不能成立法性。此復須先於一法得決定見。故聲聞獨覺亦緣內外有法，而見彼無實也。由是獨覺亦有通達真實義者，非獨覺定不能斷內心上之實執。卽聲聞乘，亦須分通達不通達真實義之二。現觀莊嚴論亦說小乘爲二類，故執二取異體之實執。是否安立爲所知障，亦應分二類也。

若作是念：「彼非難三乘種姓有異，是難十三種姓差別不應道理」。此亦非理，如二萬明論云：「如云：曼殊室利，若法界是一，真如是一，實際是一，云何觀察器非器耶」？此引餘經所說證此與彼，由法界性無差別，云何觀察是否大乘法器義同。故是難大小乘種姓不應有異。若作十三種姓解，則彼難是器非器應不符理矣。獅子賢論所許與解脫軍論師同。餘寶性論本釋等，亦說二乘有通達不通達法性之兩類，恐繁不錄。

現觀莊嚴論，宣說了知二乘道之道相智，爲攝受二乘種姓之機。所攝受之小乘機中，亦有是否甚深法器二類。於二類中，非器者多，故多說彼機之道。如大乘人，若先不學唯識見，則難得中觀正見。獨覺聲聞，亦應如是也。又二萬明論與八千頌大疏，爲證安立法界爲三乘種姓，皆引能斷金剛經云：「一切聖者，皆以無爲法之所顯現」。意謂大小乘一切聖者，皆由現證諸法無實勝義無爲之所安立。故此宗與現觀莊嚴論，全不相違。以是當知解釋現觀莊嚴論者之宗，亦有二理也。

入中論善顯密意疏卷二終

入中論善顯密意疏 卷三

宗喀巴大師造

釋第一勝義菩提心之三

壬三 初地增勝德分四，癸一 釋初地之布施，癸二 釋下乘之布施，癸三 釋菩薩之布施，癸四 明施度之差別。今初

「爾時施性增最勝，爲彼菩提第一因，雖施身肉猶殷重，此因能比不現見」。

證得極喜地時，菩薩所修十度行，以布施波羅蜜多爲最增勝，然非無餘波羅蜜多，其出世布施波羅蜜多，卽大菩提之第一因。於十度中，雖後後勝於前前。然說此地布施勝者，謂此地修行布施有殊勝力，於所修戒等則無此勝能。如經說：「初地中隨施內身外物，不起少分違逆施度之慳貪」。然不如第二地竟至夢中不起少分違逆戒度之犯戒。又此地所有不可現見之智德，卽由布施而能比知。謂彼非

但殷重布施外物。卽割身肉施人，亦極殷重。彼所具他人不能見之登地等德，由此施爲因能比度而知，如見煙比知有火。此卽顯示布施身命財寶，全無慳惜，雖如是布施，而身猶安詳不變異也。

癸二 釋下乘之布施分二，子一 由施能得生死樂，子二 由施能得涅槃樂，今初

「彼諸衆生皆求樂，若無資具樂非有，知受用具從施出，故佛先說布施論。悲心下劣心粗獷，專求自利爲勝者，彼等所求諸受用，滅苦之因皆施生」

彼諸衆生，皆欲解除饑渴疾熱病寒饑等苦，而求其樂。若無飲食醫藥衣服房舍等諸受用具，則人類所求之樂，必不得生。解一切衆生意樂之釋尊，因見此等受用資具，皆從往昔布施之福德生，故於最初卽說布施之論，又此方便最易行故。由行布施能得圓滿受用者，亦不定須如法，如商人之捨極少財以求廣大之財聚，較諸乞丐所求尤多。故於布施極應殷重。其行施者，非如菩薩隨大悲轉，不求施報

，專爲滿足求者之快樂而施。故悲心下劣。且於諸有情，具粗猛心，偏重於專求得生善趣自利之樂。彼等由厭離不捨財物之慳貪，與希望能感異熟之功德。即下劣布施。故能出生勝妙圓滿受用，成滅除饑渴等衆苦之因。

子二　由施能得涅槃樂

『此復由行布施時，速得值遇眞聖者，於是永斷三有流，當趣證於寂滅果』。

彼無悲愍心，唯求自身除苦得樂而殷重行施者。於行施時，「善士常往施主家」故，得值遇聖者。由彼聖者宣說妙法，便能了知生死過失，證無漏道，永破無明，斷無始來生死有流。其值遇聖人之果，即趣證聲聞獨覺之寂滅涅槃。

癸三　釋菩薩之布施分四，子一　明菩薩布施之不共勝利，子二　明二種人皆以布施爲主，子三　明菩薩行施時如何得喜，子四　明菩薩施身時有無痛苦。今初

「發誓利益衆生者，由施不久得歡喜」。

諸非菩薩者，於行布施滿足求者之願望時，不能布施無間便得其樂果。由彼不能

現見布施之樂果，故於布施容不修行。但發大誓欲現前究竟利益安樂一切衆生之菩薩。施後不久，卽於滿足求者之願望時，得受用布施之果最大歡喜。故能一切時中歡喜行施。

子二　明二種人皆以布施爲主

「由前悲性非悲性，故唯布施爲要行」。

由前所說大悲爲性之菩薩，及非大悲爲性者，其所求之一切增上生樂與決定勝樂，皆由布施生。故唯布施爲最要之行。親友書亦云：「了知財物動無實，當施沙門婆羅門，貧乏之親友以後世，更無至親過於施」。

子三　明菩薩行施時如何得喜

前說菩薩殷重行施，以財物滿足求者之願望時，卽能引生殊妙歡喜，其喜相如何？頌曰：

「且如佛子聞求施，思惟彼聲所生樂，聖者入滅無彼樂，何況菩薩施一切」。

如佛子聞求者乞施之聲。思惟彼聲，便念彼等乃來向我求者，心中數數引生歡喜。雖諸阿囉漢入寂滅涅槃之樂，尚不能與之相比。則諸菩薩盡施一切內外財物，滿足求者所生之妙樂，勝寂滅涅槃樂，更不待說。若以寂滅涅槃妙樂引攝其心，則必失利他之行，若以上說菩薩妙樂引攝之，則於利他倍復精勤，故不相同也。

子四 明菩薩施身時有無痛苦

菩薩由行布施引生妙樂，能捨內外一切財物。其捨身時，能無苦耶？曰：已得大地之菩薩，彼身無苦，如割無情物。虛空藏三摩地經云：「如大娑羅樹林，若有人來伐其一株。餘樹不作是念，彼伐此樹未伐我等。於彼伐者不起貪瞋，亦無分別。菩薩之忍亦復如是。此是最淸淨忍，量等虛空」。寶鬘論亦云：「彼既無身苦，更何有意苦，悲心救世苦，故久住世間」。此等幷依得地者而說。若未得極喜地，於身及財物未能離貪著者，彼於受害身之障緣時，其身決定發生痛苦。然於斷時，於饒益有情事，卽依彼苦成倍復精進之因。頌曰：

『由割自身布施苦，觀他地獄等重苦，了知自苦極輕微，爲斷他苦勤精進』。

菩薩觀察地獄等趣，其身恒爲粗猛難忍無量重苦所逼，較自割身之苦，何止千倍。乃於自己割身布施之苦，不覺其苦，反以自身所受之苦爲因，爲斷他有情地獄等苦起大精進。拏錯譯此頌曰：「由彼割身布施苦，觀他地獄等重苦，彼由自身所親受，爲斷他苦勤精進」。要有如是大意樂力乃可施身。未入地前可有彼意樂，故說未得地者，亦可捨身。

癸四　明施度之差別

『施者受者施物空，施名出世波羅密，由於三輪生執著，名世間波羅密』。

捨思爲體之施，若由了達施者受者施無空無實體之無漏慧所攝持。大般若經說：「名曰出世波羅蜜多」(到彼岸)。無得聖根本智，是出世智，由此所攝持之布施，亦得立爲出世波羅蜜多。其未由無得聖智所攝持之布施，即世間施。此二之差別，在未得勝義菩提心者，不能現量決定也。彼岸，謂生死大海之彼岸，卽斷盡二障之佛果。到達彼岸，名到彼岸。釋論釋此云：『「若有後句，不應減去」。由此未減業聲，故成彼形。或是枳顆答羅等，故留摩字邊』。勝喜論師解此云：『梵語彼岸爲「波羅」，到爲，「伊多」。二語合時，於「波羅」後加第二轉一聲「阿摩」字，於「伊多」後加初囀「蘇」字。波羅摩伊多，合爲波羅蜜多時，阿摩及蘇，雖可減去。今依聲明根本文：「有後句，不應減去」。故雖減「蘇」字而留「阿摩」，由此未減業聲者，謂未減第二囀一聲「阿摩」字。由未減故，成「波羅蜜多」聲。或是枳顆答羅等中之「波羅摩」，本是「摩」字邊。今說「波羅摩」，故不應減去』此謂減去「阿摩」之「阿」，而留「摩」字。於彼上加「伊」字，故成波羅蜜多。所言初囀蘇「字」，似是「悉」字之誤，更當研究。藏人有謂：『到彼岸之梵語，爲「波壞伊多」，將「壞」字之圈平列，卽成「波羅摩伊多」。結合時，加「伊」字於「摩」字上，減去「阿」字，故成「波羅蜜多」』。此類凡說雖多，要以勝喜論師所解爲善。

施者等二句，列釋了達三輪不可得慧所攝持之布施波羅蜜多。未爲此慧所攝持之施等，與慧所攝持之波羅蜜多相同，故亦名波羅蜜多。又彼等雖未爲慧所攝持，然由迴向大菩提之迴向所持，亦定能到彼岸，故亦得波羅蜜多之名。是故當知波羅蜜多之義，若加業聲則到於彼岸，卽是已到佛地，若加具聲則此能到彼岸，卽有學位亦有波羅蜜多。如釋布施，其持戒等由菩提心迴向攝持及般若攝持，或別或總，應知亦爾。若於布施三輪猶爲實執所縛者，經說：「名世間波羅蜜多」。修習布施之理，謂於菩薩施身及引生殊歡喜等事，應先修信解。諸餘財施，於最上最下之田福，下至供水等，應相續修積。復應以了達三輪不可得之空慧攝相持而修。又應緣自身財物及三世善根，數數思惟爲利有情應修布施。更應思惟縱不願施，彼等亦必自然壞滅。失壞既同，則何如自心先施。如入行論云：「身及諸受用，三世一切善，當爲利有情，無所惜而施」。又云：「捨一切槃涅，我心修滅度，等是一切捨，施有情爲勝」。

辛三　結說地功德

今以無漏慧差別，說略此極喜地之功德。頌曰：

「極喜猶如水晶月，安住佈子意空中，所依光明獲端嚴，破諸重闇得尊勝」。

此極喜地，如水晶珠之月輪。此有三義：一住高勝處，如上所說初地功德，住於已得彼德初地菩薩之意。住彼高勝道中，如月住虛空。以初地爲彼菩薩意之一分，故說住彼意中，如眼住於首。二令所依端嚴，初地之勝義心，能使最勝所依之意，具足智慧光明而得端嚴，如月輪能使所依虛空皎潔莊嚴。三能勝逆品，初地能勝出自所治品之見所斷障，如月輪能破一切重闇。（初品終。）

釋第二勝義菩提心

庚二 離垢地分五，辛一 明此地戒淸淨，辛二 明戒之功德，辛三 明不與破戒雜住，辛四 明戒度之差別辛五 結明此地功德。初中分四壬一明此地戒圓滿，壬二 明依此故功德淸淨，壬三 明戒比初地增勝，壬四 明戒淸淨之餘因。今初

「彼戒圓滿德淨故，夢中亦離犯戒垢」。

彼二地菩薩，由戒最嚴圓滿及功德最淸淨故。非但覺時，卽於夢中亦不爲犯戒之垢所染。此又非但不犯根本罪及性罪，卽一切違違佛制之輕罪，亦皆遠離也。由不起能令犯戒之煩惱，不造一切違越佛制之罪業，永息追悔犯戒之火，常得淸涼，故名尸羅。(「多尸」是淸義義，「羅底」是得義)。又以此是安樂之因善士所行，故名尸羅。此是就文訓釋。若就體相言，則以能斷身語七支犯戒之能斷思爲相。又無貪無瞋正見三支，是七支能斷思之發起。若并發起而言，則以能斷十黑業道之十白業道爲體。

壬二 明依此故功德淸淨

云何由尸羅圓滿，一切功德得得淸淨耶？頌曰：

「**身語意行咸淸淨，十善業道皆能集**」。

由彼菩薩身語意行，於醒寐一切時中，無微細罪犯所染，最極淸淨。故能修集十善業道圓滿無乏。由身修集不殺生等前三善業道，由語修集不妄語等中四善業道。由意修集不貪欲等後三善業道。此復非唯不犯應遮之事，於尸羅中所應行者亦皆能圓滿也。

壬三　明戒比初地增勝

初地菩薩豈不圓滿修集此十善業道耶？頌曰：

「如是十種善業道，此地增勝最清淨，彼如秋月恆清潔，寂靜光飾極端嚴。」

彼雖亦實能修集，然不能如二地菩薩所修最勝清淨之十善業道。初地之增勝布施，此地亦能具足，於布施外，餘九波羅蜜多中，如持戒增勝之量，其忍辱等則未能爾。故說此地持戒增勝。非說無餘波羅蜜多。此言十善，且以依十善所制之戒爲例。當知卽是總說一切戒律。

如秋月有二勝法，謂能息熱惱，銀光皎潔。如是住清淨尸羅之菩薩，亦有二法極爲端嚴，謂守護根門威儀寂靜，及容色光嚴。

壬四　明戒清淨之餘因

「若彼淨戒執有我，則彼尸羅不清淨，故彼恆於三輪中，二邊心行皆遠離」。

若苾芻於別解脫戒最極清淨。而不能除諸法有自性見。則彼尸羅終不能清淨，名爲破戒似善持戒，如寶積經云：「迦葉！若有苾芻具足淨戒，以別解脫防護而住，軌則威儀皆悉圓滿，於諸小罪生大怖畏，善學所受一切學處，身語意業清淨圓滿，正命清淨。而彼苾芻說有我論。迦葉！是名第一破戒似善持戒。乃至迦葉！若有苾芻具足修行十二杜多功德，而彼苾芻見有所得，住我我所執。迦葉，是名第四破戒似善持戒」。說有我論卽是見有所得。而復說住我我所執者，蓋以共許之薩迦耶見解之。當知此說不斷執我我所有自性也。初句之彼字，非指前頌所說一切菩薩。拏錯譯云：「若戒清淨見自性，由此彼是破尸羅。」譯爲「由此彼」較善。

由不斷除有所得見，尸羅終不清淨。故二地菩薩，離破戒時，於誰有情，修何對治，由誰能離之三輪，皆能遠離有事無事等二邊心行執有自性也。

辛二　明戒之功德分五，壬一　明於善趣受用施果必依尸羅，壬二　明生生展轉受用

施果必依尸羅，壬三明無尸羅難出惡趣，壬四明施後說戒之理，壬五　讚尸羅爲增上生決定勝之因。今初

已別說菩薩圓滿淨戒，今當通說淨戒功德較布施等爲大，是一切功德所依。頌曰：

「失壞戒足諸衆生，於惡趣受布施果。」

彼修施者，若能具足淨戒，當於人天中感最圓滿之財位。然有墮惡趣中而受圓滿大財位者，如獨一地獄，龍象等畜類，及大力鬼類。由彼衆生修施而失壞戒足之所感也。故若無淨戒，則布施之大財位果，不於善趣成熟，而成熟於惡趣。諸有欲於善趣身成熟施果者，則須善持淨戒也。

壬二　明生生展轉受用施果必依尸羅

「生物總根受用盡，其後資財不得生。」

若無淨戒，則於惡趣身中成熟施果。彼唯能受用往世布施之果，最極愚蒙，不知新修布施等。若將前生布施之果用盡，則生物總根亦盡，彼補特伽羅，此後更難

得衆生資財也。如有人見下少種，可得大果，爲得後果故，更下多種，則其果聚增長不絕。若癡人，不知下種，以種爲食，則必不能令果增長不息也」

壬三　明無尸羅難出惡趣

失壞戒足墮惡趣者，非但難得財位相續增長，即再出惡趣亦屬不易。頌曰：

「若時自在住順處，設此不能自攝持，墮落險處隨他轉，後以何因從彼出」。

若時隨自欲樂自在不依賴他，住人天趣隨順之處，如勇士住於順處，脫離繫縛。設此補特伽羅，不能善自攝持不墮惡趣，則如勇士被他所縛投山澗中。若墮惡趣險處後，全無自在隨他力轉，彼更以何因能出彼惡趣耶？以惡趣身，修善少而造惡力强，故唯當流轉惡趣，如十地經云：「假使後生人中，亦當感二種果報」。此說難得再生人中，故知當於現在善自攝持莫墮惡趣，復當竭力嚴持淨戒也。

壬四　明施後說戒之理

「是故勝者說施後，隨即宣說尸羅教，尸羅田中長功德，受用果利永無竭。」

由破戒是感惡趣等衆患之本。故戰勝一切罪惡者，爲令布施等功德不失壞故，於說布施後，即說持戒之教。戒如良田爲一切功德之所依。若於尸羅田中長養施等功德。使施等因與身財等果，展轉增長永無間竭，乃能長時受用多果。此說凡修布施者，不應專以能感圓滿資財爲念，要當籌量，以何等身受用彼果，如何乃能使彼資財多生相續。則知持戒爲勝方便也。初發業菩薩，雖以利一切有情爲得佛道之心，須勤修布施。然亦須於善趣身成熟布施之果。復須多生相續受用。故亦以持戒爲因。以無此善趣身，則不具修菩薩行之順緣也。

壬五　讚尸羅門爲增上生決定勝之因

「若諸異生及語生，自證菩提與佛子，增上生及決定勝，其因除戒定無餘」。

得善趣身，及於彼身長時受用布施之果，悉有賴於戒。即得決定勝果亦以戒爲必要。故諸異生未入聖道者，其能得善趣增上生之因。及從佛語生之聲聞，自證菩提之獨覺，幷諸佛子菩薩，其能得菩提決定勝之因。淨戒以外定無餘事也。然此非說唯戒是因，餘皆非因，以尙有多因非戒所攝者。是說得增上生及決定勝，必不離於戒，離淨戒必不能得也。十地經說：「殺生等十不善業道，各分上中下三品，如次能感地獄畜生餓鬼。後設生人中，殺生者得短命多病二種果報。餘九不善亦各得二種不可愛樂果報。十善業道，則能感生欲界人天乃至有頂。其上若有心意狹劣，唯求自利，怖生死苦，闕大悲心，從他聲聞，了達無我，以此智慧修十善業，成聲聞乘。其上若有於最後生，不從他教，志求獨覺菩提，不具大悲方便，解悟甚深緣起，修治淸淨十善業道，成獨覺乘。其上若有心廣無量，具悲愍方便，立大誓願，不捨衆生，求諸佛廣大智慧，修治淸淨十善業道，能淨治菩薩諸地，修一切諸度，成就菩薩極廣大行」。本頌卽攝彼經義。親友書亦云，「仁者於戒勿破羸，莫雜莫染當淨修，佛說戒爲衆德本，如情非情依止地」。此說學戒最爲重要，以是淨戒雖在二地時說，然初發業菩薩皆當修學。防止十不善業，乃至莫令起犯戒心。修此律儀戒，極為重要。當如上來所說而正思惟。每學戒時，當以無所得慧攝持而修。若僅了其義或略修數次，則無大益。故必須相續思惟也。若能相續修者，則於所學菩薩大行，卽使初聞生於憂怖，念昔諸佛亦久未能修者，自心亦能任運而修也。如無邊功德讚云：「世間何法生怖畏，佛亦久遠未能行，然佛修習得任運，功德不修難增長。」

辛三　明不與破戒雜住

『猶如大海與死屍，亦如吉祥與黑耳，如是持戒諸大士，不樂與犯戒雜居。』

譬如大海由諸清淨龍神居止之力，凡有死屍卽以波浪漂出，不與死屍共住，又諸吉祥圓滿，不與黑耳不吉祥共住，如是持戒清淨之二地大士，亦不樂與犯戒者共住也。四百論釋說：「吉祥女所在之家，亦必有黑耳在內」。彼與本論無違，以彼意取有彼名之二人，本論則說黑耳是不吉祥之異名也。」

辛四　明戒度之差別

「由誰於誰斷何事，若彼三輪有可得，名世間波羅蜜多，三著皆空乃出世」。

由誰能斷，於誰有情所斷，及斷何所斷事，若於彼三輪不能滅除見爲實有可得之種子，則說如是之尸羅，名爲世間波羅蜜多。卽彼尸羅若於上說三輪實執空不可得，由了達不可得之無漏慧所攝持者，是名出世波羅蜜多。故尸羅中有此二種差別。

辛五　結明此地功德

「佛子月放離垢光，非躋有攝有中祥，猶如秋季月光明，能除衆生意熱惱」。

如秋月光明離諸垢障，能除衆生意中熱惱。如是二地佛子月輪所放之尸羅光明，離破戒垢。故第二地名離垢，名實相符。亦能除遣衆生意中由破戒所生之熱惱也。又此二地菩薩，不屬生死流轉，故非三有生死所攝。然是三有中之吉祥，以一切圓滿功德，皆隨此菩薩而轉。爲利衆生，以大願力得爲王四大洲之轉輪王也。

釋第三勝義菩提心之一

庚三 發光地分四，辛一 釋地名義，辛二 釋地功德，辛三 明初三度之別，辛四 結明此地功德。今初

「火光盡焚所知薪，故此三地名發光，入此地時善逝子，放赤金光如日出」。

此菩薩第三地，名發光。以得第三地時，發智慧光盡焚一切所知之薪。此是於根本定位，放寂靜光明，能滅一切二取戲論也。又善逝子，得第三地時，生智慧光明，如日將出，先現赤金色光明。此是第三地後得位見赤色或黃色光遍一切處。寶鬘論亦云：「三地名發光，發靜智光故，起靜慮神通，永盡貪瞋故，由此地異熟，常作天中王，增上行忍進，能遣諸欲貪」。

辛二 釋地功德分四，壬一 明此地忍增勝，壬二 明餘修忍方便，壬三 明忍度之差別，壬四 明此地餘淨德。今初

為顯得如是智慧光明之菩薩，忍波羅蜜多最為增勝。頌曰：

「設有非處起瞋恚，將此身肉并骨節，分分割截經久時，於彼割者忍更增，已見無我諸菩薩，能所何時何相割，彼見諸法如影像，由此亦能善安忍」。

前說之布施持戒增勝，此地亦具足。故此是於餘八波羅蜜多中忍偏增勝。增勝者，謂修忍度已最超勝，修餘七度猶未能爾。又此三地菩薩，已得焚所知薪之寂靜智火。故能善護他心。設有人爲於宴非可瞋之處，卽於我及我親，已損，今損，當損，如斯三業皆不行者。而竟瞋恚菩薩割截其身。非僅割肉，并割其骨節。非大塊而分分割。非一次而數數割。非短時而久時割。菩薩於彼割者，非但心不恚惱，且知依彼罪業因緣，當墮地獄等處，受極重苦。故於割者更生極大之安忍。由此可知極喜等二地，於割身者雖亦心不恚怒，然無如增上之安忍。安忍增勝實從此地始。（此是由悲而忍，下是由慧而忍）。

又此三地菩薩，非但由見地獄等重苦而起增上安忍，由觀己之身，誰是能割，何爲所割，於何時割，以何相割，現見三輪諸法皆如影像，及離妄計我我所想。故彼亦能善修安忍。釋論謂：「亦字爲攝安忍之因」。意謂非但前因能不恚惱，即由此第二因亦能安忍也。

壬二 明餘修忍方便分二，癸一 明不應瞋恚，癸二 明理應修忍。初又分四，子一 明無益有損故不應瞋，子二 明不欲後苦則不應報怨，子三 明能壞久修善根故不應瞋，子四 明當思不忍多失而遮瞋恚。今初

又此安忍，非僅地上菩薩相應之行。亦是地前餘人保護一切功德令不壞滅之因。故諸未能安忍者，皆應遮止瞋恚也。頌曰：

「若已作害而瞋他，瞋他已作豈能除，是故瞋他定無益，且與後世義相違」。

若他已作損害，緣此瞋他能作害者，其所作之損害已不能除。豈緣彼人起內心之

憤恚，其已作之損害能得除乎？內心憤恚，卽粗暴心，與嗔義同。又此嗔恚非但無益，且與後世之義利相乖，若容許嗔恚，身壞命終，必將引發非愛異熟也。

子二　明不欲後苦則不應報怨

頗有癡人，現受往昔自作惡行所感苦果，妄謂他人損害於我。遂於能害者發瞋恚心而行報復。都願後世不更受彼損害。爲遮此執故，頌曰：

「既許彼苦能永盡，往昔所作惡業果，云何瞋恚而害他，更引當來苦種子」。

怨敵現於自身所作大苦。是由往昔造殺生等諸不善業，於三惡趣受苦異熟，今乃所餘等流殘果。由此因緣能使一切苦等流果皆悉消滅。既許彼苦能令餘業皆悉永盡。云何復起嗔恚心而思報害於他，更引當來遠勝現苦之大苦種子。如醫師爲治重病，作刀割等苦，理應忍受。如是爲治未來無邊大苦，忍現前小苦，極爲應理。

子三 明能壞久修善根故不應瞋分二，丑一 正義，丑二 旁義。今初

又此不忍，非但是能引不可愛異熟之因，亦是能壞多劫所修福德資糧之因。頌曰：

『若有瞋恚諸佛子，百劫所修施戒福，一剎那頃能頓壞，故無他罪勝不忍。』

若菩薩大士，於已發菩提心之佛子，或不知彼是菩薩。或雖知之，然由上品煩惱串習，增益其過失隨實不宣，發瞋恚心，一剎那頃。尙能摧壞百劫所修福德資糧。如前所說由修施戒波羅蜜多，所生善根。況非菩薩而瞋菩薩。如大海水不可以稱，瞋恚菩薩之異熟量，亦不可知。故能引不可愛果及能壞善根之罪惡，更無大於瞋恚不忍之心者也。增益眞實過失者，疏謂於微小過增益爲大過。其摧壞善根之相，如曼殊室利遊戲經云：「曼殊室利，以能壞百劫所修善根，故名瞋恚」。此經於能瞋所瞋之是否菩薩，雖未說明。而釋論於能瞋所瞋則俱說是菩薩。如集經

論於引彼遊戲經之前，先引彌勒獅子吼經云：「若有菩薩，於三千大千世界一切衆生打罵割截，菩薩非由此故便生瘡疱。若有於餘菩薩，下至起損害心，起株杌心，起瞋恚心。菩薩由此因緣卽生瘡疱。何以故？若彼菩薩未捨一切智者，由此菩薩於彼菩薩，起損害心，起株杌心，起瞋恚心。隨起心數，當於爾許刧中重披誓甲」。此論說能瞋所瞋俱是菩薩，卽依此經而說也。

若爾，馬鳴及靜天云：「千刧所修集，布施供佛等，一切諸善行，一瞋悉能壞」。豈說能壞一千刧中所修善根，復云何通？答：入行論疏有說：「多千刧中所修善根，由瞋衆生卽便摧壞」。實難信受。彼二論師於能瞋所瞋雖未明說，然能壞百刧或千刧所修善根之瞋恚。其所瞋境，必要菩薩。其能瞋者，觀釋論說：「菩薩大士」一語，則能瞋之菩薩，似較所瞋菩薩力大。其能瞋菩薩定是異生，所瞋之境，則有登地未登地之二類。如是便有大力菩薩瞋力弱者，力弱菩薩瞋强力者，能瞋所瞋力相等者，共成三種。其中初者壞百刧善根。若非菩薩而瞋菩薩，則壞千刧善根，極爲明顯。至於第二第三兩種，由所瞋境之勝劣差別，摧壞善根之量，亦當依據聖教，更爲觀察。

註「於三千」至「非由此故便生瘡疱」，是明菩薩於非菩薩，心生瞋恚。口出惡言，身行捶打。既與損傷菩薩不同，亦知不須重披誓甲。若此菩薩於他菩薩，即使身語未動，唯發瞋恚，亦須隨彼與心之數，經爾許刧重披誓甲。此所瞋境，是已得授記之菩薩，其能瞋者，則是未得授記者。如般若頌云：「若有菩薩未得記，瞋恚鬥諍得記者，隨彼惡心刹那數，重經爾刧披誓甲」。重披誓甲者，如上品資糧道菩薩，本能疾入加行道。若瞋已得授記者，則隨瞋恚心數，於爾許刧中不能入加行道，更當修行也。又入行論云：「若於佛子施主所，設有發生罪惡心，佛說應隨惡心數，墮地獄中經爾刧」。此說隨瞋菩薩之心數，經爾許刧恆處地獄。亦有摧壞多刧所修善根之過患也。若未得授記者瞋已得授記者，有二過患，謂如上說恆墮地獄，及經爾許刧重披誓甲。若作精研經所說謗法之業。於七年中每日三時勤修懺法。其異熟果雖可淸淨。然得忍位，最快亦須再經十刧。若能多門勤修懺悔，雖進道遲緩不可補救。然異熟果猶可淸淨，故當策勵而行也。

又能瞋所瞋俱非菩薩，若發瞋恚亦有壞善根者。如集學論引說一切有部之經云：「諸苾芻，見此苾芻發淨信心，以一切支頂禮如來髮爪塔否？白言大德已見。諸苾芻，如此苾芻隨身所覆下至金輪八萬四千踰繕那量，盡其中間諸塵沙數，今此苾芻，當得千倍轉輪王位」。乃至：「具壽鄔波離，頂禮世尊恭敬合掌而白佛言，世尊說此苾芻，修集如是廣大善根。世尊，如是善根，由何令其微薄，損減乃至永盡。鄔波離，若於同梵行所，互生瘡疱，我不見彼更有福德。鄔波離，由此能使如是廣大善根微薄損減乃至永盡。鄔波離，由是當知於諸枯木尚不應起損惱之心，況於有情之身」。言微薄者，如彼善根原能引生極圓滿果，今令微小，能長時引生妙果今令短少。非壞一切果是下品盡。言損減者是中品盡。言永盡者是上品盡。集學論引月燈三昧經云：「若有互起損害心，持戒多聞不能救，或修靜慮住練若，布施供佛亦難救。」言互起者，謂同梵行者。持戒等六不能救者，謂不能遮止瞋心壞諸善根。所壞善根，彼經未明說。入行論說是布施及供佛等。入中論則說是布施及持戒所生。釋論中說是福德資糧，似非通達無我之善根也。若爾，集經論引無盡慧經說：「如滴水落大海中，乃至大劫未壞以來，終不窮盡，如是善根迴向菩提，乃至未證菩提以來，亦不窮盡」。華嚴經亦說：「如有藥汁名訶宅迦，以一兩藥變千兩銅皆成真金，非千兩銅能變此藥。如是一切業煩惱銅亦不能變菩提心藥」。故菩提心及彼攝持之善根，幷迴向菩提之善根等，應非瞋恚心所能壞。答：非爾，釋說能壞菩薩大士之善根故。當知前經之義，是說生果無盡，非說瞋恚不能使盡。第二經義，是說依止菩提心能斷盡惑業，惑業則不能斷盡菩提心也。

又摧壞善根之義，有說是壞眾善速能感果之功能，令其遲緩，先生瞋恚之果。非謂後遇緣時亦不能生自果。彼世間道尚不能斷所治種子。則諸煩惱定不能壞善種子也。破：彼因不定，異生以四力對治懺不善業，雖非斷不善種子，然後縱遇緣亦定不感異熟果。證加行道頂忍位時，雖非永斷邪見種子及惡趣因不善種子。然後遇緣亦定不起邪見及墮惡趣。又如俱舍論引經云：「諸業於生死，隨重近串習，隨先作其中，卽前前成熟」。任何善不善業，凡是先成熟者，則必遮止他業暫不成熟。故僅由此義，不能安立爲壞善根或斷不善。經論亦未有作如是說者。不則凡是强力不善業，皆應說爲能壞善根者矣。故當如中觀心論釋說：「以四力淨治不善，以邪見及瞋心壞諸善根，後縱遇緣亦不能生果，如壞種子，遇緣亦終不生芽。」

又壞善根，非是起瞋無間卽令善根消失，乃壞彼感果之力。此復如上有上中下三品盡相，隨所壞之限，彼卽不復成熟也。如是破壞之相有二：謂壞速生新道之功力，及壞感生善果之功力。又集學論說：「於菩薩所，瞋恚，輕毀，惡心誹謗，過失無邊。」釋說：「隨知不知彼是菩薩，所瞋因相隨寔不寔，過患相同。故總於一切瞋恚，別如緣同梵行者及諸菩薩所起瞋恚，應當盡力滅除也。虛空藏經說諸根本罪，能壞往昔所修善根。集學論說：由增上貪著利養恭敬，若顧戀家庭，若起增上慢，若謗正法，亦能壞盡往昔所修善根，令諸善法不更增廣。故應了知諸壞善根之緣，盡力斷除。此但略舉少分，當閱集經論與集學論。

子四　明當思不忍多失而遮瞋恚

復次：無力者不忍，徒爲自害。若有勢力無悲愍者，則俱害自他。頌曰：

『使色不美引非善，辨理非理慧被奪。不忍令速墮惡趣』。

纔生不忍時，便使顏色不可愛樂，引成非善，刼奪智慧不能辨別是理非理。又由不忍瞋恚之力，令命終後速墮惡趣。應思惟此諸過患，滅除瞋恚，不使瞋恚生起也。

入中論善顯密意疏卷三終

入中論善顯密意疏 卷四

宗喀巴大師造

釋第三勝義菩提心之二

癸二明理應修忍分二，子一多思安忍勝利，子二總勸修習安忍。今初

不忍之失，既如上說，違彼而忍功德云何？頌曰：

「忍招違前諸功德，忍感妙色善士喜，善巧是理非理事，

歿後轉生人天中，所造衆罪皆當盡。」

由修忍故，能招遠離前所說瞋恚諸失所有功德。又修忍故當感妙色，令諸善士見便歡喜，是理非理悉能善巧分別，歿後當於人天受生，由瞋恚心所造衆罪皆當滅盡。由思彼等引安忍力。

子二　總勸修習安忍，

「了知異生與佛子，瞋恚過失忍功德，永斷不忍常修習，

聖者所讚諸安忍。」

了知前說異生瞋恚之過失，及諸佛子安忍之功德。即當永斷不忍，一切時中常修聖者所讚之安忍。

壬三　明忍度之差別

「縱迴等覺大菩提，可得三輪仍世間，佛說若彼無所得，
即是出世波羅蜜」。

此說安忍波羅蜜多，亦分世出世間二類。如前應知。

壬四　明此地餘淨德。

「此地佛子得禪通，及能遍盡諸貪瞋，彼亦常時能摧壞，
世人所有諸貪欲」。

此佛子住第三地，得安忍波羅蜜多最極清淨。如是亦得初靜慮等四禪，及空無邊處，識無邊處，無所有處，及有頂等四無色等至；慈悲喜捨四無量心；神變，天耳，他心，宿命，天眼等五種神通。雖於靜慮無色能出能入，然除彼見能滿大菩提分，由大願力故思於彼中生，不復由其世間靜慮等至增上而生。雖初地中已證是德，然以此地定學增上較前尤勝。或疑此地隨定受生，故特說之。又此地中能盡貪瞋。及是亦義，亦攝能盡未說之癡。此中盡義非畢竟盡，經說：「一切欲縛，色縛，有縛，無明縛，皆轉微薄」故。此等文義若依菩薩地意趣，謂由靜慮無色世間定力，於欲色無色皆悉離欲。卽斷如前所說之現行。由是當知是說微薄。縛亦同對法所說。此中經又說：「見縛先滅」。有釋此謂後三見見道已滅。當知是說分別五見初地已滅。然菩薩地則說：「初於勝解行地，由勝解諸法真如故，卽已斷諸見縛。」彼經又說：「邪貪邪瞋及以邪癡，於無量百千億那由他劫所不能滅，於此地中悉得除斷」。此約斷種。謂修所斷俱生煩惱，分中上為六品，從第二地至第七地依次而斷，今說此地所斷者。釋論雖未明說分別煩惱在初地斷，俱生煩惱從二地斷。然說未得第八地時一切煩惱種子皆不能盡。又安立實執為煩惱障攝，乃至未盡實執，亦不能盡薩迦耶見。然於初地已斷三結。寶鬘論亦如是說。故煩惱總分二類，薩迦耶見尤當分二類，極為明顯。又此安立實執為煩惱之宗中，凡以無漏道斷除煩惱，則必斷一分實執種子。除此種子外，其餘現似二取之習氣，立爲所知障者，雖少分亦不能斷。乃至未盡一切煩惱，必不能斷所知障，諸所知障，至三清淨地乃能斷除。

又住第三地時，多作帝釋大主，常能善巧令諸世間有情捨離貪欲，爲衆中首，善度有情令出五欲淤泥。峯錯譯此爲：「亦令常時離貪欲」，校爲易知。

辛三　明初三度之別

今爲顯示前三波羅蜜多，所依差別，資糧體性，幷所感果。故頌曰：

「如是施等三種法，善逝多爲在家說，彼等亦即福資糧，
復是諸佛色身因」。

雖諸菩薩在家出家，皆是施等所依。若約修行難易，則在家菩薩較易行施等三法，故善逝爲彼多說此三。二資糧中福德資糧，亦卽此三法。此福資糧是正感諸佛色身之因。寶鬘論亦云：「此中施與戒，幷及安忍法，別爲在家說，善修悲心要。」在家菩薩所修之布施，謂財與無畏施。尸羅謂在家分戒。安忍謂諦察法忍。出家菩薩則易修精進靜慮智慧。然非彼二全無餘德。智慧資糧謂靜慮與般若，此二正是法身之因。精進是二資糧之共因。

辛四 結明此地功德，

『發光佛子安住日，先除自身諸冥闇，復欲摧滅衆生闇，

此地極利而不瞋』。

發光地佛子如住日輪，自身所有無知冥闇凡能障礙生此勝義地者，此地初正生時，即先除滅。復將此行相為他宣說，欲使他衆生亦能摧滅障第三地之闇也。又彼菩薩由滅障第三地功德之過失闇，故如日輪光極明利。然於犯過衆生不生瞋恚，以於安忍曾修習故，已由大悲潤相續故。

釋第四勝義菩提心

庚四 燄慧地 分三，辛一 明此地精進增勝，辛二 明此地訓釋，辛三 明斷德差別，

今初

今明此地精進波羅蜜多，較前三波羅蜜多增勝，較餘六波羅蜜多下劣。頌曰：

「功德皆隨精進行，福慧二種資粮因，何地精進最熾盛，
彼卽第四燄慧地」。

若於善業心不勇悍，必不能修施等諸行，一切功德全不得生。若於前說施等功德，或已修集或當修集具足勇悍。則已得功德倍復增長，未得功德皆能獲得，故說一切功德皆隨精進而行。此精進卽福德智慧二種資糧之因。若於何地成就如是熾盛精進者，則彼地名第四燄慧地。第三地中由得增上定學勝前二地。所生殊妙輕安，畢竟斷除一切懈怠，此地乃證。故此地中精進波羅蜜多最爲增勝。

辛二　明此地訓釋，

何故此地名曰燄慧？頌曰：

「此地佛子由勤修，菩提分法發慧燄，較前赤光尤超勝。」

此第四地佛子，由修三十七品菩提分法較前增上。從此所發智慧光燄，較第三地所說如赤金光尤爲超勝。以發增上正智火燄，故此地名曰燄慧。如寶鬘論云：「第四名燄慧，發正智燄故，一切菩提分，增上修習故，彼招異熟果，作夜摩天王

，善能破一切，薩迦耶見等。」三十七菩提分法，謂四念住等七聚。四念住：謂身，受，心，法，念住。四正斷：謂諸善法未生令生，已生令長，諸不善法未生令不生，已生正斷。四神足：謂欲，勤，心，觀，三摩地神足。五根：謂信，進，念，定，慧根。五力：謂信等力。七菩提分：謂念，擇法，進，喜，輕安，定，捨：正菩提分。正等亦通前六支。八聖道分：謂正見，思惟，語，業，命。精進，念，定聖道分。正字通思惟以下，聖道分亦通前七。其第一聚爲學所依。學體性中第二聚爲增上戒學，第三聚爲增上心學，第四聚至第六聚爲增上慧學，立爲三學。故此地菩薩成就最勝慧學，於三十七菩提分法若粗若細皆悉善巧。

辛三　明斷德差別

「自見所屬皆遍盡」。

自見謂微細薩迦耶見之我見。所屬謂此見爲首，執著我人等主宰實有之粗分補特伽羅我我所執，及執著蘊處界實有之法我執，皆遍滅盡。盡謂永斷此地所應斷二種我執之種子。非一切皆盡。經說：猶有俱生薩迦耶見故。

庚五　難勝地分二，辛一　明此地訓釋，辛二　明靜慮增勝善巧諸諦。今初

「大士住於難勝地，一切諸魔莫能勝」。

大士住於第五難勝地時，一切世界諸天魔王尚不能勝，何況其餘諸魔眷屬。是故此地名曰難勝。寶鬘論亦云：「第五極難勝，諸魔難勝故，善知聖諦等，微妙深義故。此所感異熟，作覩史天王，能破諸外道，煩惱惡見處」。

辛二　明靜慮增勝善巧諸諦

「靜慮增勝極善知，善慧諸諦微妙性」。

第五地於十波羅蜜多中靜慮波羅蜜多最爲增勝。布施至精進四波羅蜜多增勝，先已得訖。故知此約餘六波羅蜜多說。如此地已得靜慮波羅蜜多，永不復爲散亂等障品所伏，但於般若波羅蜜多等則猶未能爾。

又此地非但靜慮增勝，卽於善慧聖諦深微體性亦極善通達，故於粗細聖諦皆有善

巧增上慧學。

問：十地經說第五地菩薩善巧苦集滅道四諦，次復別說善巧世俗勝義二諦。父子相見會及中論，復說世俗勝義二諦決定。豈離二諦別有四諦耶？答：雖無二諦所不攝之諦，然爲顯示所治雜染品中集諦爲因，苦諦爲果。與能治淸淨品中道諦是因，滅諦是果。故說四諦。釋論說彼苦集道諦是世俗諦，滅諦是勝義諦。六十正理論釋亦云：「涅槃是勝義諦，餘三諦是世俗諦」。所言涅槃卽是滅諦。六十正理論釋又說：「大師親說現證滅諦。若如實事師所許，現量但緣自相事，則不能爾。」又自宗以無漏根本智親證真實義，成立滅諦可以現證。若說滅諦是世俗諦，則此建立亦不應理。又多勵力成立證涅槃時必須現證真實義，故說滅諦是世俗諦，猶未得正解也。又於有法上遣除所破實性，卽勝義諦，然勝義諦之所遣除非於所知決定非有。如法界讚云：「由不知何法，流轉於三有，敬禮彼法界，遍住諸有情。原爲生死因，若已善淨治，淸淨卽涅槃，亦卽是法身。」此說有垢之法性，若淨治離垢卽是涅槃及法身。處處說淸淨法性所遣卽諸垢染。若謂法性不可離垢，則徒勞無果。若謂可離，則彼所遣是所知中有。如無兔角所遣之兔角，雖於所知非有，然遣除所知中可有之瓶，立爲無瓶，亦可安立爲無兔角。若依總遍一切染淨諸法之法性而言，雖所遣二我於所知非有，然由諸法垢染漸淨，則彼法性亦必隨之垢染漸淨。故於殊勝有法位，其法性僅有一分清淨（自性清淨）猶爲不足，必須隨各位離垢清淨。卽說此淨名爲滅諦。

十地經中，於此地復說善知相諦等，雖立多種諦名，當知彼等亦非二諦所不攝也。

釋第六勝義菩提心之二

己二 釋第六現前地分四，庚一 明此地訓釋與慧度增勝，庚二 讚慧度功德，庚三 觀甚深緣起真實，庚四 結說此地功德，今初

「現前住於正定心，正等覺法皆現前，現見緣起眞實性，由住般若得滅定。」

由第五地已得清淨靜慮波羅蜜多，故第六現前地得住最勝定心。以此爲依現見甚

深緣起實性。卽此菩薩住第六地，由得最勝般若波羅蜜多故得住滅定。前五地中，以未得增勝般若波羅蜜多故，唯由施等五波羅蜜多增勝，不能得滅定也。又由般若增上，現證法性如影像故，第五地中見道諦故，正等覺法現前得故，此地名現前地。疏中釋第二理由，謂能知所知不可得道已現證故。然釋論說見道諦者，是舉四諦中最後諦，義謂彼地於粗細四諦得善巧，故第六地已得圓滿善巧四諦慧。第一理由，顯示圓滿善巧順逆緣起之慧學。由已圓滿此二慧學，故四諦緣起皆得現前。如是當知此地圓滿三種慧學。又奢摩他若何增勝，則毗鉢舍那亦隨增勝。第五地既得最勝靜慮波羅蜜多，則此地自亦能得最勝般若波羅蜜多。故從此地後乃得入不共滅定也。寶鬘論云：「第六名現前，現證佛法故，由修止觀證，得滅定增廣，此地異熟果，作善化天王，聲聞無能奪，能滅諸我慢。」善化卽化樂天。

庚二　讚慧度功德

此顯諸餘施等資糧，要依般若波羅蜜多，方能趣果。頌曰：

「如有目者能引導，無量盲人到此境，如是智慧能攝取，無眼功德趣勝果。」

如一有目士夫，能引一切盲人到達欲往之處。如是於修道時，亦由般若波羅蜜多，能不顛倒明見正道非正道故。便能攝取如無眼之布施等功德，趣向聖位佛果。般若攝頌云：「無量盲人無引導，不能見道入城廓，闕慧五度無眼導，無力能證菩提果。」一能斷金剛經云：「善現，如士夫入於闇室都無所見，當知菩薩若墮於事而行布施亦復如是。善現，如明眼士夫，過夜曉已日光出時見種種色，當知菩薩不墮於事而行布施亦復如是。」於持戒等當知亦爾。

庚三 觀甚深緣起真寔分五，辛一 立志宣說甚深義，辛二 可說深義法器，辛三 說後引發功德，辛四 勸法器人聽聞，辛五 宣說緣起真寔。今初

云何現見緣起之真寔性？釋論答云「：彼緣起寔性，非吾輩無明厚翳障蔽慧眼者之境界，唯是第六地以上之境，故此不應問吾等，應問已證善見空性安善那藥，除無明翳，成就慧眼之諸佛菩薩。」由此當知如塗安膳那藥令眼明了，非剜其眼

。如是由塗善見空性安膳那藥，令慧眼明了，非剜明眼。故此宗無誹謗聖根本定全無智慧之惡見也。

問：般若經與十地經等，豈不明說修行般若波羅蜜多菩薩見緣起性乎？故但當隨彼聖教而說。答：「聖教密意亦難解，吾輩雖依聖教亦不能說也」。此依自力解說而言。然堪為定量大士所造宣說真寔義諸論，則能無倒解釋經義，要依彼論乃能了解聖教密意。頌曰：

「**如彼通達甚深法，依於經教及正理，如是龍猛諸論中，**
隨所安立今當說。」

如彼六地菩薩通達最甚深法，如是龍猛菩薩無倒了解諸經義已於中論中，依諸經藏及餘正理，顯示諸法真寔義，極為明了。故月稱論師唯依龍猛菩薩論中所說真寔義，今當如彼教規而說。云何得知，龍猛菩薩無倒解釋了義經義耶？答：由教證知，如楞伽經云：「南方碑達國，有吉祥苾芻，其名呼曰龍，能破有無邊，於世宏我教，善說無上乘，證得歡喜地，往生極樂國。」此說龍猛菩薩能離有無二邊，解釋了義大乘。金光明經說此菩薩，是佛世離車子一切世間樂見童子後身。大雲經云：「我滅度後，滿四百年，此童子轉身爲苾芻，其名曰龍，廣宏我教法。後於極淨光世界成佛，號智生光。」故此菩薩，定能無倒解釋經義。曼殊室利根本教，說誕生年代與名號同。說住世六百歲。大法鼓經說：「一切世間樂見離車子童子，於大師滅度後，人壽八十歲，教法衰微時，轉身爲名含大師德號之苾芻，廣宏聖教，滿百歲後往生極樂世界。」覺賢上座與阿底峽尊者說此亦是授記龍猛菩薩。蓋以樂見離車子與龍猛菩薩，是一體故。大法鼓經說彼苾芻位登七地，然不能成與前衆經決定相違。如有經說，四大天王證預流果，亦有經中說已成佛。如是等類經中非一。

辛二　可說深義法器

了義諸論，唯應爲夙植通達空性種子者說，不可爲餘人說。以彼聞空性諸論，轉於空性起邪執心，當獲重大非義也。獲重大非義者，或有因不善巧故。謗毀空性而墮惡趣。或有悞解空性深義，顛倒妄執諸法全無，或全非有。初生邪見，謗一切因果等法。亦着不捨，展轉增長。如云：「不能正觀空，鈍根則自害，如不善咒術，不善捉毒蛇。」顯句論釋此云：「要不墮於損減世俗邊，不違害如影像之業果。要不墮於增益勝義邊，知唯無自性，乃能有業果。」若與此相違，說為墮常斷二邊。又說妄計諸行非有是為邪見，故無與非有，言雖異而無之行相則無差別。四百論云：「一墮於惡趣，正見證寂滅。」釋云：不善士夫聞無我法，由生謗毀反起邪執，應墮惡趣」。說彼二種俱墮惡趣。起邪執者，謂執空性為非有義，由是若無簡擇最微細義之慧力，妄矜為有，於不適自機之甚深義文，强作勝解，必當引生重大非義。故於此處應極慎之。

問：「何種機可說空性，何種人不應說空性，此既難決定，為以何方便能了知耶？」答：「由外相狀即能了知。頌曰：

「若異生位聞空性，內心數數發歡喜，由喜引生淚流注，
周身毛孔自動豎，彼身已有佛慧種，是可宣說真性器，
當為彼說勝義諦，其勝義相如下說」。

諸異生初發業時，無倒聽聞空性言教。若彼聞已於此言教，內心數數引發歡喜，由此歡喜流淚，毛竪。則知此人有正覺慧無分別智種，即通達空性之種子。此人即是阿遮利耶可爲宣說真實義之法器。當爲此人宣說真勝義諦。勝義諦行相下當廣說。此等相狀要由無倒聽聞空性言教，及聽已了解之所引生。若聞而未解，或了解而無彼相狀，雖暫不知是否甚深法器。然若能不違善知識之教誡，亦是堪新植通達空性功能之法器也。

辛二　說後引發功德

爲堪聞者宣說空性，非空無果。頌曰：

「彼器隨生諸功德，常能正受住淨戒，勤行布施修悲心，

并修安忍爲度生，善根廻向大菩提，復能恭敬諸菩薩」。

彼聞空性見，非但不於空性起顚倒執，引生無義。且能隨行所聞引生功德，謂彼法器，聞空性見如獲寶藏，爲令空見於餘生中不退失故，常能正受安住淨戒。彼

作是念，我若犯戒必以此而墮惡趣，致空見爲之間斷，故能受戒守護不犯。此言犯戒，不限先受，淨戒違品諸自性罪，皆是犯戒也。又作是念：我縱能嚴持淨戒生諸善趣，倘生貧家，缺乏飲食衣服醫藥資生之具，恒須追求。則聽聞空見及修習空義皆將間斷。遂於前說上下福田盡力供施。復作是念，此空性見要以如上所說大悲攝持，方能引生佛果。故恒修大悲心而爲根本。復作是念，由瞋恚力能墮惡趣，能壞善根，能令顏色極不可愛，緣此令諸聖者不生歡喜。故當修安忍。又見持戒等善根，若不數數迴向一切種智，則非成佛之因，亦不能恆感身及資財無量妙果。故持所有戒等善根，爲度衆生出生死故，迴向菩提。又見二乘等不能如諸菩薩宣說甚深緣起，故於諸菩薩所起極敬重心。

得空見諸大乘人，由生淸淨正見，於修廣大行品起極敬重，此是最應稱讚之處。菩提心釋云：「由知諸法空，復能說業果，此爲最甚奇，此乃極希有」。是故必須永離二種非器，或不信解而生毀謗，或似信解而以正理破除一切因果等法。即依無自性之空見，了達一切能作所作諸法極爲應理也。若非如是，自謂己得正見，而於持戒等一切業果建立，見如兎角之花紋，謂彼等行是對未知了義者說，已知了義即不須彼。此乃妄執，一切皆是分別所作，一切分別皆是著寔之相執故。便同支那堪布，擯毀一切善根也。或有妄說就亂識前暫許取捨。若於分別仍分是否寔執二類。則說破自性之正理能破一切境，便成誑語。若不分二類，則見行二種分別，應互相違害勢同水火。其安立取捨處之亂識，與能安立者，并所安立法，皆應無處安立。縱作此等瓞說，適成前引諸論之敵者也。

辛四 勸法器人聽聞

「善巧深廣諸士夫 漸次當得極喜地，求彼者應聞此道。」

如上所說甚深廣大之理，若有士夫能善巧者，則於異生位中，不久即能修集甚深廣大福智資糧，漸次當得極喜地。故凡欲求極喜地者，應聽聞此甚深道也。此即勸令聽聞。如四百論釋云：「若極愛重自性空論，當修彼順緣門，即凡能於空性增長淨信者，當如是行。又由悲心故，欲報佛恩故，欲令自身正法離諸險難因緣故，當行諸難行，施諸難施，以四攝事攝衆生，於正法器盡力宣說此正法教。」

此謂於遠離非器二過失者，當勵力宏揚此法。若未如實了知其勝解者，應先以不違緣起之法而爲宣說。若諸說者善知聞者，成就法器，爲之如理講說，其福極大。集經論云：「若信解甚深法，便能攝集一切福德，乃至未成佛以來，世出世間一切勝事皆能成辦。」如寶施童子經云：「曼殊室利，若諸菩薩無善巧方便，經百千劫修行六波羅蜜多。若復有人聞此正法，生疑心者，所得福德尚多於彼。何況無疑而正聽聞及以書寫，受持，講說，爲他開示。」能斷金剛經云：「佛告善現，於汝意云何，殑伽河中所有沙數，設有如是沙等殑伽河，是諸殑伽河沙寧爲多不？善現答言：甚多世尊，諸殑伽河尚多無數何況其沙。佛言善現，吾今告汝，若善男子善女人，以妙七寶，盛滿爾殑伽河沙等世界，奉施如來，是善男子善女人，由此因緣所生福聚寧爲多不？善現答言：甚多世尊，甚多善逝。世尊告曰：若復有人，於此法門，乃至四句伽陀，受持讀誦廣爲他說，所生福聚甚多於前。」如來藏經於說上品十不善法後云：「假使衆生具足彼等，若能悟入諸法無我，信解諸法本來清淨，則彼衆生必不墮惡趣。」降魔品亦云：「若有苾芻了知一切諸法最極調伏，了知衆罪前際性空，則能滅除犯戒憂悔，令不堅固。於無間罪倘能超勝，況犯軌則尸羅微細邪行。」未生怨王經云：「諸造無間罪者，若能聞此正法信解修行，我不說彼業，是真業障。」此等是說，若講說聽聞，及餘時中，信解思惟甚深法義之勝利。要具二緣方能獲得所說勝利。一發清淨心，謂不顧戀名利恭敬等。二不倒說，謂不倒執所說法義。若具二過，或隨一過，皆能障礙無量功德。世親論師云：「故若顛倒說法，及心雜染，希求利養恭敬名聞而說法者，失壞自身大福德聚。」其聞法者，發清淨心，與不倒解法義，亦極重要。

辛五 宣說緣起真實分三，壬一 聖教宣說真義之理，壬二 以理成立聖教真義。壬三 說彼所成空性之差別。初中又二，癸一 引聖教，癸二 明了知真實之障。

今初：

十地經說：「第五地菩薩，欲入第六地者，當觀諸法十平等性。何等爲十？謂一切法無相故平等性，一切法無體故平等性，無生故，無起故，遠離故，本來清淨故，無戲論故，無取無捨故平等性，一切法如幻如夢如影如響如水中月如鏡中像，如化事故平等性，一切法有無不二故平等性。菩薩如是善通達一切法自性，得明利隨順忍，得入菩薩第六現前地。」此中無取無捨，二者合爲一平等性，如幻等七喻，合爲一平等性。末二亦合爲一平等性。明十種平等性，十地經釋與菩薩地有所不同，彼二與此宗解釋空性亦不相同，故此中更當別釋。其中初平等性，謂於聖根本智前，諸法異相皆不顯現。第二謂一切法皆無自體故平等。此二是總標，餘八性是別釋。第三無生依未來世說。第四無起依餘時言。此亦通一切法皆悉平等。以下諸性，當知亦爾。第五遠離，謂當生已生空，此卽由第二自體平等性相所顯之遠離。此復非是現以教理令其遠離，乃是本來卽如是淸淨，是第六性。第七性，謂無二取戲論，卽與第一性義合。若作名言分別所不能論解，卽是第二性之差別。第八性之差別，亦如是。第九性謂能證成前義諸譬喩門。第十性謂一切法，若有事無事皆無自性。明利謂速慧。隨順謂與第八地無生法忍相隨順。此隨順忍，以隨位不同，有多種異釋。宣說諸法眞實義之教文雖多，今是解釋第六地慧通達眞實，故但引以十種平等性證第六地之教也。

癸二　明了知真實之障

於決擇諸法無實中，若不善解何爲實有及如何執實有，則於真實義見，定有錯失。入行論云：「未知所觀事，必不取彼無。」此說心中若未善現起所破事之總相，則必不善緣取彼所破事之無。以是心中若未如實現起所無之實有行相，及由何事空之所破行相，則必不能定解無實與空性也。又此所破，唯由宗派徧計之實有，及略知實執，猶爲未足。必須了解無始隨逐傳來爲宗派變未變心者共有之俱生實執，及彼所執之實有。若未能解此，則雖以正理破其所破，然於無始隨逐傳來之實執全無所損。又應先解自身之實執，次當善知以諸正理直接間接破除彼境之理。以若唯作向外轉之破立，則利益甚微也。此中若能善知自續應成中觀兩派所明，乃能善辨所破差別。釋此分二：

子一　明自續中觀派之實執，子二　明應成中觀派之實執。初又分三，丑一　明實有與實執。丑二　以幻事喻明觀待世間之實妄。丑三　法喻合釋。今初

自續派之論典，於所破多未明說。惟中觀明論釋世俗有，可就其違品之有，知其

何爲勝義有或真實有。如彼論云：「於無真實性事，增益違上行相之亂覺，名爲世俗，此能障真或由此能蔽真實故。如經云：法生唯世俗，勝義無自性，於無性錯亂，說明真世俗。從彼所生，由彼所顯現，所見一切虛僞之事，名唯世俗。此復由無始錯亂習氣成熟增上而生，由此能於一切含識，示現似有真實事性令見爲有。故由彼等意樂增上，安立一切虛僞性事，名唯世俗有。」亂覺以上，明於勝義無自性錯亂爲有之義。從「名爲世俗」至「蔽真實故」，明真世俗之義。世俗是能障義，謂能障蔽真實也。從彼實執所出生故，由彼實執現似實有。能見彼者是分別心非是根識，與二諦論釋之所破實有，非根識所見義同。從「此復」至「而生」，明彼實執是俱生執。故云「於一切含識」，彼等含識之意樂，非唯分別心，亦有無分別心。由彼二種心增上安立爲有，非勝義有之諸虛僞事，名「唯世俗有」者。卽「法生唯世俗」之義。非謂於實執世俗中有也。由是當知，若謂非由於心顯或由心增上之所安立，而是彼義自體中有。卽是實有，勝義有，真實有。若執彼有，卽是俱生實執。

中觀明論云：「言勝義無生者，謂由真智不能成立諸法生也。」準此可顯，若觀真實義智而能成立爲生及有者，卽勝義之生有。此與前說，復云何通？答：誠如所問，當知於所破所加之勝義簡別，有二勝義。一以聞思修三種理智爲勝義，如上所說，卽由彼不成者。二以非由心增上安立，而是彼義自體中有，爲勝義有。月前種勝義及彼所成就，皆可是有。後種勝義及彼中有，皆定非有。以是若後勝義中有，則前勝義中亦決定有。然執有前者，非俱生實執。其俱生實執，必須執後者爲實有也。頗有未能辨別此二之差別，於明所破時，便謂堪忍正理觀察，或堪觀之事，爲所破量齊。由此，或說勝義非有，或說是實有。異說競起。若能善辨前義，則知說實性中無，勝義中無，與說法性是有，法性卽實性，卽勝義，都不相違也。

丑二 以幻事喻明觀待世間之實妄。

欲知何爲以心增上安立或不安立爲有，由彼幻喻卽易於了知。如幻師變木石等爲象馬。卽彼幻師與眼識迷惑之觀者及眼識未迷者之三人中，初唯見爲象馬而不執爲象馬。第二類人，既見且執。第三類人，象馬之執見俱無。又彼幻物現爲象馬者，不可妄謂：「如誤繩爲蛇，於彼識前繩現爲蛇而繩實非蛇，如是唯於亂識前現爲象馬，然彼幻物不現爲象馬。」此卽不加簡別，必須許幻物現爲象馬。若不爾者，應於所見都無迷亂。若約此義安立幻物現爲象馬，則約幻師言，唯由亂心如是顯現增上而立，非由幻物本體增上而立也。約觀者言，則不自覺所見象馬由心增上而立，反執彼幻處確有真實之象馬存在。此卽就喻說明由心增上安立與不安立之理。故於彼物現爲彼像，是否所現之實體有其二類。

若善解此義，則餘妄計：「諸實事宗，亦由能量增上安立所量能量卽心，由彼安立所量，亦卽由心增上安立，則彼亦應破除實有。」於此等二宗紊亂之點皆能分別。由能量安立所量，是由能量通達二種所量之寔性。彼與前說寔極不相同。成立如是幻相者，若順瑜伽行之中觀師，謂由自證現量成立。若許有外境之自續師，則謂由緣地方及虛空等之根識現量成立。如現非有者，謂若如是有者，則於眼未迷者應亦能見，然彼無所見。是故現似象馬與象馬本空，二義俱存。此依未學教者通常名言識成立爲妄。與成立鏡中影像爲空之心。俱非粗細任何理智。若依通常名言識增上果是寔有者，則應凡所見事彼事非空，若彼事爲空則應不可見。此二旣俱存，則知依通常名言識增上者唯是虛妄也。

丑三　法喻合釋

如眼識迷惑之觀者，認幻事爲寔有。如是諸有情類，見內外諸法似真寔有，不知唯由自心顯現增上安立，執爲諸法自體寔爾。是爲無始傳來俱生寔執。此自續派所安立者，若以應成派觀之，則彼執所破之心，猶覺太粗，仍非最細之俱生寔執。若時能以正理，破彼寔執所計之寔有，則猶如幻師，了知唯由內心增上安立爲有，不復妄執內外諸法寔體本爾。此復是許，由無正量違害之心增上安立者，乃名言有。非許凡由心增上安立者一切皆是名言中有。從種生芽，雖由心增上安立，然說芽體從種子生，亦不相違。如幻物自體亦變爲象馬。一切名言有法，皆當如是知。卽諸法性，亦由能見自體之心增上安立爲有，故名言中有無不遍一切之失。以是有說，如幻事現爲象馬，而象馬寔空，如是瓶等一切法，雖現爲瓶等，然瓶等亦本空。當知全非幻喻喻法合釋之義。若如彼說，則應全無是彼法者。卽法喻合釋，亦應唯現爲彼相，非是彼事。若時生起根本無分別智，一切二取相於彼皆滅，此如眼識未迷者之於諸幻相，見執俱無。

自續派以正理破執之不共義，下不復說，故於此中當略說之。彼謂所知中有有事無事二類。先說有事，於有事中有色非色二類。若是色法破其無東西等方分，若是心法破其無前後等時分，如餘處說。由此成立凡是有事，定屬有分。次破分與有分，若異性者應全無關係，若一性者，爾時於彼應審諦觀察，其體雖是一，然現相似異，乃無可否認之事實。故能決擇，雖現彼事卽由彼爲空猶如幻事。次觀彼事，若是由心顯現增上安立之妄體可不相違，若彼非由心顯現增上所立而實體如是者，則定不應理。以如前說實有法上，體性現相不相隨順不容有故。若是實有，必一切種離虛妄故。見爲異性之心應非錯謬，則違一性。此若已成，則於無事法，亦依此理而破寔有。如虛空無爲，應許遍諸色法，則亦應許彼有遍東分與遍餘方之分。如是法性亦有所遍諸分，及有前後覺慧通達諸分。餘無爲法亦如是。此分與有分亦非異性而應是一性，若此性是妄可不相違，若寔有則不應理，廣如前破。如是觀察便能成立一切所知皆非實有，是靜命師徒所許。有說分與有分唯觀有事，非也。未學宗派者共許之虛妄，與中觀師所許之虛妄不同。由心安立雖亦爲彼等共許，然僅彼義自宗不許爲由心安立。由是當知此派中雖無非由內心顯現增上安立之體性，然許有非唯假名由彼增上安立之體性，亦不相違。故兩派中觀之所破，於內心安立上有極大之不同。若將此派之寔有，寔執，與破寔執之正理，尤善爲引導。次乃示以應成正宗。則善能分辨正見之差別。故於此中略爲宣說。

子二 明應成中觀派之寔執分二，丑一 明由分別增上安立之理，丑二 明執彼違品之寔執。今初

鄔波離問經云：「種種可愛妙花敷，悅意金宮相輝映，此亦未曾有作者，皆從分別增上生，分別假立諸世間。」此說諸法皆由分別增上安立。說一切法唯由分別假立，及由分別增上安立者，餘證亦多。六十正理論云：「正等覺宣說，無明緣

世間，說世是分別，云何不應理。」釋論釋此義謂：「一切世間非自性有，唯由分別之所假立」。百論亦云：「若無有分別，貪等亦非有，故智者誰執，真義及分別。」釋論云：「有分別，方有彼貪等，若無分別彼等亦無。決定當知如於繩上假立爲蛇，定無自性。」真義謂有自性，分別謂依彼而生。彼貪等如於繩上假立爲蛇者，乃舉一例。餘一切法皆是分別假立如於繩上假立爲蛇。由彼之雜色盤伏與蛇相似，若於境不明，便起彼繩爲蛇之亂覺。爾時若繩總體，若繩一分，都無少分可安立爲蛇者。故知彼蛇唯是分別假立。如是依於諸蘊便起我想，然彼諸蘊，若前後相續，若同時總體或一分，全無少分可安立爲我者。離蘊分及有分之外，亦無少分異體可安立爲我者。故彼我唯是依蘊分別假立，都無自性。寶鬘論云：「士夫非地水，非火風非空，非識非一切，異此無士夫。」此中士夫即補特伽羅，有情，自，我。非地乃至非識，破有情六界之一分爲我。非一切，破六界之合集爲我。末句破離六界外異體之我。然非不許補特伽羅，亦非別許阿賴耶識等爲補特伽羅。故如釋論所解，正是菩薩所許也。若了知由分別心安立補特伽羅之理，由分別心安立餘一切法，與彼義同。如三摩地王經云：「如汝知我想，如是觀一切。」般若攝頌云：「知自及諸衆生等，乃至諸法亦復然。」寶鬘論云：「如六界集故，士夫非真實，如是一一界，集故亦非真。」初二句，謂依六界合集假立爲士夫。後二句，謂離分與有分之法，決定非有，故一一界皆依多分合集假立，則分及有分，皆非安立爲彼之事。離彼二外，亦無異性可立爲彼之事也。

瓶等諸法由分別安立之理，雖與繩上假立之蛇相同，然瓶等諸法與繩上之蛇，爲有爲無爲及有無作用等，則極不相同。以彼二事，須否決定名言，即立彼名有無違難等，極不同故。說分別安立之法，能有各別作用者，是佛護，靜天，月稱三大論師解釋龍猛父子意趣之不共勝法。此亦即是中觀見之究竟深處。如寶鬘論云：「色法唯名故，虛空亦唯名，無種寧有色，故名亦非有。受想及行識，如大種如我，皆應如是思。故六界無我。」又云：「唯除於假名，若云有云無，世間寧有此。」此說於勝義中，名亦都無，除名言中唯由名言增上安立，都無所有。故唯是假名。若善了知以上諸義，則能善解一切諸法皆是依緣安立。依緣假設，依緣而生。皆無自性，皆無不由他名增上安立之自在體。隨立何法，皆是不尋彼假義而安立者。

入中論善顯密意疏卷四終

入中論善顯密意疏 卷五

宗喀巴大師造

釋第六勝義菩提心之二

卅二 明執彼違品之寔執

一切唯由名言增上安立為有，若執非如是有，即是執寔有，勝義有，真有，自性有，自相有，自體有之俱生執。此執所執之境，即是假設寔有之量。於所破上所加勝義簡別，有二種勝義，此派亦同。中觀自續派雖於所知不許寔有等三，然自性等三，則許名言中有。此於暫時未能通達最微細之真寔義者，寔為引導證彼之大善方便也。如是當知諸法體性若不依名言分別，非由分別增上安立，說彼體性即所破之我。此我於補特伽羅上非有，即補特伽羅無我，於眼耳等法上非有，即法無我。由此可知若執彼體於補特伽羅及法上有者，即二種我執。如四百論釋云：「所言我者，謂諸法體性不依仗他，由無此故名為無我。此由法與補特伽羅之差別：分爲二種，謂法無我與補特伽羅無我」。本論亦云：「由人法分二」。故二無我，不由所破分別，乃以所依有法而分。俱生我執薩迦耶見，本論破他以諸蘊爲所緣。釋論說緣依蘊假立之我。故起我覺之所緣，乃唯我及唯補特伽羅。其行相，釋論云：「我執於非有我妄計有我，執此是寔」。此謂執彼我爲寔有。釋論又云：「薩迦耶見執我我所行相而轉，是染汙慧。」此說俱生薩迦耶見之所緣，任運能起我覺。故執他補特伽羅爲自相有之俱生執，雖是俱生補特伽羅我執，然非俱生薩迦耶見。執我我所行相而轉者，非顯我我所執行相之境，是說於彼二自相有起執，即爲行相。俱生我所執薩迦耶見之所緣，謂我所法，非以我之眼等爲所緣。其行相，謂緣彼所緣，執我所爲自相有。

若爾，何故釋論解我所云：「次念云：此是我所。謂除我執境外，貪著餘一切事。」此豈非說計着眼等事爲我所，即是我所執耶？彼論意說於眼等見爲我所，執我所爲寔有。非說眼等是我所之所相事。若不爾者，則薩迦耶見與法我執應無差別。

俱生法我執之所緣，謂自他相續所攝之色蘊等，眼耳等，及非相續所攝之器世等。行相如前說。

此二種我執，卽繫縛生死之無明，七十空性論云：「因緣所生法，分別爲真實，佛說是無明，彼生十二支。」此說緣諸法執爲真寔，卽生死根本之無明。從法我執，引生補特伽羅我執之無明。故說從彼生十二有支。

破此無明，必須見彼所執爲空及無彼所執之我。七十空性論云：「見真知法空，無明則不生，此卽無明滅，故十二支滅。」法界讚亦云：「若執我我所，卽妄計外法，若見二無我，三有種當滅。」又云：「最上淨心法，是爲無自性。」四百論亦云：「若見境無我，三有種當滅。」又云：「故一切煩惱，癡斷故皆斷。若見諸緣起，愚癡卽不生，是故於此中，勵力宣此說。」此所說癡，是三毒中之癡，故是染污無明。此說滅彼無明，必須通達空卽緣起之甚深緣起義。釋論解「故瑜伽師當滅我，」謂由破除我執之境，通達無我。故若未能破我執境，但於彼境攝心不使散亂，不可說爲通達無我。此謂心於境轉，總有三相：一執彼所緣爲寔有。

二執為無寔。三都無彼二差別相。如未執無寔時，非即執為寔有。故未緣二我時，亦不定緣二無我。有無量心住彼第三類中。是故要於自身認識二種我執，次於自所誤執之事，抉擇非如執有。若不爾者，唯於門外破立，全不得要領，如賊逃林中，於林外追尋也。若能善知寔執，則知有無量分別非二我執。彼妄執凡分別心所取之境，皆是觀察真義正理之所破等邪執，皆可斷除也。

壬二 以理成立聖教真義分二，癸一 以理成立法無我，癸二 以理成立人無我。初又分四，子一 就二諦破四邊生，子二 釋妨難，子三 以緣起生破邊執分別，子四 明正理觀察之果。初又分三，丑一 立無自性生之宗，丑二 成立彼宗之正理，丑三 破四邊生結成義。今初

前說十種平等性中，此以正理成立自性無生平等性，則餘平等性亦易知之，故聖者於中論初云：「非自非從他，非共非無因，諸法隨於何，其生終非有。」終謂畢竟。隨於何，謂任於何，此所依聲，（於何）明無生之所依，謂時處宗派。於彼三事中何法不生？謂能依之內外諸法。由是「非自」等論義，應如是配釋：內外諸法

，於任何時處宗派，自生決定非有。餘三宗亦應如是配釋。顯句論雖譯爲「從自諸法，」然以今譯爲善。或念不生，爲處所增上，如有處不生鬱金花。時間增上，如有時不生五穀耶？今云隨於何時何處卽破彼執，故論置「終」字，非全無義。或念依中觀宗增上雖是無生，依寔事宗增上應是有生。今云隨於何宗，卽破彼執，非但於寔事宗無生也。釋論云：「此中非字，與有之能立自生相連；非與有相連，破有義亦成立故。」此謂論義不可如彼以後二句爲宗，前二句爲因者所釋。當釋爲「從自生終非有。」餘三宗亦爾。若有自性生，則必須許成立彼之四生隨一，故云有之能立。末句（破有義亦成立故。）之義，謂若能破四邊生，則亦成立破自性生。故彼量式，無不成立無自性生之過。故不可如中觀明論所說，以破四邊生爲因，成立無自性生。

又「諸法隨於何時處宗派，從他生決定非有，」顯句論云：「唯由此因緣許世俗有，非許由四邊有，應說諸法有自性故。」故他生二字，非聖教之名言，乃餘宗之名言，意指有自相之他。若許彼者，卽應許有自性。故此宗於名言亦不許有他生。雖名言中許因果異體，然彼非是他生之義。如名言中說一一法各有二體，然不許彼體卽自性生之體生。

顯句論說諸法無自生之宗，是無遮。餘三宗亦爾。故決擇無自性時之所立，卽唯遮所破之無遮。如顯句論云：「世間所有言，無事無所有。此等爲顯無遮故，無事卽無自性義。」釋論亦云：「已說四宗，爲以正理成立故。」下文亦以破四邊生爲因，說諸法離自性生。顯句論破四邊生之後云：「故生非有，是所成立。」故非不許成立諸法無自性生。顯句論云：「諸比量，唯以破他宗爲果。」此說諸比量式，唯破他人自性有之宗，不更成立別法，然非遮成立彼破。故彼又云：「吾等非成立有無，唯破他人增益之有無，破除二邊成立中道。」此說唯破他人所計之有邊無邊，此外不成立餘法。然非不成立破除二邊，以說破除二邊成立中道故。若謂亦非無自性者，則應成有自性，離此更無第三品故。如迴諍論云：「若卽無自性，遮於無自性，由遮無自性，卽成有自性。」雖許有如是能立所立，然非自續派，如餘處已廣宣說。

二種遮遣之相云何？凡言遮者，謂由內心正遣所遮而得通達。若僅於有事法遮非自，如云非自體。此猶非是遮。又如法性及勝義之名，雖未正遣所遮。然心中現起彼義時，必現起遮遣戲論之相，此乃是遮。遮有二種，一曰無遮，謂心遣所遮法已，不更牽引或更成立餘法。如問云婆羅門可飲酒否？曰不可。此語僅遮飲酒，不更成立可飲餘物。二曰非遮，謂心遣所遮法已，更牽引或成立餘法。如欲明某人是首陀，種姓，曰此非婆羅門。此語非但遮婆羅門，亦成立離婆羅門外之首陀種人。於引餘法中又分勢引直引時引三種。初如云：胖天授晝日不食。此語義飲餘法。二如云：有無我。此語能遣所遮及直引餘法。上二是別引，亦有一語俱引者，如云：胖天授晝日不食而不瘦。三如已知某人非刹帝利種卽婆羅門種，然未決定究爲何種。若於爾時云此非婆羅門。此語雖未明說而意已顯。般若燈論大疏引頌云：「其遮由義顯，一言而成立，彼俱不自顯，非遮餘是餘。」有說：若與所立事合，卽非無遮。此不應理。如婆羅門雖是所立事，然說婆羅門不應飲酒，仍不礙其爲無遮。如聲是現見境，而聲無常不妨其爲不現見境也。有說：若與所依合卽牽引餘法。此亦不應理，如婆羅門是觀察引不引餘法之所依，非彼卽所引之餘法也。

如是聖者四宗本論成立，頌曰：

「彼非彼生豈從他，亦非共生寧無因。」

此謂彼果法非從彼自性而生。豈從有自相之他因而生。亦非從自他共生。寧復有無因而生者。若有自性之事，則定從四邊隨一而生。以自性生中定屬有因無因二類。其有因中，又定屬或從自他各別因生，或從共因生之三類。故四宗足矣。

丑二 成立彼宗之正理分四，寅一 破自生，寅二 破他生，寅三 破共生，寅四 破無因生。初又分二，卯一 以釋論之理破，卯二 以中論之理破。初又分三，辰一 破自許通達真寔之邪宗，辰二 明未學宗派者之名言中亦無，辰三 結如是破義。初又分二，巳一 破從同體之因生，巳二 破因果同一體性。初又分三，午一 從同體因生成無用，午二 從同體因生違正理，午三 破彼救難。今初：

諸法不從自生，由何理而知？頌曰：

「彼從彼生無少德。」

彼有生作用之芽，若從彼芽自體而生者，彼生毫無必須出生之增上功德，以芽之自體於前因位已成就故。

數論外道，見有互異諸因共生一果。故說因中若無一同一體性之自性隨轉，則不應理。故說大麥親因之體性，卽是水糞等衆緣之體性。如是芽之體性與因緣之體性，亦同體相卽。一切果法之體性皆爾。彼雖許種芽互異，不許芽從芽生，然說芽從種子及彼體性生時，以彼二法體性是一，理亦應許從自體生。卽是從因位已有明顯之芽生。此卽彼計自生之理。

數論別派不說爲生，但說因中不明顯者後乃明顯。然義仍相同。彼宗許總別同體義亦如是，與佛弟子說瓶與有爲同體之理極不相同。如是若芽之體性已於種子位具有者，離芽之體性外，非別有明顯之芽。則應因位非僅有芽之體性，應已有芽。若芽已有而更重生者，寔屬無用也。

午二 從同體因生違正理。

「生已復生亦非理。若計生已復生者，此應不得生芽等；盡生死際唯種生。」

已生而復重生者，非是正理。「亦」顯非但計從自體性生者爲無用，卽計果顯者，顯果既於因位中有，亦自宗相違。若謂因中無者，應觀果顯與果之體性爲一爲異而破之。其破彼之理，謂若計種子生已復更生者，復以何理能遮種子復生而許生芽。復生種子有何障礙。既無障礙，則芽苗莖等於此世間應皆不得生。復有餘過，應彼種子盡生死際無間而生，以已生者復生故。此畢應不生同類果，應唯無間生同類因之二過，斥其違正理也。

午三　破彼救難

若作是念：由水時等能生芽之助緣，令種子變壞，令芽生起，芽與能生之種子同時安住成相違故，是種滅芽生。故無違正理之二過。又種子與芽體性非異，亦非不從自生。此不應理。頌曰：

「云何彼能壞於彼。」

種子與芽二性畢竟是一，云何彼芽能壞彼種？應不能壞，如芽不壞芽。彼見斯過而不救者，以彼愚昧，以爲芽能壞種是果位上事，與自壞自體云何相同耶？然一切體性既更互相卽。則說果位與因各別，亦不得成。故不能擇難也。

巳二 破因果同一體性分三，午一 種芽形色等應無異，午二 破其擇難，午三 二位中應俱有俱無。今初

復有餘失，頌曰：

「異於種因芽形顯，味力成熟汝應無。」

汝宗應離芽之能生因種之形色顯色外，無別芽之長短等形色，青黃等顯色，甘酸等味，及勢力，成熟等。以種芽體性於一切種無差別故。由此能破量，反顯彼二體性非一非都無所異。故此宗反顯，與反顯自續有大差別。言勢力者，如治痔良藥近身卽病除，飛行神藥手執卽騰空。成熟者，謂由別緣轉成異物，如以乳灌橄欖，蕃茇等，則味轉甘美。

午二　破其釋難。

設作是念：捨種子位轉成芽位，種芽僅是分位差別。故即種子體性轉變成芽。頌曰：

「若捨前性成餘性，云何說彼即此性。」

若許全捨前種子性，轉成餘芽位體性。則說即種子體性是芽體性，云何應理。以彼位體性即是彼性，離彼位體性外別無彼性也。故說種芽體性一切無異，不成。若謂種芽雖形色等有別，然物體無別。此亦不應理，以若不取形色等，別無種芽物體可取也。

午三　二位中應俱有俱無

復有過失，頌曰：

「若汝種芽此非異，芽應如種不可取，或一性故種如芽，亦應可取故不許。」

若如汝說種芽體性於此世間非有異性者，則於芽位應如種子亦不可取，或內種芽體性畢竟一故，如於芽位有芽可取種子亦應爲根識所取。欲離此二失，故不應許種芽體性全無異也。若善解此諸正理者，則於妄計一切諸法雖異，而彼法性更互爲一，及妄計前位之法性即後位之法性等一切邪執。皆能遣除。

辰二　明末學宗派者之名言中亦無

自命通達真寔義之數論宗，離佛教別計之自生，已破訖。今顯末學宗派世間常人之名言中，若妄計自生，亦不應理。頌曰：

「因滅猶見彼果故，世亦不許彼是一。」

種子因已滅，猶有彼果可見，故世間常人，亦不許種芽體性爲一也。

辰三　結如是破義

自生於勝義世俗二品皆違正理。頌曰：

「故計諸法從自生，眞實世間俱非理。」

故汝妄計內外諸法從自生，隨於真寔勝義與世間世俗俱不應理。以是聖者破自生時，不加勝義世俗簡別，直云非自生而總破之。清辨論師云：「諸法勝義非自生，有故，如有情。」所加勝義簡別，誠為無用。

卯二　以中論之理破

復有過失，頌曰：

「若計自生能所生，業與作者皆應一，非一故勿許自生，以犯廣說諸過故。」

若計果從自生，則所生果與能生因，所作業與能作者皆應成一。然彼等非一，故不應許自生。以犯此論與中論廣說諸過故。其初過者，如中論云：「因果是一者，是事終不然，若因果是一，生及所生一。」謂因果若是一性，則父與子，眼與眼識皆應成一。第二過如中論云：「若然是可然，作作者則一。」他雖救云：若謂父與子，作者與業體性應一，此是我所許。若謂總應成一，則犯不定過。然如前說若計體性是一，則果相亦應是一。故不能釋難也。以是若怖所說眾過，欲求無倒通達二諦者，不應妄計自生。又有自生與無自生相違，既遮除一品，則於餘品決定。故無自生，定是所許。

寅二 破他生分二，卯一 敍計，卯二 破執。今初

自教寔事師言：自生無用故，自生非理。由無自生故，共生亦非理。無因生乃最下計亦應破，惟云「豈從他」而破他生，不應正理，以諸經說由他自相之四緣能生諸法，雖非所欲亦須許由他生。何等爲四緣？有說：因緣是五因性，除能作因。如俱舍云：「因緣五因性。」所緣緣，謂六識所緣境一切法。如云：「所緣一切法。」等無間緣，謂除入無餘依涅槃心，其餘已生心心所法，如云：「等無間非後，已生心心所。」增上緣謂能作因。如云：「增上卽能作。」六因，如俱舍云：「能作及俱有，同類與相應，徧行並異熟，許因唯六種。」

又有說云：「能生者謂因，」此約體相而說。謂若有法爲彼法之能生，住種子性，此法卽是彼法之因緣。如年老人依杖乃起，正生心心所法要依所緣乃生，此法卽是彼所緣緣。因滅無間卽生後果，此因是果之無間緣，如種滅無間卽能生芽。釋

論云：「如種滅無間爲芽之等無間緣。」顯句論破無間緣時，亦破芽之等無間緣。此法即彼法之增上緣。

佛護論師亦如是說。此是許色法亦是等無間緣之宗派。若有此法彼法乃生，此法

顯句論說：「前生，俱生，後生諸緣，亦皆攝於四緣中。」釋論除初句，餘亦如是說。般若燈論譯爲「餘部所計先生，有，無諸緣。」其義相同譯文較善。入中論疏解此義云：「上座部所說先生緣者謂諸根現識之先生所緣緣。有緣者，謂因緣與增上緣。無緣者，謂無間緣。」此等唯名字略不同，察其體相，仍四緣中攝。由大自在天等非是緣故。當知更無第五緣。如俱舍云：「心心所由四，二定但由三，餘由二緣生，非天次等故。」

卯二 破執分二，辰一 總破他生派，辰二 別破唯識宗。初又分五，巳一 正破他生，巳二 釋世間妨難，巳三 明破他生之功德，巳四 明全無自性生，巳五 明於二諦破自性生之功德。初又分三，午一 總破他生，午二 別破他生，午三 觀果四句破他生。初又分二，未一 以太過破，未二 破釋妨難。初又分二，申一 正

明太過，中二 決擇彼過。今初

此他生義不能安立，違教理故。教如稻稈經云：「此名色芽非由自生，非由他生。」違此等衆多破他生教故。今當說違理失。頌曰：

「若謂依他有他生，火燄亦應生黑闇，又應一切生一切，諸非能生他性同。」

若謂他有自性之因，能生有自性之果者。如是則從能破闇之火燄亦應生所破之黑闇。又應從一切是因非因，生一切是果非果。何以故，以凡一切非能生彼果之法與汝許爲因果者，同是有自性之他故。此是依他許之因，出二種太過之失。解釋此二過，謂如能生之稻種，異於自果稻芽，是有自性之他，諸非能生稻芽之火，炭，麥種等，亦是異於稻芽有自性之他。旣許二種他義相同，則從他性之稻種能生稻芽，亦應從火炭等能生稻芽。又如他性之稻芽從稻種生，則瓶衣等法亦應從稻種生。如中論云：「因果是異者，是事亦不然，若因果是異，因則同非因。」

申二 決擇彼過分二，酉一 明他生犯太過之理，酉二 許太過反義亦無違。今初

此計他生犯太過之理，藏人有云：「因果定須前後，是他必須同時。」極不應理，如是則破他之過，自亦同犯故。若強辯謂自無所許者，則推求彼理，徒勞無義。又藏人多云：「如因明師成立有煙決定有火，及成立所作性決定無常，是爲成立一切時處皆決定無誤。然成立時，要先於灶及瓶等少分法上成立決定。次以彼時處與餘時處，二種決定相同爲因，乃於一切時處之上，成立爲決定無誤。如是今者，亦以同是他故之因，出太過之失。此即同類推比之因也。」此乃未解論義復不善因明之亂說。若於有煙及所作性，不加時處簡別，能總成立有火及無常，決定無誤者。則於非有火及非無常，以爲可有煙及所作性之疑惑皆能斷除。然此二法雖非因果，而是他者，寔無量無邊。故彼二事不能相同。（二事謂因明中決定，與此處之破他生）此所說之推比，實乃不善正理之能破也。餘處已廣說。

若爾云何？如顯句論云：「許世俗中唯衆緣生，非許四邊生。以諸法應有自性故。然彼非理。若許唯衆緣，因果亦是互相觀待而有，非自性有。故非觀諸法有自

性。」此說自宗所許生與不許生之差別理由。謂若許四邊生卽須許有自性。故亦顯說，許他生則須許自性生，許唯緣起生，則不須許自性生。故知所言他生之他，非泛說他，乃有自性之他。是對許彼義者出太過之失，非說凡許他者卽犯太過之失也。下破許前後剎那互異而是一相續云：「所有自相各異法，是一相續不應理。」亦說若異是由自相而成，則計前後是一相續不應道理。與此處雖道理相同。此復若是有自相之他，則能破其觀待關係。若成無關係之他，則此一果，旣從此因生，亦應從一切非因生。又此一因，旣能生此果，亦應生一切非果之法。太爲過失。其未善了解如斯正理者，是因未善分別，齊何爲所破之量，齊何是所許之緣起建立。致有彼失。故當憶前說所破之量齊也。

四二　許太過反義亦無違

若許前說二太過之反義者，則顯句論說：「太過反義亦唯屬他，非是我等，自無宗故。」又云：「說無性者爲說有性者出太過時，何能成爲太過反義。」又云：「成立太過，唯以破他宗爲果故，非有太過之反義。」復如何通？答：無過。彼等唯約破自生說，破自生之二過應爾。非中觀師所出一切能破，皆如是也。彼能破之法(後陳)，非說「生便無用無窮，」是說：「復生無用無窮。」其反義，爲「復生有用有窮，」唯是數論所許。因爲自無彼宗，故無違犯許彼宗之過失。此是初段論義。佛護亦云：「又生無用，」加一又字。顯句論亦說又字。本論則云：「若計生已復生者。」故有與復生雖犯相違，然有與生則不相違。如是有與復生有窮雖成相違，然有與生有窮則不相違。第二段論義，謂說無自性之中觀師，對說有自性之數論，出前所說二太過時，自並未許彼反面義。自不許彼，非不能自由。故自不許彼二太過之反義。第三段論義。謂雖不能以彼二能破法之反義，復生有用有窮爲因，成立無自生，然彼能破非全無果。以彼成立數論所不樂之復生無用與無窮，便能破數論所許之自生。卽以此爲果故。

今此二太過之反義則自宗亦許。故當知能破之反義，有自許不許之二類也。

未二 破釋妨難分二，申一 釋難，申二 破救。今初

他釋論云：因果二法雖是有自性之他，然非一切能生一切，現見因果各別決定故

。頌曰：

「由他所作定謂果，雖他能生亦是因，從一相續能生生，稻芽非從麥種等。」

若法由他法所作，定說此法爲彼法之果。故果決定。若彼因法能生此果，則彼雖是有自性之他，亦是此法之因。故因決定。以是當知唯特殊之他乃可立爲因果，非凡是他者皆可立爲因果。復次稻芽要從與自是一相續所攝之稻種乃生，非從相續不一之麥種等生。縱一相續攝如後剎那不能生前剎那，猶非能生。要前剎那生後剎那，乃是能生。是故稻芽不從麥種等生。非從一切能生一切也。

申二 破救

當問計因果有自性者；稻種稻芽，由何因緣各別決定耶？若謂見彼決定故。當更詰問；何故見其決定耶？若僕說云：由見彼決定，故說見彼決定。不能說明決定之理由，則不能救前說之過。由未說明，有自相之他與見彼決定不相違之理由，故終不能釋前難也。

復次，既是有自相之他，則世所共知遍通一切是否因果都無差別。卽此亦能違害敵宗。頌曰：

「如甄叔迦麥蓮等，不生稻芽不具力，非一相續、同類，稻種亦非是他故。」

如麥種，蓮子，甄叔迦花等，由是他故，非稻芽之能生，不具生稻芽之能力，非一相續所攝，非同類前剎那。如是稻種亦非具觀待稻芽之四種差別，以是有自性之他故。此理是說既同是無關係之他，則不能安立具不具四種差別之不同也。

午二 別破他生分二，未一 依前因後果破他生，未二 依同時因果破他生。初又分二，申一 正破，申二 釋難。今初

如是依敵者所許有自性之他已破訖，今當宣說因果二法決無自性之他。頌曰：

「芽種既非同時有，無他云何種是他，芽從種生終不成，故當棄捨

他生宗」。

如現有彌勒與鄔波笈多，互相觀待，乃見此異於彼而是別法。然芽與種非同時有，種未變壞定無芽故。以種子中無異於芽之自性他，他尚非有，云何可說種子是異於芽之他耶？既無自性之他，則計有自性芽從種子生，決定不成。故當棄捨諸法從他生之宗。

此說，若種與芽異而有自性。有自性者終不可改，於種子位亦應與芽異。若果爾者，則彼二法理應同時。然此非有。故彼二法無自性他。非於名言亦破彼二法有異也。當知此與所破有關。

申二　釋難

上說：「芽種既非同時有，」不應道理，如秤之兩頭，一頭昂起卽一頭低落，現見同時非不同時。如是所生之芽與能生之種，如其次第生滅二事亦是同時，故種芽二法亦同時有。以有他故，無上過失。頌曰：

「猶如現見秤兩頭，低昂之時非不等，所生能生事亦爾。」

雖作是計，然非正理。頌曰：

「設是同時此非有。」

若以秤喻，便計種芽之生滅二法為同時者，此不應理。設秤兩頭同時有故，昂低二事可是同時。然種與芽非同時有，故不應理，如何非有？頌曰：

「正生趣生故非有，正滅謂有趣於滅。此二如何與秤同，此生無作亦非理。」

正生謂現在趣向於生，則芽之自體尚在未來，故現在非有。正滅謂現有趣向於滅，故現在仍有。芽趣向於生時，種子是現在，芽是未來。爾時此種芽二法，如何能與秤之低昂相等耶？定不相等，以秤之兩頭俱是現在故，低昂二事，可同時有，然種芽二法同時非有故。他以生滅二事同時故，說種芽二法亦是同時，以秤低昂為喻。此是顯彼法喻不合。非說若二作用同時，則彼二法亦必同時也。若作是念，種芽二法雖不同時，然彼二之作用（生滅）是同時有。此亦非理，以彼敵者雖法外，不許有彼作用故。此是破二作用有自性。復有過失，觀待生起作用名能作者之芽，於趣向生時猶是未來，故於爾時尚屬非有。爾時既無所依作者之芽，則能依作用之生，亦非有體。由生與滅非同時有故，計二作用同時不應道理。

若謂稻稈經云：「如秤低昂之理，於何剎那種子謝滅，卽彼剎那有芽生起。」豈非以秤爲喻耶？故破種芽如秤低昂，不應正理。釋論曰：「雖舉是喻，然非說他生，亦非說自相生。」由是當知，論言「此生」者唯破有自相之生，非破芽從種生也。若經非說種芽同時如秤低昂之理者，則彼譬喻，意說何等同時耶？釋論云：「是爲顯示同時緣起無諸分別如幻事故。」此所說同時緣起者，當是二種作用同時而有。以經中如秤低昂之喻，必顯同時有法，然不可說種芽二法同時有故。以是當知前破二種作用同時者，是破有自相之作用，非總破二種作用同時。故凡許有生，則應許因趣於滅與果趣於生，二事同時也。許此與許有生及名言生，雖無過失。然許勝義生及自相生，則成相違。以前者，說因果之生滅雖是同時，然因果二法不必同時。後家則說若作用同時，則因果亦必同時也。

又生果之作用，必曰「此生，」依芽等作者而立，故成爲能依所依。但能依所依若勝義有，則不應成爲他性。一切時中皆須有所依，故芽等趣向生時，亦應有生起作用所依之芽，則因果二法，犯同時有等過失，不應道理。其名言生，能依所依雖同時轉，非一切時皆必如是，故不相同。又與種子同時之生芽作用，是芽趣向於生之作用。雖此與芽亦是能依所依，但於彼時芽尚未有而有作用，亦不相違。如潰所依處亦潰能依法，是通常規。但種子是所依處，芽是能依法，於生芽時，種子雖遺，芽尚存在，亦不相違。（同體係者，無所依則無能依，因果係者，因滅果猶存也）

若善了知以如是理破除他宗而自宗無犯，能正安立無過之中觀宗者，乃是中觀師。若破他時專說似能破，至他反難時，則以抵賴爲能事，即顯句論所說：「吾等不與瘋狂辯也。」

未二　依同時因果破他生

有作是說：若種與芽非同時有，以無自性之他故，他生寔不應理。若因果同時有，以有他故則有他生。如眼識與俱有受等。眼，色，俱有受等，唯同時者，乃生眼識。如是眼等與心亦唯同時者，乃是受等之緣。破彼，頌曰：

「眼識若離同時因，眼等想等而是他，已有重生有何用，若謂無彼過已說。」

若汝妄計，與眼識同時之眼及俱有想等爲能生因者，觀待想等縱使有他，然因位已有重生復有何用，既無少用，故他生非有。

若欲避免無生之過，謂因位無彼果者，則前後法中無自性之他，過失如前已說。此理是說：所計因果縱使有他，然無自性之生，故他生非有。前理是說，所計因果卽使有生，然無自性之他，故他生非有。汝所言他生，但有其名，空無實義也。

午三　觀果四句破他生

「生他所生能生因，爲生有無二俱非，有何用生無何益，二俱俱非

均無用。」

若謂此能生生他所生，卽是因者。當觀彼因，爲生已有之自性果，爲生無果，爲生亦有亦無之二俱果，爲生非有非無之俱非果耶？若謂已有自性果者，則復何用彼能生之緣？若生已有自性者，則成生已復生，此不應理前已說故。若無果者，則彼生緣亦有何益，如兎角非有故。亦有亦無者緣有何用，有無二俱定非有故。非有非無者緣亦何用，俱非有無定非有故。

入中論善顯密意疏卷五終

入中論善顯密意疏 卷六

宗喀巴大師造

釋第六勝義善提心之三

巳二 釋世間妨難分二，午一 假使世間共許他生釋世妨難，午二 明世名言亦無他生釋世妨難。初又分二，未一 世間妨難，未二 答無彼難。今初

外曰：前為成立他生所說諸理，如乾薪上注以油脂，被汝慧火焚燒殆盡。能使汝慧火熾盛之理薪，前者已足不可更加矣。問：倘不違正理則所許他生之義，寧非不成？外曰：不爾。以世間成立者，不須更用餘理成立，世間現見最有力故。頌曰：

「世住自見許為量，此中何用說道理，他從他生亦世知，故有他生何用理。」

一切世間皆住自見，許世所見即爲定量，此最有力。從他有自性之因，生他有自性之果，亦是世人現所見者。用正理成立者，謂現見不現見二法之中是不現見法。前現見法，由現量成立故，不須更用正理成立。今此他生亦復何須說餘道理成立爲有。縱無餘理成立他生，諸法他生亦能成立。故今成立有他生中，說餘道理更有何用，以現量已成立故。

未二 答無彼難

此乃未能無倒了知教義。復因無始生死以來，實執習氣成熟之力，恆於諸法執爲實有，如同親友。未多聽聞捨離方便無自性理。（釋論謂：驟聞令捨執法親友，深生不忍。）以是狂叫世間違害也。若不廣說世間道理，不能遣除世間違害之狂叫。故當詳說何等境界爲世間所違害，與何等境界爲世所不違害，闡明可害境與不可害境之差別。此須先說二諦差別，分五

申一 二諦總建立，申二 正釋此處義，申三 別釋二諦體，申四 明破他生無世妨難，申五 明世間妨難之理。初又分四，酉一 由分二諦說諸法各有二體，酉二

明二諦餘建立，酉三　觀待世間釋俗諦差別，酉四　明名言中亦無亂心所著之境。今初

「由於諸法見眞妄，故得諸法二種體，說見眞境卽眞諦，所見虛妄名俗諦。」

諸佛世尊，正知二諦體性，宣說行思與芽等內外一切諸法有二體性：謂世俗諦體與勝義諦體。此是說如芽一法之體，亦可分世俗與勝義二體，非說芽之一體，觀待異生與聖者，分爲二諦也。由此當知絕無無體之法。凡是有法，卽不能超出一體異體。雖許有此體，然無自性之體亦不相違。

芽等諸法勝義諦體者：謂現見真義殊勝智所得之境體。此是二體之一，非自性有。言殊勝智者：簡非一切聖智所得，乃如所有智之所得也。此說是彼智所得者，爲破妄執彼智所得卽是實有故。旣言非自性有，故知有說；聖根本智若量勝義諦，卽成實有非所知攝，認爲是此師正宗者。實未了解此宗所說，雖是聖根本智所

得，然非實有之義。致令智者正宗日趣增減也。

餘世俗諦體者：謂諸異生爲無明翳障蔽慧眼，由彼妄見之力所得體性。此是二體之一，然非如異生所見境自相，卽實有彼自性也。

如是說得勝義諦時，以聖人爲能得者，意取主要者說，非說具中觀見之異生全不能得也。說得世俗諦時以通常異生爲能得者，亦意取主要由無明增上，見內外諸世俗法者，非說聖者身中之名言量不能得彼諸法也。未得中觀見者，雖亦能得瓶等世俗諦法，然以正量了知彼法爲世俗諦，則必須先得中觀正見。以成立彼法爲世俗諦，必須先成立爲虛妄，正能成立爲虛妄者，則於彼法先須以正量破其實有故。

言由妄見力者：謂通常衆生雖亦能見妄法，然非彼衆生皆能成立（能知）爲虛妄。如觀幻術人見所幻之象馬時，雖見妄法，然非能知所見爲妄也。以是當知安立世俗諦謂妄見所得義者，是說能量虛妄所知境諸名言量之所得也。

如前所說二種體性之中，能見真義理智所得之境卽勝義真諦。此於下文「由眩翳力」等時，茲當廣說。能見虛妄所知諸名言量所得者，大師說名世俗諦。此說所得勝義世俗二事各別，非於一事有二種得相也。

酉二　明二諦餘建立

二諦之所依，雖有多種解釋，此中是以所知爲依。如集學論引父子相見會云：「如來了知世俗勝義，所知亦唯世俗勝義二諦中攝。諸佛世尊由於空性善見善知善證，故名一切種智。」言所知亦唯者，明所知爲依。言二諦中攝者，明二諦數決定，及明如來由了知二諦故名一切種智。故說勝義諦非所知法，及說任何智慧皆不能證，爲入行論意趣者，實是倒說。

世俗勝義二諦是所分體。所分之義雖有多解，此中則說二俱有體。又彼體性，亦定非是非一非異。諸有法體若異空性反成實有。故是一體觀待爲異，如所作與無常。菩提心釋云：「異於世俗諦，真諦不可得，說俗諦卽空，唯空卽世俗。離一餘亦無，如所作無常。」初四句義，謂非離世俗別有異體之真諦，卽諸世俗法諦實空故。諦實空性亦卽於世俗事上而安立故。次二句，明無則不有之關係決定，復是同體係，如所作與無常是一體性。所分之義，謂如上所說二量所得，即各別體相。

設作是念：若說本論與入行論義同者，彼論云：「世俗與勝義，許此為二諦，勝義非慧境，說慧是世俗」。復如何通？答：彼前二句是明二諦差別。後二句明所分體。「勝義」一句明勝義諦。「說慧」一句，明世俗諦。有說前句（第三句）立勝義諦非慧境之宗，以後句（第四句）成立者，實非論義。彼所明二諦亦如集學論引父子相見會云：「此中世俗，如來見為世間所行，勝義諦者，不可說，非所知，非所識，非徧知，不可見。」入行論中即安立此義。此說勝義諦非所知者，義如下文所引入二諦經所說之慧，謂非彼慧境。若謂全非任何智慧之境，則經說如來由現證世俗勝義一切空相安立為一切種智，應成相違。下當廣說。明世俗諦中，非說唯安立彼慧為世俗諦，是說彼慧之境，如經云：「世間所行」。世間謂能量妄法之名言識。所行謂彼境中所得之義。論說慧境為世俗諦，理亦如是。

分所知為二諦者，明所知中二諦決定，此中教證，父子相見會，前已引訖。決定真實三摩地經亦云：「謂世俗勝義，更無第三諦」。釋論亦云：「如是略有餘諦，隨其所應，當知唯是二諦中攝。」此說十地經所說多種諦名，一切皆歸二諦中攝。經中所說成立諦，謂善分別蘊界處。故此論師亦許二諦數量決定。理證，謂如一事，若已決斷爲欺誑虛妄，則必遮斷爲不欺真實。欺與不欺互相違故。由此徧於一切所知，故亦遣除俱是俱非之第三品。如中觀明論云：「凡互相違法，絕無遮其一品不成餘品者，故分別俱非品亦非正理」。又云：「若法決斷爲此，未有不遮斷爲彼者，此二卽是互相違之相。若法是互相違相，則彼遍於一切種相。若能遍於一切種相，則能遣除餘第三品，如有身與非有身等差別。」其餘一切正相違者皆如是知。

若無能遣第三品之正相違者，則所許有無一異等二邊觀察皆不能破。若有者則凡正相違法，遮其一品未有不成立餘品者。故說中觀應成派無正相違，是全未知破立之建立。凡正相違，遮斷一品則決定餘品，破遣一類卽成立餘類，應成自續都無差別。

四三　觀待世間釋俗諦差別

世俗諦中有心境二類，先依世間識明心之正倒。頌曰：

「**妄見亦許有二種，謂明利根有患，根有患諸根所生識，待善根識許爲倒。無患六根所取義，即是世間之所知，唯由世間立爲實，餘即世間立爲倒。**」

非但所知中可分二諦，即見妄法之心，亦許有正倒二類。未被現前錯亂因緣損壞之明利諸根，及依此根所生諸識，與已被現前錯亂因緣損壞之有患根識也。有患諸根所起亂識，觀待未被現前錯亂因緣損壞之善淨根識，則許爲顛倒識。前者則許緣境非倒。但此二種差別非是中觀自宗，是觀待世間識而分。如心可分倒與不倒二類，其境亦爾。謂未被現前亂因所損六種根識所取之義，此是世間所知，唯由世間立名眞實，非待聖者可立彼境名真實也。此言聖者與言中觀宗，義同。餘謂影像等有患諸根所見之境，即由世間安立爲倒。即字表示唯以名言量，即能安立彼諸錯亂識，不待理智也。

內身所有損壞諸根之因緣，如眩翳黃目等病，及食達都惹藥等。達都惹卽商陸，誤食彼果便見一切皆成金色。等字攝痰病等。身外所有損根因緣，如照鏡，於空谷等處歌唱，春季日光與砂磧等境界現前。爾時內根縱無損患，如其次第，亦見影像，谷響，陽餤水等。由幻師咒及所配藥等當知亦爾。意根之損壞因緣，如彼咒藥，及邪教，似因，睡眠等。此說睡眠是六根中意根之損壞因緣，故說此師許夢中有根識，實屬邪說。由是當知無始時來二種我執無明等損害，非此所說損壞因緣。此唯取前說現前損壞諸根之錯亂因緣等。

其無如是損患六種根識所取之世俗義，與有患諸識所取之義，安立爲正倒境者，唯是觀待世間識立，以認彼等如見爲有，是世間識有無違害故。無觀聖者則無正倒之別，如影像等非如所見而有，具無明者所見似有自相青等，亦非如所見而有故。故彼二識亦無錯不錯亂之別也。問：有患色根所見倒境，及意識上有睡眠等患，於睡夢中所見人物執爲人等，並醒覺時於幻象馬執爲象馬，於陽餤水相執爲真水。世人常識亦能了知此等顚倒。然意識上由惡宗所損邪執諸義，世人常識不知其倒。云何可說唯由世間立爲顚倒耶？答：此中所觀察有無損害之損緣，非是俱生邪執之損害。故惡宗所妄計，是說唯學惡宗者邪計之自性等（二十五諦中之自性）。世人常識雖不能知彼等顚倒，然未證眞實義之名言量，能知其倒。故是世間識了知爲倒也。又如二種我執所執之義，是無患根識所取，觀待世間常識可是眞實。然名言中亦非是有。

問：若由不許正世俗故，雖可不分正倒二類，但無明所損之心境，何故不安立爲倒世俗耶？答：世俗是由諸名量所安立故，若安立倒世俗亦應待彼而立。然名言量不能成立由無明習氣所損者爲錯亂也。

四四　明名言中亦無亂心所著之境

上已總說有患意識於所著境迷亂，今更以譬喻別明彼義。頌曰：

「無知睡擾諸外道，如彼所計自性等，及計幻事陽燄等，此於世間亦非有。」

如被無明睡眠擾亂意識之外道，意中已有邪宗似因之害緣，自以爲悟入眞實義。於牧童婦女所共許之生滅等，彼尙不能無倒正知，而欲超出世間之上。如攀樹者，未握後枝已放前枝，定當墮落惡見山淵之中。由彼不能善知二諦，故不能得解脫妙果。故諸外道論中各別所計自性三功德等，雖於世間世俗亦定非有。有說此宗，凡是亂識見爲有者卽立爲世俗有，此亦善破訖。如是若計幻事，陽燄，影像等，爲實象馬，實水，實質等，亦於世間世俗決定非有。故名言中有者，要由正量之所成立。雖彼等所著之境，於名言中亦不許有，然所見境，則不許爾。現在根識見色聲等爲有自相者，是被無明損壞。故彼等識，與見影像，谷響等之根識，除略有粗細，於所見境全無錯亂不錯亂之差別。自相所成之青等與有實質之影像等，同屬非有。如實質雖無影像是有，如是自相雖無，而青等是有。如許青等是外境，故許影像亦是色處。下文亦說影像能生見彼之識也。由此當知，眼識所見之幻事，耳識所聞之谷響等，亦皆如是。是爲此宗之不共建立也。

「如有翳眼所緣事，不能害於無翳識，如是諸離淨智識，非能害於無垢慧。」

諸真實義，非名言識之所安立，許是聖者真智所見，故破他生，非唯住於世間知見而破，是依勝義而破。今破他生既加勝義簡別，猶如有眩翳眼識，所見毛輪等，於無翳眼識不見毛輪者都無違害。如是離無漏淨智被無明所障之異生識，於未被無明障蔽之無漏淨慧亦無違害。故破勝義他生時，即使世間成立他生亦無違難。當知彼難實為智者所笑之處。

申三 別釋二諦體分二，酉一 釋世俗諦，酉二 釋勝義諦。初又分三，戌一 明於何世俗前為諦何前不諦。戌二 三類補特伽羅見不見世俗之理，戌三 觀待異生聖者成為勝義世俗之理。初又分二，亥一 正義，亥二 釋煩惱不共建立。今初

「癡障性故名世俗，假法由彼現為諦，能仁說名世俗諦，所有假法唯世俗。」

由此無明愚癡，令諸衆生不見諸法實性，於無自性之諸法，增益爲有自性。遂於見真實性障蔽爲體，是名世俗。此所說之世俗，是明世俗諦，爲於何世俗前安立爲諦之世俗。非明總世俗也。如楞伽經云：「諸法世俗生，勝義無自性，無性而迷亂，許爲真世俗。」此說於勝義無自性，誤爲有自性之心即是世俗。世俗梵語有能障義，此世俗即爲能障。此爲障何事耶？曰：「許爲真世俗。」謂由障蔽真義故，許爲俗世或能障。此非說正邪二世俗中之正世俗也。初句所說之世俗，與後句所說之世俗，義全不同。前者是自許諸法生等世俗中有之世俗。後者是諸法於何世俗前爲諦之實執世俗也。

由彼實執世俗之力，青等虛僞諸法，本無自性現有自性，於諸衆生現爲實有。由此於前所說世間顚倒世俗之前爲諦實故，能仁說爲世間世俗諦。即如前經所說也。由於三種人前不現爲諦實，而是分別假造虛僞諸法，由於彼世俗前不諦實故，名唯世俗。

釋論說：「如影像谷響等少分緣起法，雖具無明者亦見其虛妄。如青等色法及心受等少法，則現爲諦實。諸法實性，則具無明者畢竟不見。故此實性與世俗中見爲虛妄者非世俗諦。」此所言「少法」，拏錯譯爲「有法」較妥。言影像等亦見爲虛妄者，是現似形質與彼質空二事相合之虛妄。彼之實空，亦是空無實質之義。非影像自性空之義。故雖知影像由實質空，而彼影像於執有自相之世俗前現爲諦實，並不相違。故彼仍是世俗諦。以是當知論說影像非世俗諦者，意說善名言者世間世俗所見影像，現似形質已知爲妄。是觀待彼心已非世俗諦。非不安立爲：「所見虛妄名俗諦」，所說之世諦也。若不如是，凡於世俗不諦實法，是世俗諦成相違者。則論說於名言中亦無自相，及名言中破除實有，成立無實，一切建立皆成相違。是故有說：世間常識亦知爲錯亂之影像等境，非世俗諦，唯是世俗。是於二諦決定，及觀待世間之實妄，并中觀師所立之實妄，全未獲得正解之語也。論言：「實性於具無明者畢竟不現」者，此許未斷盡無明之聖人，亦皆現證真實義，故是說現被無明障蔽之心。至於有學聖人之後得智及異生之真實義見，雖有無明及無明習氣所蔽，不能現見，然當許彼見勝義諦。

釋論云：「此由有支所攝染汚無明增上之力，安立世俗諦」。此說妄執諸法實有之無明人我法執，是十二有支中之無明。故不許爲所知障。言由彼實執無明增上，安立世俗諦者，是明待何世俗安立爲諦之理，非說瓶衣等世俗諦法要由彼實執安立。以彼實執所安立者，自宗於名言中亦不許有故。由世俗諦待何世俗爲諦實之世俗，與安立瓶等爲世俗有之世俗，名相同故，誤爲一義者頗多，當善分別。

若爾瓶等諸法，爲於未成佛一切有情之世俗前，皆現爲諦實耶？爲於少數有情之世俗前，亦有不現爲諦實者耶？論曰：「安立爲世俗諦之色聲等法，此復於已斷染汚無明，已見諸行如影像等聲聞獨覺菩薩之前，唯是假性，全無諦實。以無實執故。」此謂見非諦實之補特伽羅，略有三類：謂聲聞獨覺菩薩。然非一切聲聞獨覺菩薩，故說差別，謂已現見一切有爲諸法，空無自性現有自性如影像等。是一差別。若唯此德，七地以下菩薩，及二乘有學聖人亦皆同有。爲遮彼故，說彼三人中是已斷無明者。故是清淨地菩薩，及二乘阿羅漢。於此三人前不現諦實，爲何法不實耶？論曰：「此復」，謂內外諸法。不實之理，論曰：「無實執」，謂不執實有故，實執無明已斷盡故。此卽成立內外諸法於彼三人之世俗前爲非實有。如是解釋並未成立於彼等前非世俗諦，僅是成立非是諦實。故有執爲成立非世俗諦者，是慧解太粗，以自心垢污論師意也。又如上成立亦非對彼三人成立，是對吾等諸餘有情，成立諸法於彼三人之前爲非實有耳。除彼三人之外，餘諸有情由有俱生實執故，於彼等任何世俗亦皆不能成立爲非實有。若不如上釋，强謂是於彼等成立非世俗諦者，則此能立太無關係。謂於彼心成立某法爲世俗諦時，須先成立彼法爲虛妄，於彼以無實執爲理由，誠可笑故。又於彼心，成立某法爲世俗諦時，須先成立彼法爲虛妄之理，謂說瓶等爲世俗諦，安立此諦字，有心境二義，此非安立彼境爲諦，要於實執世俗之前乃能安立爲諦。若不加彼簡別則不能成立爲諦實，反應見爲虛妄也。

亥二　釋煩惱不共建立

此宗明煩惱有不共理，與大小乘對法俱不相符，了知此理最爲切要，故當略說。

執法實有中，有緣人緣法二種實執，卽許彼爲二種我執，前已說訖。入中論釋與四百論釋，皆說彼實執是染汚無明。又彼無明，說是聲聞獨覺阿羅漢所斷。四百論說是得無生法忍之菩薩所斷。故染汚無明，是無我眞實義明慧之違品，非僅無彼明，及離明之餘法。之明違品，卽增益人法爲有自性。由是當知安立增益法我爲染汚無明，及安立執我我所有自相爲薩迦耶見，皆與對法不合。對法宗，如俱言論第九品說，執補特伽羅有獨立實體，安立爲我執薩迦耶見，執我所有爲彼實體補特伽羅之所自在，安立爲我所執薩迦耶見，則與此宗極不相同。執補特伽羅有獨立實體，未學邪宗者雖亦可有，然執特特伽羅異諸蘊相別有餘相，則未學邪宗者決定非有。如是邊見亦有二類也。設作是念：對許人法有自相之宗，云何成立彼等諸執爲染汚無明及二種我執耶？答：先以破有自性之理，破除人法有自性，便能成立彼執是迷所著境之實執。此若成者，則亦能成立執人法實有爲二種我執也。若此等皆成，則亦成立彼等實執爲了達眞實義明慧之違品。故能成立爲無明，且能成立爲薩迦耶見，亦卽成立爲染汚無明。故了知煩惱之不共建立極爲重要也。

其餘貪等煩惱皆從實執愚癡發起之理，如四百論云：「如身根依身，癡遍住一切。」釋論云：「癡於通達真諦極愚蒙故，增益諸法諦實自性而轉。貪等亦唯於愚癡所徧計之諸法自性，增益愛非愛等差別而轉，故非異癡而轉，亦是依癡，癡最勝故。」「自性而轉」以上，明癡是實執。貪等非異癡而轉者，謂與癡相應乃轉，離癡則不轉。從「貪等」至「而轉故，」即說明其理由。於境增益悅意不悅之差別者，是生貪瞋之因非理作意，非說貪瞋之行相。言「唯於癡所徧計」者，謂要依增益有自性之悅不悅意相乃有貪瞋轉故。然此非說；唯癡徧計之實有是貪等之所緣，以二種俱生我執之所緣是有法，貪等與癡相應，即同一所緣故。要於二種非理作意所引境上，起希欲行相及厭背行相者，乃是貪瞋。唯執補特伽羅獨立實有所引之欲不欲相，猶不安立為貪瞋。故安立貪瞋之理亦不相同。言「亦是依癡」者，義謂執有自相之愚癡為先，乃能引生貪等。身根依身之喻，謂如離餘四根，別無可立為身根者，如是餘一切煩惱要依愚癡乃轉，不離愚癡而轉。於是若能破除愚癡卽能破除一切煩惱。故於能治愚癡緣起性空之論應當恭敬也。七十空性論亦說諸法實執，爲生死根本無明。六十正理論亦云：「若得隨一處，卽被惑蛇咬，若心無所住，卽不被彼咬。」謂若得隨一實執所緣之處，卽被煩惱毒蛇所咬。又云：「若心有所住，惑毒豈不生。」此卽聖者所許。後二句之徵起文云：「若見色等有自性，而欲斷煩惱，此諸煩惱終不能斷，爲顯此義故云」。釋文亦云：「若有法可得，定生貪等無量煩惱，必不可遮。所以者何？若彼法與意相順，卽隨貪著難以遮止。若不相順，則生憤怒亦難遮止。」釋論又說，若境俱非悅不悅意則生無明。凡是內心執境有自相轉，或生貪欲，或生瞋恚，卽俱非彼二亦生同類愚癡。入行論云：「凡有所得心，若稍有所住，諸離空性心，滅已復當生，如無想等至。」關於此義，此二論師與佛護論師，解釋聖者意趣都無差別。

由此道理，說無常等十六行相之道能得涅槃者，是密意語。依彼道增上所明煩惱亦非究竟。慢等煩惱依彼等義亦可了知。不共無明及薩迦耶見邊見，當知皆分分別與俱生二種。恐繁不錄。如是宣說執法實有之分別爲上中下九品修所斷，配九品能治修道者。如說執著二取異體分別爲上中下九品修所斷，配九品修道。當知是爲不能圓滿通達粗細二種法無我之有情而說是不了義。

戊二　三類補特伽羅見不見世俗之理

又此諸法於凡夫前，實無自性現有自性，故成欺誑。於前所說餘三人前，唯現緣起假法，故唯世俗都無真實。又彼唯有所知障相不染汚無明現行故，要於有彼無明及其習氣所染有相行後得位之聖者，乃能現起。於住根本定無相行之聖者，則皆不現。

若爾，此宗立何爲所知障？釋論云：「此中無明習氣，能障決了所知。貪等習氣，爲身語如是轉因者亦爾。又彼無明貪等習氣，唯得一切種智成佛乃斷，非餘能斷。」身語轉者，謂如阿羅漢有身語粗重，躍如猿猴，呼他小婢，大師雖遮仍不能改。亦字明貪等習氣亦障決了所知。故煩惱習氣是所知障，習氣所起一切錯亂二取，亦是彼攝。又煩惱種子名曰習氣，與非煩惱種子之習氣，此立後者爲所知障。雖斷盡一切煩惱種子不復生實執。然由習氣所染，於所現境仍起錯誤之心。

又未成佛之聖者，由未斷所知障無明故，後得有相分別與根本無相智，各別而起。諸佛如來由於一切法勝義世俗相，現正等覺，故心心所行，一切分別皆畢竟滅，根本後得有相無相不各別起。言畢竟者，顯餘聖者唯根本位乃滅，故後得根本各別而起。言「所知障無明現行故」非是成立有相之理，是成立根本後得有相無相各別而起。心心所行，謂諸分別，顯句論云：「分別謂心行，真實性義由離彼故，是無分別。如經云：云何勝義諦？謂尙無心行，況復文字」。

戊三　觀待異生聖者成爲勝義世俗之理

論曰：「諸異生類所見勝義，卽諸有相行聖者所見唯世俗。彼之性空，卽彼等之勝義」。前句義，謂異生執爲勝義有之瓶等，卽前所說三類聖者從根本定起後得有相智所見之唯世俗。此僅遮彼前爲諦實，非遮世俗諦。亦非說異生執瓶等勝義有，卽爲聖者所見之世俗。以彼非有故。後句義，謂緣起世俗之法性，卽聖者所見之勝義。故有倒解論義說瓶等一事，觀待異生爲世俗，觀待聖者爲勝義。是由未知於何心前爲世俗諦，卽於彼心破除爲諦也。

論曰：「諸佛勝義是自性性，此復無欺誑故是勝義諦。此是彼等各別內證」。言是自性性之性字，是決定詞。此簡餘諸聖者所見之勝義諦，謂非如根本智位無相自性，後得智位有相自性，各別決定。是恆時安住自性之法性也。「此復」等義，謂勝義諦之諦字，非諦實義。是於見真實義之智前，無欺誑義。

酉二 釋勝義諦分二，戌一解釋頌義，戌二 釋彼妨難。今初

今欲宣說真勝義諦，然勝義諦非言說境故，非隨言識所緣境故，不能直接顯示。當為樂聞者，以異生自能領悟之譬喻，明彼體性。

此云非言識境，義為不能直接顯示。舉錯譯為不能現前顯示。又真實義非從他能知，如顯句論云：「如眩翳人見毛髮等顛倒自性，無眩翳人雖為宣說，然彼不能如無翳者了達毛等自性無可見，如實了達。」此說無翳人雖為有翳者說無毛髮，然彼不能了達如無翳人所見無髮。聽者雖不能如是了達，然非不知無髮也。如此譬喻，為彼宣說真實義，彼終不能如離無明翳者所見而了達，然非全不能了知真實義。故勝義諦，非詮深義之了義聖教，及說彼義之語所不能說，亦非隨順彼語

之慧所不能知。凡說真實義非言識境者，應知一切皆爾。頌曰：

「如眩翳力所徧計，見毛髮等顚倒性，淨眼所見彼體性，乃是實體此亦爾。」

如有翳人由其眩翳損壞眼故，見自手所持食器等中，有毛髮虫蟻等相，妄計實有毛髮虫蟻等事。爲除彼故，遂將彼器數數傾覆。無翳淨眼人行至彼前，用目審視彼所見有毛髮等處，毛髮等相都不可得，更不分別毛髮等上差別之法。若有翳人述自心意告無翳人曰：見有毛髮。爾時爲除有翳人之妄分別故，曰：此中無髮。對彼人前雖說如是破除之語，然此說者無損減毛髮之過。有翳人所見毛髮之真義，是無翳人所見，非有翳人所見也。如彼二喻，當知此法亦爾。了知之理，謂無明翳損壞慧眼不見眞實義者，見蘊界處時，僅見蘊等世俗性，如有翳人所見毛髮，諸佛永離無明習氣所之知障，如無翳人不見毛髮，而見蘊等真實性境，此即諸佛之真勝義諦也。

戊二　釋彼妨難

設作是念，如無翳眼不見毛髮等相，諸佛亦應不見無明染心所見之蘊等世俗法，是則諸法皆應非有，以凡有者佛必見故。若無蘊等世俗法亦應無佛可成，以初發心之補特伽羅，有無明染故。答曰無過，佛智了達所知略有二理：謂了達勝義諦所知，及了達世俗諸所知。初謂以不見蘊等世俗相而了達彼等真實義。次謂諸佛不可有不見而知之疏知，必是見相而知。故盡所有智，是現見心境二相而知也。諸佛盡所有智，非由無明習氣所染而見蘊等，是由餘補特伽羅無明染識所現之相。佛亦應見。彼相既是世俗法，則盡所有智亦必見也。有翳人所見毛髮，眼無翳人雖不可見，然彼相不必非有，此與佛不同也。未斷盡二取迷亂習氣以來，緣如所有與盡所有之現量，不能同體，根本後得各別緣慮，故一剎那智不能雙緣彼二所知。斷盡迷亂習氣之後，每剎那智，皆是二智同體相續不斷，故於一時緣二所知，不須各別有現不現也。故論云：「雖一剎那智，周徧所知輪」。又彼二智雖是一體，觀待二境有二能知之相，亦不相違。是為諸佛世尊所不共法。有說佛智唯一眞實義智。其盡所有智，是所化相續所攝，非佛心所有。是謗諸佛盡有智。所有說如所有智亦非佛心所有，是俱謗二智也。更有餘義，果位當說。

抑作是念，滅盡一切二取相之體性，豈非無可見，諸佛云何見勝義諦耶？答：眞實見前二取皆滅，實不以二取相見。然無可見卽名曰見。此謂如所有智，現見蘊等之眞義，蘊等於彼見前不成實義，卽是蘊等眞義，故不見蘊等，乃見蘊等之眞義也。釋論云：「不觸所作性法，唯現證自性，由覺眞實故曰佛陀。」此說諸佛見勝義智不觸有法唯覺法性，與說不見蘊等乃見蘊等之眞義，同一道理。經說無見是最勝見。義亦非說全無所見名之爲見。是如上說，不見戲論立爲見離戲論。故見與無見非指一事。如般若攝頌云：「不見諸色不見受，想無可見不見思，若心意識都無見，如來說此見已法。有情自言見虛空，觀彼虛空如何見，佛說見法亦如是，非見餘喻所能說。」此說不見者爲五蘊，見者爲法。此法卽眞實義，如云誰見緣起彼卽見法也。虛空喻者謂唯遮質礙。見知彼者謂若有所遮質礙理應可見然不可見。此所見卽虛空，不見卽質礙。若謂非如是見，如見藍色乃見眞實義者，是末句所破也。

爲證以不見爲見，引入二諦經云：「天子，若勝義中真勝義諦是身語意所行境性者，則彼不入勝義諦數，成世俗諦性。天子，然勝義中真勝義諦，超出一切言說，無有差別，不生，不滅，離於所說，能說，能知所知。」前段經義，謂勝義諦於見勝義智前，若非以不見蘊等世俗相而見，如蘊等是身語意所行境者，則現見真實義智，未離戲論，故非勝義諦，反成世俗戲論。是證以不見之理而見。第二段經義，言現見勝義智前，真勝義諦無差別者，謂無衆多不同之差別。超出言說，不生，不滅，易知。

於彼見前離能所說亦易解。現見真實義智，雖可立爲勝義智，真勝義諦是彼所知。然於彼智前離能知所知，亦不相違。以能所二相，唯於名言識前乃安立故。如比量理智雖可立爲能知心，真勝義諦亦可立爲所知境，然心境能所，非就彼智而立也。

經又云：「天子真勝義諦，乃至超過具一切勝相一切智境。非如所言真勝義諦。

一切諸法皆是虛妄欺誑之法。」一境字以上明勝義諦超過一切智境。非如所言眞勝義諦，卽明超過彼境之理。如云此是勝義諦，隨逐此言之分別，便各別現起心境二相。若一切智中如所有智有如是相。彼必超過此境。以一切二取相法，皆是虛妄欺誑之法，故唯見眞實義之不欺誑智，全無彼法也。此等一切，皆是現見眞實義之智不見蘊等世俗法之左證也。

是故現見眞實義之智前，有事無事等一切二取法之戲論，皆定非有。以彼諸戲論自性皆不可得故。

由是當知，說眞實義時，唯諸聖者乃是親證之量，餘非聖者皆非親證之量，故約聖者見勝義智破他生時，全無世間妨難也。

中四　明破他生無世妨難

若於勝義破他生時，欲舉世間妨難者，則觀眞實義時許世間見於眞實義亦是正量。頌曰：

『若許世間是正量，世見眞實聖何爲，所修聖道復何用，愚人爲量

亦非理。世間一切非正量，故真實時無世難。」

若果許世間見於真實義是正量者，世間常人皆已現見真實義故，復是無始生死以來即已見故，應許已斷無明。則爲現證真實義，何用餘諸聖者，亦復何用勤求聖道也。然許世間通常愚夫，於真實義爲正量，亦非道理。故觀真實義時，世間常見於真實義一切非量。故觀真實義時無世間妨難也。

有說此宗既云：「世間一切非正量」，是全不許爲量，故非善宗。有說此宗極爲善哉。二俱未解論師所許，妄爲解說徒自現醜。論說世間常見於真實義一切非量，誤爲總說不許爲量故。

又能量所量如顯句論：破有自性，安立觀待之能量所量。下當廣說。

申五　明世間妨難之理

若爾何者有世間妨難？頌曰：

「若以世許除世義，即說彼爲世妨難。」

若世間共許之義，以世間共許破除，即說彼有世間妨難。譬如有云：我物被刼。

餘人問曰爲是何物。告曰是瓶。他若難曰：瓶非是物，是所量故，如夢中瓶。此等能破境，乃有世間妨難。若時依聖人勝義見，以善巧勝義之丈夫爲定量，決擇真實義，爾時全無世間妨難。

論曰：「智者當以此理，觀諸餘事」。現在許爲中觀之正理者，如云：「我非瓶主，天授非奪者」。又云：「若云我田上已生。問曰：何生。若謂芽生，當難云：芽無有生，是所知故」。又云：「如夢中人及芽」。此即顯彼皆有世間妨難也。

午二 明世名言亦無他生釋世妨難

如是已依世間許有他生，釋世間妨難。今當更說世間常見亦無他生，故住世間見破除他生亦無世間妨難。頌曰：

「世間僅殖少種子，便謂此兒是我生，亦覺此樹是我栽，故世亦無從他生。」

如世間人指一男云：此兒是我生。然此男人，非將彼男，從自身出納入母腹。是將此兒身之不淨種子，注入母胎也。由父僅注兒身之因，便云生兒。故世人不執種子與兒爲自相之他。此是世間共知之事。故執種子與兒，麥種與芽等爲從他生，世間亦無也。若執爲自性之他者，應如他補特伽羅，不可說此兒是我所生。如是僅殖樹種，種生樹後，便覺此樹是我所栽。是故世間亦無他生，如上廣說。所殖二種雖非彼樹彼兒，然由殖彼二種乃生兒樹。故指彼二可云是我所生。如痛愈之手，雖非補特伽羅，然手痛愈可說彼補特伽羅痛愈也。

如是世間名言中雖無他生，然世間常見不能破除他生，以破因果有自性異體，必待觀真實義之正理故。他宗所計他生，是有自性之他生，非但有體之他，以唯有此非是世間所不成故。言「故世亦無從他生」者，非謂世間常人，於種芽等親因果法，不執爲有自性之他。當知是說於名言中亦無他生。如釋論破共生時云：「如上已說自生他生於世間世俗及勝義中皆不應理。如是說是共生，即以前理亦定非有。」此說名言中亦無他生。顯句論中問曰：「若謂諸法自生他生共生無因生皆非有者，云何世尊說無明緣行耶。」答曰：「此是世俗，非真實義。」此說無明生行等是約世俗，非於勝義。問曰：「何爲世俗建立。」答曰：「唯此緣性許爲世，非許四邊。」此說雖世俗中許依此緣有此法生，然不許四邊生，極爲明顯。故有說此宗世俗中不破他生，是未善解此宗也。

巳三 明破他生之功德

由上所說諸法無自性，顯示緣起離常斷門，不墮常斷二邊之功德。頌曰：

「由芽非離種爲他，故於芽時種無壞，由其非有一性故，芽時不可云有種。」

若芽是離種子有自性之他者，則種芽二法不成因果，芽雖現有種子亦必間斷無疑。以種芽既無關係，芽雖現有，於種子間斷全無益故。如雖有犛牛，於黃牛死已間斷全無少益，雖有異生，於聖人自斷生死無少益也。由是因緣，芽非離種子有自性之他，而是因果，全不相違。故有芽時，種子亦無壞滅間斷，遠離斷邊。論中數說芽時種滅。故種子壞義，釋論說爲種子間斷。又論破種子不滅，故種子間斷是彼種類相續斷絕也。

由芽種二法非一性故，非卽種子轉變成芽，破有芽時種子不滅，故不可說芽時有種。亦破常邊。

此如廣大遊戲經云：「有種芽亦爾，非種卽成芽，非異亦非一，法性非斷常」。此謂若有種子，則以種子爲因芽亦出生。設有是念，若有芽生應非離種別生，故芽種應是一體。曰：芽雖非離種別生，然亦非種子轉變成芽。何以故？以芽非是離種別有自性之他，亦非一性故。如是雙破二邊，卽顯彼芽性，是離常斷之法性也。前經更解此義云：「諸行無明緣，行非真實有，行無明俱空，自性離動搖」。初句是明行依無明之緣起因。二句是明行非真實有之宗。三句是明因果俱空。四句明空理。動搖卽作行，離動卽諸行行空。言自性離者是明所破之簡別。與真實中無義同。中論亦解彼經義云：「若法從緣生，非卽彼緣性，亦非異緣性，故非斷非常」（釋譯：若法從緣生，不卽不異因，是故名實相，不斷亦不常。）

入中論善顯密意疏卷六終

入中論善顯密意疏 卷七

宗喀巴大師造

釋第六勝義菩提心之四

巳四 明全無自性生分二，午一 破計有自相，午二 釋妨難。初又分三，未一 聖根本智應是破諸法之因，未二 名言諦應堪正理觀察，未三 應不能破勝義生。

今初

論曰：「全無少法由自性生，決定應許此義。」應說決定須許此義，不可倒說此宗全無所許。若不爾者。頌曰：

「若謂自相依緣生，謗彼即壞諸法故，空性應是壞法因，然此非理故無性。」

若謂色受等自相，係由自性所成之自體，是依因緣生者。則修觀行者，現證諸法自性空時。應是謗毀諸法自性而證空性。以根本智不見色等，若諸法有自性，根本智應見，然寔不可見，則諸法應無。若諸法無者，於根本智前，諸法原有後乃成無，應是破壞。則根本智爲此破壞之因。若見空性是毀壞諸法自性之因，如錘等是擊壞瓶等之因者，不應正理。故知諸法都無自性，終不應許有自性生。

許有自相生之中觀師，以計有自相非是寔有之理由，雖救云：「色等有自相，不必爲現見真寔義之聖智所見。」然有自相卽成寔有，前已解說。後理復破，故不能救也。

釋論於此處引寶積經云：「復次迦葉，中道正觀諸法者，不以空性令諸法空，但法性自空。」無相，無願，無作，無生，無起亦如是說。此說諸法，若有自相之體性，則非諸法自空。經說法性自空，則不應理。倘不從自體破除自性，須以他空而說名空，則違經說不以空性令諸法空。故是說以中道觀察諸法自性時，要從諸法自體空，乃爲自性空。此經亦破唯識宗所說：依他起自相不空，由無異體能取所取說名爲空。四百論云：「願我得涅槃，非不空觀空，以佛說邪見，不能得涅槃。」中論亦云：「大聖說空法，爲離諸見故，若復見有空，諸佛所不化。」此等卽是解前經義。亦卽說諸法自相空義。

有說：「瓶不以瓶空，而以寔空，是他空義。瓶以瓶空乃是自空。」極不應理，若瓶以瓶空，瓶應無瓶。若自法上無自法，他法上亦應無自法，則瓶應成畢竟無。餘一切法皆應如是。作是說者亦應非有。則說以此是空，以彼不空等建立，應皆無有。如斯之空，有說是真空者，有許是斷空者，彼俱未知，諸佛菩薩數數宣說緣起遠離常斷二邊之義。尤其宣說：一切世俗諦，皆須决擇自法以自法空，而復許彼是斷空者。極不應理。以四宗中，絕無旣知該見爲斷見，復令自身生彼見者也。

雖所依事無所破體，及彼所依由所破空，其空相同。然說諸法以自相空，是自體空義，其餘之空，非自體空。此中理由，謂以正量成立前空，乃至功力未失之時，其由宗派妄執彼事爲寔有之增益，定不得生。若以正量成立後空，乃至功力未失之時，則起宗派之寔有增益，都不相違也。

未二　名言諦應堪正理觀察

問：以無勝義生故，雖破自他生。然色受等法，是二量所得，應許彼等自性是從他生。若不許爾，如何說有二諦，應唯一諦。故定有他生。此中敵者，許勝義無生，及名言他生，故是自續中觀師。言若於世俗不許自性生之他生，應唯一諦者。義謂若於世俗無自相生，則無真正世俗。由無世俗諦故，應唯一勝義諦也。答：此寔如是，於勝義中非有二諦，如經云：「諸苾芻，勝諦唯一，謂涅槃不欺誑法。一切諸行皆是虛妄欺誑之法。」此等義說：自宗所許之諦義謂不欺誑。不欺誑之諦唯一，故曰：「此寔如是。」言於勝義中者，謂於見真寔義之智前，無有世俗勝義二諦，說彼智前唯一勝義諦故。言勝諦者謂勝義諦，以說彼智前無世俗諦，謂欺誑法。故可證知。總之，若諸法由自相有，則諸行不成虛妄欺誑之法，由無世俗諦故二諦俱無。無自相宗乃有世俗勝義二諦。

設作是念，前經既說，唯涅槃諦寔，餘諸行虛妄。諸有為法雖無自相，涅槃勝義諦，寧非由自相有耶？曰：涅槃之諦，經說為不欺誑法，故是不欺誑義，非有自性之諦實。由說一切諸行皆是虛妄欺誑之法，亦可證知前所說諦是不欺之義也。六十正理論釋亦云：「如有爲法顚倒顯現欺誑愚夫。涅槃勝義，則不如是顯現欺誑。故說涅槃諦實，餘不諦實。」故定應許，此分諦不諦實，是欺不欺誑之義。六十正理論釋，說涅槃於世俗爲諦者，義謂就世俗前，安立涅槃勝義爲有，非許涅槃於名言中爲諦實也。

由世俗諦是悟入勝義諦之方便，故中觀師，應如世人安立名言，亦不觀察自生他生，而許爲有。頌曰：

「設若觀察此諸法，離眞實性無可得，是故不應妄觀察，世間所有名言諦。」

設若觀察此色受等法，爲從自生，爲從他生等，則唯見眞實性，勝義無生無滅，離實性外，別無生等可得。故世間名言諦，不應觀察自他生等。唯如世人所見，由此有故彼法生等，以是世間悟入名言之門，則應受許。提婆菩薩云：「如於蔑戾車，餘言不能化，如是世未知，不能教世間。」中論亦云：「若不依俗諦，不得第一義，不得第一義，則不得涅槃。」迴諍論云：「若不受名言，我等不能說。」

此中所言觀不觀察，是說觀不觀察真寔義。此復了知齊何觀察是觀察真寔義，最爲切要。故當略說。應成派說，若唯假名猶嫌不足，如云芽生，必須尋求此假立義，爲從自生，抑從他生。卽安立爲觀真實義。故與世間言說，從何處來，向何處去，及言在內在外等之觀察，極不相同。自續諸師，唯彼觀察，猶不立爲觀真寔義，要如前說，觀其爲由於識顯現增上安立爲有，抑非由彼增上安立，是由彼義寔體而有。如是乃是觀真寔義。由明所破不同之關係，故觀察真寔義之界限，亦不相同。

有未解此義者，妄謂譬如此處，天授寔不曾來，誤彼已來。次審觀察爲來未來，乃知其未來。凡一切不觀察之建立，皆是顚倒，觀察之建立乃不顚倒。此說俱非中觀因明之義，以彼二派不觀察之建立，皆有無量以正量成立之事故。餘處已廣說，故不繁贅。如是當知，若以觀察真寔義之正理觀世俗法，則一切世間名言，皆當失壞。

未三　應不能破勝義生

如是於一切法上破寔執時，其執名言諦實有者，驚惶失措大聲呼曰：自相寔體，為雜染清淨繫縛解脫之因，應許有生也。彼雖作是說，亦唯存空言。何以故？頌曰：

「於眞性時以何理，觀自他生皆非理，彼觀名言亦非理，汝所計生由何成。」

如以觀真寔勝義時所說正理，觀察色等自生他生皆不應理。如是卽以彼理觀察名言，亦不應理。則汝所計之自性生，為由何量成立？由自相生，二諦俱無。汝雖不樂亦定當受許也。

其以觀真寔義之正理，於名言中所破之生，在接續文中謂寔體之生，在結文中則如上說。故皆是於所破上加自相生之簡別，非破總生。於名言義不可作勝義觀察，已數宣說故。若觀察真寔義之正理，不能於名言中破自相生，應許亦不能破勝義生。以有自相即成寔有，故加不加名言簡別，都無差別。

如是於所破上，加自相，自體，自性等簡別者，於佛經中及龍猛師資，并此論師之論中，數見不尠。破彼等時，有一類中觀師亦是敵者，如前已說。顯句論亦云：「此唯應如是許，若不爾者，寧非世俗亦具正理。以是則成真寔義，非世俗法。」此破唯以假名猶覺不足，必要觀察假立之義，乃能安立名言義者。如是則色等成勝義有，非世俗有。此是與不許勝義有，而許世俗有者所出過難。此復非說寔事師，故是說自續中觀師，極為明顯。論師又云：「有謂龍猛菩薩言「非自非從他」等破生者，是破異體能取所取徧計執生，非破依他起寔有。此解無因不能成立，作是說者唯應結難。」此中敵者，先覺有說是安慧論師者，然安慧論中全無彼說。護法論師釋四百論作唯識解。似是指彼。

若爾將甚深經義作唯識解者，於龍猛論義，當如何釋？世親菩薩等之論中，未見解釋龍猛菩薩之論義。唯釋正理論等，皆依解深密經，釋般若經爲不了義，應如是釋。以龍猛諸論未有破者，若如言解釋，則般若經亦應如言解釋。若說彼言爲不了義，則須將彼義作唯識釋也。然論說一切諸法非勝義有，非自相有。此如言義有理成立，無能違害，不可解釋爲不了義。故密意說唯應結難。於如言義，舉無量能立，於相違品出無量結難。即是成立彼教義不可引作別解也。

午二 釋妨難

問：若自相生二諦都無，則無色等。世間眼等識應不可見色等體性。若不爾者，應眼等識亦見兎角，理相等故。頌曰：

「如影像等法本空，觀待緣合非不有，於彼本空影像等，亦起具彼行相識，如是一切法雖空，從空性中亦得生。」

法本空謂虛妄。影像等，等谷響等。依待明鏡，本質，空谷，發聲等因緣合集，便生影響等，非是世間不許有者。於彼世間所許有中，從虛妄之影像等，亦生具彼影像等行相之眼等諸識。如從虛妄影像，生虛妄行相之識，如是一切法，雖皆自相本空，然從自相空之因，亦得生自相空之果。此說從影像生緣影像之眼識，故知影像亦是有事。由與內識體異，故是外境，復是眼識之所緣緣，故許為色處。第二月，毛輪相，幻相，谷響等應知亦爾。

如是應知，錯亂根識所見之本質，第二月，毛輪等。與無現前錯亂之五根識所見之自相相同。本質等本來非有而現有本質，與本無自相現為有自相相同。影像與谷響等，與色聲等相同。以是色等五境為有自相雖不立為外境，而現為有自相之色等，則立為外境。如是影像等為本質雖不立為外境，其影像等亦可立為外境。故彼二法可否立為外境相同。影像空無本質之虛妄義，世間老人，全未學習空性之教理者，亦能了知。故說了解彼義，是一種粗淺理智，不應道理。

問：若爾，雖已成立世人所說之影像虛妄，仍不成立中觀所立之虛妄。前者如何為後者喻？答：此舉影像等喻，是舉世間已極成者為喻，非以中觀所立之虛妄已極成者為喻。此復是以影像現似本質，不能分別此分現似本質，某分不現似本質，雖一切分現似本質如現而空，然依自因生亦不相違。取此爲喻，成立青色現似有自相，亦不可分別現不現有自相之二分，如斯顯現雖一切分皆如現而空，然自從因生，亦能生果，都不相違。若能了知，影像現似本質，雖一切分如現非有，然能安立影像不無。則亦能知青色現似有自相，雖一切分如現非有，然能安立青色是有。以精細慧辨色等上有破不破之二分。先就影像喻上而分，是求中觀見者必不可少之事。故不應略知便足也。釋論亦云：「若知影像無自性之因果建立。誰有智者，由見有色受等不異之因果諸法，而定執爲有自性耶？故雖見爲有，亦無自性生。」前說有生，今說無自性生。是明說有與自性有，生與自性生之差別。若不能分彼等差別，說法是有，便計爲自性有，說自性無，便執爲斷無，終不能出增減二邊。四百論釋云：「如寔事師，乃至說彼法有，便計亦有自性。若時捨離自性，便執彼法畢竟非有，如同兎角。如此執著不出二邊。終難合理。」以是當知，由無自性故離一切有邊，由能安立無自性之因果故離一切無邊，是佛護月稱解釋龍猛菩薩意趣之別法。故善分別二種有義與二種無義，極爲切要。以影像喻決擇彼義，如父子相見會云：「如於明鏡中，現無性影像，大樹汝當知，諸法亦如是。」餘虛妄喻表法之理，亦應如是知。

巳五　明於二諦破自性生之功德分二，午一　易離常斷二見之功德，午二　善成業果之功德。今初，頌曰：

「二諦俱無自性故，彼等非斷亦非常。」

由一切法如同影像自性空故，於勝義世俗二諦之中俱無自性，故色等法，非有自性之常。亦非斷滅。言斷滅者，如「芽時種無壞，」時所說之斷滅。中論云：「先有而今無，是則爲斷滅。」此說先計有自性之法，後時滅無之無常，皆是斷見。以說凡計諸法有自性已，隨計彼法爲常無常，皆是隨常斷二邊之邊見故。釋論此處引中論說：如佛世尊化一化人，彼復化一化人，作者作業與彼相等。謂是顯示從無自性生無自性，於無自性安立一切因果，無斷見失。

若於世俗不破自相，則不能通達微細無我。最微細之常斷二見，亦難令不生。故能盡離一切常斷二見，是於世俗中破彼自相之功德。若能於世俗破有自相，非但不墮觀待勝義之常斷二見，亦必不爲觀待世俗常斷二見之所染汚。故有易離常斷二見之功德也。

午二 善成業果之功德分三，未一 明不許自性者不須計阿賴耶等，未二 明從已滅業生果之喻，未三 釋妨難。初又分三，申一 釋連繫文，申二 釋本頌義，申三 釋所餘義。

釋論云：「如是於二諦中俱無自性，非但遠離常斷二見。卽業滅已經極久時，與諸業果仍相係屬，雖不別計阿賴耶識，內心相續，不失壞法，及以得等，亦極應理。」此說於名言中不許有自相之宗，不但有遠離常斷二見之功德，更有不許阿賴耶識等，而善成立業果係屬之功德。

解釋龍猛菩薩論之諸派中，其無微塵許之自相，而能安立一切作用者，是爲此宗不共釋規。依此可知，此淸淨宗有多種不共餘釋之義。舉要言之，謂破離六識之異體阿賴耶識，破自證分，不許用自續因引生敵者眞實義見，如許內識亦應許外境，許二乘人亦能通達法無自性，立法我執爲煩惱障，許滅是有爲，及以彼理安立三世等諸不共規。初義是此處所明。由不許自相故不許自證分，下文當說。由此故不許自續者，如餘處廣說，此中已略述。由此故許外境者，下當廣說。由此故許二乘人亦達法無自性者，如佛護說；聲聞藏中說一切法無我，其所無之我，謂自性有。」此亦許爾，彼卽無我相之圓滿義。故知補特伽羅無我之圓滿相，卽補特伽羅無自性。欲如寔通達補特伽羅無我，亦須如寔通達法無我也。由是亦須安立法我執爲煩惱障。故明煩惱障有粗細二義。唯修無常等十六行相之道，有能不能解脫之二說。要至何位乃能斷所知障等差別甚多。

問：兩派中觀師皆應許有先入大乘，善決真寔見已，後復墮入二乘道者。又應許如斯行者，若善修習法無我義應能現證，及現見後能更修習。復應許以如是道，於見道位斷分別法我執，於修道位斷俱生法我執。豈執諸法有自相之中觀宗，許法我執有是否煩惱障之二類耶？答：於此未見明顯解釋，然自續中觀師，似應說；二乘人修如是道，雖能暫斷法我執現行，由未修集無邊資糧以爲助伴，故不能斷二種法我執之種子。故二乘人雖有暫斷所知障現行者，然無永斷彼種子者。此師許法我執是煩惱障，斷彼種子不須修集無邊資糧以爲助伴。若淨治二相銜亂習氣之所知障，則無彼助伴不能淨治也。若於上說能得正解，其益極大，故略開說。

申二　釋本頌義

問：如何許諸法無自性宗，雖不許阿賴耶識等，業果關係亦極應理，頌曰：

「由業非以自性滅，故無賴耶亦能生，有業雖滅經久時，當知猶能生自果。」

雖業果中間隔極長時，然從善不善業生苦樂果，是內教上下諸部之所共許。若謂彼業，乃至未生果以前而安住者，應成常法，常法無作用，則從業生果之關係不應道理。若謂造彼業後，第二剎那卽謝滅者，從彼時起，乃至生果以前，應無彼業。其業謝滅復是無事。如何從業能生後果？爲答此難，於已造業第二剎那謝滅之前，業將滅時，爲欲保持業功能故，有計阿賴耶識者，有計離二業外有餘不相應行名不失法如債券者，有計離二業外有餘不相應行名二業之得者，有計二業習氣所薰識相續者。故說業雖已滅，經極久時仍能生果，亦不相違。以業於阿賴識薰成習氣，習氣卽業之果，由彼同類展轉相續，最後生果。許彼是從最初業果展轉而生。餘三之義應知亦爾。初說是一分唯識宗。第二說：觀音禁說是毗婆沙師。然非迦濕彌羅毗婆沙師，應是其餘一分。第三說是毗婆沙師中一分。第四說雖無明文，若按俱舍論第九品義，似是經部，與迦濕彌羅毗婆沙師所許。迦濕彌羅者雖亦許有得，然不許得是由所得法二業引生，此處是指如是許者。故論云：「如有。」若如中觀應成派義，業非以自性生故，彼業亦非以自性滅，從非以自性滅業，引生自果，全不相違。故雖不許阿賴耶等，業亦能生果。以是當知有一類有情已造二業滅經多劫，仍從彼業能生自果，因果不亂。是故此宗業果係屬極爲應理。

前四家作如是答者，是因許業之生滅皆有自相，造業後之謝滅，亦是有自性。此師破云：若許如是之滅，謂由許有阿賴耶等故無過者，其答非理，以業無自性之生滅故。爲顯自宗答難，是龍猛菩薩所許，引中論云：「諸業本不生，以無自性故，諸業亦不失，以其不生故。」義謂由業無自性故，無自性生。由無生故無自性滅。故執造業後滅有自性，而別計不失法，不應道理。此理雖正破不失法，亦破餘三，理相等故。又引經云：「人壽量百年，說活爾許時，然年無可集，此行亦如是。我或說無盡，或時說有盡，依空說無盡，名言說有盡。」此證無自性之盡或滅，有由名言力安立之盡滅。拏錯譯爲：「諸年無可集，觀資糧亦爾。」此等如云：「非以自性滅。」於所破上，加簡別而說。

申三 釋所餘義分二：酉一，明滅無自性是不許阿賴耶之因由，酉二 明雖不許阿賴耶亦立習氣之所依。今初

問：自宗雖無自性之滅，然說：「有業雖滅，」又云：「滅非有自性，」如經說：「名言說有盡，」亦許造業之後彼業謝滅。爾時業滅便成無事，復不許阿賴耶等爲業果連係之所依。則說業滅已久，生果非理之難，宛然存在，故唯上答猶嫌不足。答：無過。論云：「由業非以自性滅，」卽以彼理由，便能從業滅之滅引生後果

。故不作別答。許諸法有自性之一切宗，皆不可說滅爲有事。許無自性之中觀宗，則可說滅是有事。以寔事宗說，如苗滅時，苗之一切有事皆滅，離苗之外亦無其他有事，如瓶等可得，故許彼滅定非有事。以彼覺青處等一一分有事，或瓶等衆分合集之有事，皆不可說是滅之所相。故滅非有事也。中觀宗則說：如近密之五蘊，若一若多，及離此二之異體法，皆不可立爲近密之所相，近密亦非彼三之所相。然依自身諸蘊，假立近密爲有事，全不相違。如是所滅之有事及彼同類之有事，雖皆不可立爲滅之所相，然滅是依所滅法生，故是有事。顯句論中以聖教正理成立此義。初引聖教，如釋地經云：「生緣老死。」死即所死有情之滅，說彼是以生緣而生。又云：「死亦有二種所作，一能壞諸行，二作無知相續不絕之因。」此說死能作二種事。旣說死由因生，復說死生無明，故滅亦應有能生因，及能生果。此雖是說相續之滅，第一剎那於第二剎那謝滅，理亦相同，故亦顯示第一剎那爲第二剎那謝滅之因。由是當知，有情之生與死，（粗無常，）及第二剎那不住與已不住（細無常。）立不立爲有事，是否由因所生，一切相同。依此密意故中論云：「有無是有爲。」六十正理論云：「由因盡而滅，說彼名曰盡。」前說苗等有事，與苗滅等無事，俱是有爲。後說油等因盡，是燭等果盡之因。故定應許此是龍猛菩薩之意趣。

第一剎那於第二剎那謝滅，要遮所破乃能通達，故是遮法。然非是無遮，故是非遮。以非唯遮所滅之法，要遮所滅引有事故。諸餘能立，廣如中論釋說。此是本宗中最要極細之正理也。

酉二　明雖不許阿賴耶亦立習氣之所依

問：此宗雖不許阿賴耶識，然須安立善不善業習氣，及由習氣成熟出生自果。入中論釋云：「由無始生死傳來，諸法習氣成熟，貪著諸法。」又云：「如斯流類餘亦甚多。」此復若無安立習氣之所依，則不應理。其所依爲何？答：如許阿賴耶識者，說染污意執我之根本阿賴耶識，爲習氣之依處。如是此宗，亦說俱生我執之所緣，爲習氣薰習之依處。若爾，云何入中論釋，說內心相續爲習氣之所依。曰：由此我事是依內心假立之相續，故亦說名內心相續。若如說心同類名心相續者，亦是少分習氣薰習之所依。無明習氣之理。入中論釋云：「若法於心相續，染污，薰習，隨逐，是名習氣。煩惱邊際，串習，根本，習氣，是諸異門。聲聞獨覺以無漏道已斷煩惱，然猶不能斷彼習氣。如瓶衣等，已貯油花等物，後縱除去油花等物，猶有微細香氣可得。」餘善不善等習氣，亦有二種所依，如理應知。

若爾見道無間道時，雖無見所斷煩惱，應有修所斷隨眠。爾時意識已成無漏，全無錯亂習氣所染。若謂隨眠寄彼體中不應道理，前五根識及色法，亦非彼隨眠之所依，復不許有阿賴耶識，故彼隨眠應無所依。答曰無過，爾時假我爲修所斷隨眠之所依故。餘能治所治時，應知亦爾。若知此宗安立補特伽羅之不共道理，或問生空無邊處，識無邊處，無所有處之聖者，現起出世無漏心時，由無其餘世間心故，彼等之趣生體應亦隨滅。或問：生有頂天之聖者，現起無所有地所攝之無漏心時，有頂與無所有二地所攝之趣生體，皆應隨滅。以說彼無漏心之依處，是彼二趣體及涅槃趣體，不應理故。此等正理皆不成難，雖有漏心及無漏心，皆不安立爲彼等趣生體之所相，然可安立彼趣生體故。此就敵宗，說未入道者及有學聖人之趣生體是無覆無記法而答。愚鈍如我，豈能自力答彼諸難。然依如寔安立龍猛菩薩意趣之諸大車宗，故作是說。由此可知，成立阿賴耶識之諸餘道理，對於此宗皆不成難。諸具大慧細慧明利慧者當善思擇。

未二　明從已滅業生果之喻

前說業滅能生自果，今以譬喻重明彼義。頌曰：

「如見夢中所緣境，愚夫覺後猶生貪，如是業滅無自性，從彼亦能有果生。」

如諸愚夫，於睡夢中見有美女，醒覺之後，緣彼已滅現無之夢境，猶生猛利貪著。如是從無自性已滅之業，亦得有業果發生也。此說業滅，仍能生果。爲證此義，引轉有經云：「大王當知，譬如男子，於睡夢中見與美女共爲稠密。既睡覺已憶彼美女。大王，於意云何？若此男子夢與美女共爲稠密，旣睡覺已憶彼美女，可說此人爲有智否？王言，不也世尊。何以故？世尊，由彼夢中美女非有，不可得故，况能與彼而行稠密。唯由彼人徒自勞苦。」此段出喻。次合法云：「大王，如是愚癡寡聞凡夫，眼見色時，心生喜樂，便起執著謂色寔有。起執着已隨生染愛，起染愛故隨貪瞋癡，發身語意造作諸業。然此諸業作已卽滅，滅已不依東方而住。」乃至，「亦不依止四維上下。」寡聞，謂未聞真寔義，不解真寔。執著謂執爲寔有。由貪所發三業，通善不善二類業。瞋所發業，唯屬不善。癡所發業亦通二類。業作已卽滅，是依名言而說。餘文是破滅有自性。次云：「後臨終時，同分業盡，意識將滅，所作之業皆悉現前。譬如男子從睡覺已，憶念夢中所見美女，影像現前。」同分謂同類五蘊。現世業盡，現世之最後識將滅時。如染愛男子，覺已無間，猶憶夢中美女，心生戀慕。如是臨命終時，於能感後世成熟之業，心意現前，然非憶念。又云：「如是最後識滅，生分所攝最初識生或生天上。」乃至：「或生餓鬼。」最後識謂現世識。生分所攝最初識生，謂生天等。中有非六趣攝，故是生有識。生死之間雖有中有，然多不宣說，故知主要，是依生死決擇業果之關係。次云：「其最初識滅已無間，彼同類心相續生起，分明領受所感異熟。大王，曾無有法能從此世轉至後世，然有死生業果可得。大王當知，最後識滅名之爲死，最初識起號之爲生。大王，最後識滅無有去處。生分所攝最初識生無所從來。所以者何，本性離故。大王，最後識由最後識空，死由死空，業由業空，最初識由最初識空，生由生空。而彼諸業不曾散失。」此說於生有中結生相續，領受宿業苦樂果報。其能領受心識相續，是從最初生識而生。又說生死於名言有，於勝義無。其理由謂本性離故。是於所破加簡別言。當知此配最後識由自空等。雖如是說，然恐妄執業果非有，故說諸業不曾散失。

亥三釋妨難分二，申一 釋異熟無窮難，申二 釋違阿賴耶教難。今初

難曰：若謂由業自性不生，自性不滅故，能感異熟者，如是已感異熟者，亦當更感異熟，便成無窮？頌曰：

「如境雖俱非有性，有翳唯見毛髮相，而非見爲餘物相，當知已熟

不更熟。」

如境雖俱非有，然有眩翳之眼，唯見非有之毛髮等相，而不見爲兎角，石女兒等諸餘物相。如是當知，業雖俱無自性，然未熟業能感異熟，其已熟業則不更熟。又此譬喩非但成立業定有果，且能成立善不善業，感苦樂果各別決定。頌曰：

「故見苦果由黑業，樂果唯從善業生，無善惡慧得解脫，亦遮思惟諸業果。」

如有眩翳之眼，唯見毛髮等，不見兎角等決定不亂。故可愛異熟，不從不善業生，非愛異熟不從善業生。故見非愛苦異熟，唯從黑業出生，可愛樂異熟，唯從善業出生。通達善不善業自性不可得慧者，便當解脫生死。佛恐凡夫，樂以理智審細觀察，由如是如是差別業，感如是如是差別果之理由，毀謗業果壞世俗諦。故曰：「諸業異熟，不可思議。」遮止於諸業果而起思擇。當知此論，由多門中恐於業果，退失定見，故由多門令於業果發生定解。卽空性見，亦是資助業果決定。今到寶洲，宜善努力，幸勿徒手而返也。

申二 釋違阿賴耶教難分三，酉一 正釋違教之文義，酉二 離意識外說不說有異體阿賴耶之理，酉三 明密意言教之喻。今初

問：若無阿賴耶識，亦能安立業果關係者。則楞伽經，及解深密經，阿賴達摩大乘經等，說有阿賴耶識，爲一切有爲法功能差別之所依，名一切種，如海起波浪，作內外一切諸法生起之因。豈彼建立一切非有耶？答曰：不爾，對須說有阿賴耶識而調伏者，即應說有阿賴耶故。此說爲調伏衆生故，說有阿賴耶識。故自宗說彼是密意教。其密意之所依，當知唯說自性空之空性，名阿賴耶識。說彼名阿賴耶識之理由，謂由彼空性隨一切法轉故。

又爲教化增上之力，非但說有阿賴耶識，亦說寔有補特伽羅。對須說有寔補特伽羅，方能調伏之衆生，即說有寔補特伽羅而攝受故。如經云：「諸苾芻，五蘊即重擔，荷重擔者謂補特伽羅。」此對執有獨立寔有補特伽羅者，不說無彼，而說有能荷重擔之補特加羅。文雖未言寔有，義是宣說寔有。

復爲一類衆生，說無寔體補特伽羅，唯有諸蘊。如經云：「謂心意識，長夜薰修信戒等德，後生天趣。」此是爲執著生天解脫爲寔有者，暫不破彼寔執之境，而說唯有諸蘊。義卽顯示諸蘊寔有。此等一切皆是密意增上而說。此等是爲何等衆生密意而說？頌曰：

「說有賴耶數取趣，及說唯有此諸蘊，此是爲彼不能了，如上甚深義者說。」

經中說有阿賴耶識，或說有寔補特伽羅，及說唯此諸蘊寔有者。此等是爲不能了達如上所說甚深義之衆生，密意而說。若諸衆生，由其長夜習外道見，不能悟入甚深法性。如寶鬘論云：「謂我無當無，我所無當無，凡愚如是怖。」最初卽爲宣說法性，深生恐怖，於佛聖教起險處想，便於聖教憎背不入，於是當失最大義利。故對此輩最初不說究竟深處，而爲宣說阿賴耶識，及寔蘊等。先令依此除外道見，引導令得最大義利。後由善解經典真義，自能棄捨阿賴耶等。以是當知如是言教，唯生功德都無過失。依如是次第意趣，四百論云：「若樂何何事，先觀彼彼法，倘令已退失，便非正法器。」一離六轉識須說異體阿賴耶者唯對堪說能所取空爲真寔義之法器，亦必須破外境。若不許有如上所述阿賴耶識，則不能安立業果關係。故彼是對不能了解甚深義者而說。

四二　離意識外說不說有異體阿賴耶之理

如般若十萬頌等無量經典說識數時，只說六識身，不曾多說。故佛經藏有建立不建立阿賴耶識之二類。如是慈尊解經意時，於辨中邊論與莊嚴經論，辨法法性論中，建立阿賴耶識破除外境。於現觀莊嚴論與寶性論中，則不建立阿賴耶識不破外境。無著菩薩解寶性論，亦不作唯識宗釋，而作中觀宗釋。攝大乘論，爲成立阿賴耶識所引之阿毗達摩經，於寶性論釋中，則引證一切有情皆有法性種性。如云：「雖諸有情皆有如來界藏，然彼有情自不能知。」如云：無始時來界，一切法等依，由此有諸趣，及涅槃證得。」與月稱論師說阿賴耶識意趣，是依空性而說，極相符合。故彼亦許，離六識身說有異體阿賴耶識，是爲度一類所化增上而說問：釋菩提心論云：「如由近磁石，其鐵速動轉，彼鐵寔無心，似有心顯現。如是阿賴耶，非寔似有寔，若時去來動，爾時取後有。如木在大海，無心亦動蕩，如是阿賴耶，依身而動轉。」—此說阿賴耶識能取後有，當如何釋。答：彼論說：唯破離心外境，不破內心有自性，說唯心者，是爲遣愚夫於一切空起恐怖故，非真了義。諸瑜伽師許轉依心，淸淨，有自性，唯是各別內證之境。破彼執時，彼便難云：若心不寔，則從前世來生現世，及從現世趣於後世，動轉作用皆不應理。爲答此難，說如鐵與木，雖寔無心，而似有心亦能轉動。如是阿賴耶雖非寔有，亦現有去來動作，似有寔體。故非許有如餘論所說有自相之阿賴耶識。

若謂，雖不許有自相之阿賴耶識，可許離六識身，別有如幻爲一切染淨法之種子識。曰：若許有如是阿賴耶識，則亦應許唯由阿賴耶識習氣成熟，現似色聲等境，別無外境。然彼論云：「由知知所知，離所知無知，如是何不許，無能知所知。」—此說外境內心，有無相等，若無一此，餘一亦無。當知與本論所說：心境二法，勝義俱無，名言俱有，於二諦中，俱不可分有無之別。義理相同。故無外境唯有內識，非是龍猛菩薩所許。既離意識不許異體阿賴耶識，則所言阿賴耶者，是總於內心明了分，特於意識立為阿賴耶。以是破心有自性，答他難時，說心雖非寔，能作所作皆應理故。許能取後有之心是意識故。復許意識，是一切染淨法之所緣故。

中觀心論亦破阿賴耶為如寔言。智藏論師許有外境，故亦不許阿賴耶識。即破外境之唯識師，亦有許不許阿賴耶識之兩派。不許外境之蓮華戒論師亦云：「唯此意識，有與餘生結生相續之功能，如云：斷善根與續，離染退死生，許唯意識中。」此引俱舍為證。故靜命論師，亦必不許阿賴耶識。無畏論師意亦相同。雖云：餘大乘經說有阿賴耶識。亦唯舉其名，未釋其義。審其文義，亦不許彼離六識身別有異體。且彼宗亦是許外境者，故是於意識上假立彼名也。

酉三　明密意言教之喻

為令衆生趣入故，非但先說阿賴耶識等。頌曰：

「如佛雖離薩迦見，亦嘗說我及我所，如是諸法無自性，不了義經亦說有。」

如佛永離薩迦耶見并諸習氣，永斷一切我我所執諸分別心，然由說我我所，是令世人了知法義之方便。故佛世尊亦嘗說言，我及我所。如是諸法雖無自性，然不了義經說有自性者，是令世人漸次了知真寔義之方便。總之，如佛言我，言我所時，似有彼彼分別心，然無分別乃是了義。如是說諸法有自性時，雖似是佛之意旨，然諸法無自性，乃是了義。名言建立，須與世間相順之理，如東山住部，隨順頌云：「若世間導師，不順世間轉，佛及佛法性，誰亦不能知。雖許蘊處界，同屬一體性，然說有三界，是順世間轉。無名諸法性，以不思議名，爲諸有情說，是順世間轉。由入佛本性，無事此亦無，然佛說無事，是順世間轉。不見義無義，然說法中尊，說滅及勝義，是順世間轉。不滅亦不生，與法界平等，然說有燒切，是順世間轉。雖於三世中，不得有情性，然說有情界，是順世間轉。」如是廣說。其中末頌，明有情無自性之補特伽羅無我。所餘諸頌，明有事無事諸法無自性之法無我。東山住部，分別識然論，說是大衆部中分出。故聲聞藏中亦有明顯說法無自性者。

入中論善顯密意疏卷七終

入中論善顯密意疏 卷八

宗喀巴大師造

釋第六勝義菩提心之五

辰二 別破唯識宗分三：巳一 破離外境識有自性，巳二 破成立依他起有自性之量，巳三 明說唯心非破外境。初中分二，午一 敍計，午二 破執。今初

諸唯識師於上述中觀宗心不忍可，不依佛意，唯隨自分別建立宗義，欲顯自教所說宗旨。頌曰：

「不見能取離所取，通達三有唯是識，故此菩薩住般若，通達唯識真實性」。

安住增勝般若波羅蜜多，勤修真實義之六地菩薩，由何正理能不增益異體二取，無倒通達，見悟真實，是爲通達唯識真實性。謂由了達都無外色，諸心心所，唯

緣起性，故名通達唯識實性。又此菩薩如何通達唯識實性，謂此菩薩以下所說，從內習氣成熟而生色等之理，於自心上，由無異體所取，亦不見有能緣異體境之能取，卽便了知三界唯識。善了知已，復長修習二空真實，由久修習，乃以內智現見真實不可言說二空自性。六地菩薩由先如是次第修習，故得通達唯識實性。

若無外境唯有識者，既無外境，帶境相之唯心，云何生起。頌曰：

「猶如因風鼓大海，便有無量波濤生，從一切種阿賴耶，以自功力生唯識。」

譬如波濤所依大海，因風鼓蕩，原如睡眠安穩不動之波濤，互相競起，奔馳不息。如是內外一切法種子阿賴耶識，與貪等信等俱生俱滅，各將自隨順功能熏習阿賴耶識。由此習氣成熟之力便有不淨依他起性之唯識生，愚夫於此執為內外分離之能取所取。然離內識，實無少分異體所取。

此如說大自在天等為因者云：「蛛為蛛網因，水晶水亦爾，根為枝木本，此是衆生因。」說大自在天等爲衆生之作者。如是說有阿賴耶識者。說彼識是一切法之種子依，名一切種子。唯大自在常住，阿賴耶識無常，是其差別。以是多生習外道見者，要說有阿賴耶識方能調伏也。

若爾釋論敘唯識宗時，多云：無外境。又云：離識實無少分異體所取。此於所緣之色等所取上，加離識異體之簡別。又「妄執名爲色根眼」句之釋云：「實無離識之眼根」。爲於所破加如上簡別，是唯識宗所許耶？爲不加簡別，直云：無色等五境及五色根，是彼所許耶？曰：此釋論中實有加不加簡別之二類。如破生時多於所破加簡別語，其未加時亦皆例加。此亦應爾。敵宗所依，攝大乘論云：「何緣此識亦復說名阿陀那識？執受一切有色根故。一切自體取所依故。所以者何？有色諸根，由此執受無有失壞，盡壽隨轉」。又云：「共相者，謂器世間種子。不共相者，謂各別內處種子。共相卽是無受生種子」。此說阿賴耶識上器世間種子，卽是無受法之種子。攝決擇分亦如是說。緣起經釋說由阿賴耶識爲緣，成就名色。說名爲餘四蘊，說色爲大種及大種所造色。又說彼色，無色界無，下二界有。故唯識宗許有色者無量無邊。若不爾者，則唯識宗，色蘊上所有色聲等名，不加修改皆不可用。已見彼名皆不可用，猶稱彼宗爲善者，印度佛徒曾無是事。又彼宗亦名所知屬內宗。義爲不許色聲等所知爲外事，說是內識事。設作是念，若唯識宗亦許色聲等者，則破外境，僅是名字之諍。以現爲外境之色有，卽立爲外境故。此與說：「中觀師破有自相之色而安立色者，旣現爲有自相等色，卽立爲有自相。故辯自相有無僅名字之諍」者，全無差別。實是兩宗最難了解之處。不但中觀道理難知，卽於唯識宗此義，亦覺若破外境，則色等非有，若立 等亦應安立外境故。此等難處雖應解釋，恐繁不述。

聖教建立，作如是說，頌曰：

「是故依他起自性，是假有法所依因，無外所取而生起，實有及非戲論境。」

此依他起性，定應許是有自性，以是執有異體能取所取假有法等，一切分別網之因故。如以繩因緣誤以爲蛇，無繩爲依，則必不生。及以地等因緣誤以爲瓶等，無地等爲依於虛空中亦必不生。如是既無外境，誤認靑等爲外境之分別，爲以何等亂事爲因。故定應許現似異體二取之不淨依他起，爲誤認外境分別之因。以彼所依是雜染淸淨繫縛解脫之因故。

中觀唯識任於何宗，如諸有情現所見境，若能顯示如彼所見執爲實有之所依，由彼所著境而空者，卽說通達此空是爲正道。若不以通達能破一般有情實執境之空性爲道，而別立一實有空性，則於無始傳來粗細實執，俱不能對治，徒勞無果。於是當知，此現似二取之依他起，雖現似有異體能取所取，而執有彼之徧計所執境，實無所有。卽正觀此所依由彼所破爲空。又空所依及此空性，卽是所餘，卽正知此是眞實有，如是名爲善取空義。此中敵宗，卽是菩薩地及辨中邊論釋中：「謂由於此彼無所有」等義。寶性論釋，解「若此於彼無」等義時，作中觀理解，與上二論全不相同。恐煩不述。又此依他起，無外所取，唯由自內習氣而生，是自性有。此宗勝義，全非一切言說分別戲論之境。以內外名言皆不取實相故。

總之依他起性有三差別，一無外境而生，二是自性有，三於勝義中非一切戲論之境。是假有法之因義，亦攝在自性有法之中，不異三差別。言依他起有者，非泛說有，是特殊有。如安慧論師云：「虛妄分別有，謂由自性是語之餘。」此簡別，於後文至爲切要。

午二 破執分二，未一 廣破，未二 結破。初又分三，申一 破無外境識有自性之喻，申二 破由習氣功能出生境空之識，申三 明如是破與修不淨觀不相違。初又分二，酉一 破夢喻，酉二 破毛髮喻。初又分三，戌一 夢喻不能成立識有自性，戌二 夢喻不能成立覺時無外境，戌三 夢喻成立一切法虛妄。今初頌曰：

「無外境心有何喻。」

汝唯識師說無外境，心有自相。當先推察有何譬喻而相比況？若唯識師曰：

「若謂如夢當思擇。」

譬如有人眠極小房中，夢見狂象羣。然彼房中決定不能有狂象羣。故如彼夢，雖無外境，定應許此有自性識。爲顯此說無心要故。

汝此譬喻當更思擇也。云何思擇？頌曰：

「若時我說夢無心，爾時汝喻卽非有。」

若時我宗，說如夢中象境非有，則見狂象羣之有自性心亦非是有，以不生故。若無有自性之識，爾時汝所說兩宗極成之喻，亦卽非有。故離外境非有內識。此非是說如夢中無所見之象，亦無內識，是說無有自性之識。以說前唯識宗許無外境之依他起，是許有自性之依他起故。又此破總結時：「總如所知非有故，應知內識亦非有，釋論明說：「當知帶所知相之內識，亦不自性生」。又本論釋論此等破時，多於所破加簡別故。又云：「何故如來於彼經，說心從無明業生」說無明生行，以行生識，是自宗故。故有智者，不致疑此宗是說無識。以是當知凡說所知能知有無相等者，皆是依所破差別而說。設作是念，若謂夢中無亂識者，則彼覺後不應憶念夢中所受。此是以爲識無自性，識便全無而難。此難非理，頌曰：

「**若以覺時憶念夢，證有意者境亦爾。**」

若以睡覺之時，猶能憶念夢中領受，便謂夢中意識有自性者。則夢中所見象等外境，如彼意識，亦應是有。何以故？頌曰：

「**如汝憶念是我見，如是外境亦應有。**」

如汝以睡覺時，追憶我於夢中見，有憶能緣之念，便證有意識者，如是追憶，夢中見此，亦有憶外境之念，則外境亦應有。或識亦應無也。

若爾，自宗亦許憶念夢中之心境，彼二有無如何許耶？曰：釋論說有憶念夢中領受，及憶念夢中領受境。以是當知夢中見象等時，如醒位見本質之影像。其見彼影像之眼識，雖非領受本質境，然可說是領受影像境。如是夢中雖無所領受象境，然有所領受現似爲象之境。故雖云「念境」，實是憶念領受彼境。所緣與領受，除一二處外，多不須如是分別也。

由是決不能安立外境所空有自相之依他起。既無親喻。如成立前世後世，雖無親喻，而有以餘因明式成立之疏喻。此中亦無故。當知此是破唯識宗最有力之正理。

戌二十　夢喻不能成立覺時無外境

設曰：若睡夢中有象等色，則亦應有緣彼之眼識，此不應理。頌曰：

「設曰睡中無眼識，故色非有唯意識，執彼行相以爲外，如於夢中此亦爾。」

由睡夢中，睡眠昏亂無眼識故，眼處所取象等色境決定非有，唯有意識。雖無外色處，然由意識現似外相，卽執彼相以爲外境。如睡夢中全無外境唯有識生，如是覺時應知亦爾。此謂前喻縱不能成立識有自性。然以夢喻必能成立覺時無有外境唯有內識也。破曰不然，夢中意識亦不生故。此謂夢中無色處，其無色處之有自性意識夢中亦非有，故彼夢喻亦不能成立全無外境而有有自性之意識。頌曰：

「如汝外境夢不生，如是意識亦不生，眼與眼境此生心，三法一切皆虛妄。」

如汝所說外境夢不生。如是意識亦自性不生。如醒覺位見色時，有眼色意三法和合，如是夢中了別境時，心亦見有三法和合。如夢中眼與眼之色境二俱非有，如是此二所生之眼識亦定非有。故夢中之眼色意三法一切皆是虛妄。又頌曰：

「餘耳等三亦不生。」

如眼等三法，其餘耳等三法亦無自性生。此中等字，等取聲及耳識，乃至意及法處意識。此謂耳根至身根之四根。聲塵至觸塵之四塵，耳識等四識。如前所說眼等三法，夢中雖無彼體而現彼相，故是虛妄。其意等三法，則謂夢中雖有，然無自性現有自性，故是虛妄。以是當知，彼以爲此師許夢中有根識，而相攻難。如云：敵者之天未曉，難者之日已出，甚太粗陋故應棄捨。藏中亦有自矜智者，於此善巧宗義尙未知其粗分，便謗爲非福之田，令諸衆生多造非福，尤應愼焉。若此：「設曰睡中」等，作爲唯識宗義。淸辨論師爲出喻不成過云：「意識所取法處所攝色，夢中亦有。故離外境全無內識」。此亦不應理，夢中三法畢竟非有故。若謂爲破他宗故如是許者，是則夢喻應全無用，以夢非虛妄，不能顯示所喻之法爲虛妄故。此謂有自性之根境識三法，夢中亦畢竟非有，故說法處所攝色，於夢中離識實有，不應道理。然自宗亦許有彼色，且許夢中有彼亦不相違。故知說夢無彼色者，是因淸辨論師許彼色有自相也。

若謂因唯識宗，說無外處所攝色時，以夢喻而破。今爲破彼宗故許色有自相者。則中觀師成立無實立如夢喻，應成無用，以夢非虛妄是有自相，不能成立彼所喻之法爲虛妄故。以未破有自性以來，成立無實之因法，皆不隨彼喻轉故。以是自宗前說，夢中所見一切皆無自性，最爲善哉。

若爾夢中所見色，自宗許是法處所攝色不？曰：以夢中無根識，故夢中所見五境，唯是意識所現，夢中雖不可安立色等五處，然可立爲法處所攝色。如意識所見之骨鎖，立爲法處故。此復是法處五色中，偏計所執色。由此道理，如斯多處皆當了知。

戊三　夢喻成立一切法虛妄

由夢中所見根境識三皆非實有，則以極成不實之夢，成立其餘未極成法亦非實有，故能成立醒覺位中一切諸法皆無自性。頌曰：

『如於夢中覺亦爾，諸法皆妄心非有，行境無故根亦無』。

如夢中之根境識等皆是虛妄。如是醒覺位諸法亦皆是妄，故彼內心非自性有。如是諸根所行之色等境亦皆非有。諸根亦皆無自性生。是故經云：「猶如所見幻有情，雖現而非真實有，如是佛說一切法，如同幻事亦如夢」。又云：「三有衆生皆如夢，此中不生亦不死，有情人命不可得，諸法如沫如芭蕉」。皆成善說。言不生等，當如前云：「非真實有」於所破上加簡別言。此等經典。皆以夢喻詮一切法非真實有。於中觀宗極爲應理，於唯識宗則不應理。故云善說。頌曰：

『此中猶如已覺位，乃至未覺三皆有。』

此世間固有無知睡眠，又由暫離通常睡眠名曰醒覺，如此醒位諸法，雖本無自性生，然以無明睡眠正作夢故，見三法有。如是乃至未離睡眠未醒覺位，根境識三就彼心前皆可云有。頌曰：

「如已覺後三非有，癡睡盡後亦如是。」

如睡覺後，夢中三法皆非是有。如是諸佛斷盡愚癡睡眠，親證法界，則彼三法亦皆非有。故無離外境之內識也。此復應知，如所有智前，三法皆不現。盡所有智前，雖不由內心無明習氣之力而現三法。然因他有情識以彼染力所現者，諸佛亦顯現了知也。

四二　破毛髮喩

他曰：有翳之眼，毛髮非有而有可見，故雖無外境而識有自性。此亦不然。頌曰：

「由有翳根所生識，由翳力故見毛等，觀待彼識二俱實，待明見境二俱妄。」

有翳眼根所生眼識，由彼翳力見毛髮時，若觀待彼人內識所見，眼識與毛髮行相之境，二俱是有。若觀待明見境義無翳眼之所見，則所現毛髮與見彼之識，二俱虛妄不生。無所現境說有彼識，極難知故。此義定應如是許，若不爾者，頌曰：

『若無所知而有心，則於髮處眼相隨，無翳亦應起髮心，然不如是故非有。』

若謂有翳人，雖於無所知毛髮，而能生見毛髮行相有自性之心者，則有翳人隨於何處見有毛髮，若無翳人亦相隨逐審視其處，亦應生見毛髮之心如有翳人，無境相同故。如從有自性之他生，則應從一切他生。如是若有一有自性之識生，以無毛髮之境相同，有翳眼既生見彼之心，無翳眼不生見彼之心，則不應理。能難彼心不待有翳，以全不相關故。然無翳眼不生見毛髮之心，故離外境有自性之識，決定非有。

申二 破由習氣功能出生境空之識分三，酉一 破說由習氣成未成熟生不生見境

之識，酉二 重破說無外境而有內識，酉三 明破唯識宗不違聖教。初又分二，

戌一 叙計，戌二 破執。今初

設作是念，若以現似毛髮之境，爲生識之因者，則無翳者亦應生見毛髮識。然今不爾。是由往昔所薰能生識之習氣成未成熟，爲生不生識之因。若有往昔見毛相識所薰習氣，由此成熟乃生見毛相之識。其無翳障淸淨見境者，由彼無有見毛相識之功能習氣成熟，故無翳者不生見毛髮之識。非由離所知毛髮境故不生彼識也。

戌二 破執分三，亥一 破現在識有自性功能，亥二 破未來識有自性功能，亥三 破過去識有自性功能。今初，頌曰：

『若謂淨見識功能，未成熟故識不生，非是由離所知法，彼能非有此不成。』

若有所說自性功能，方可說由彼功能成未成熟，生不生識。若實無有自性之功能

，則此義不能成立。如何不成？頌曰：

「已生功能則非有，未生體中亦無能。」

若計有功能，爲屬現在識，爲屬過去識，爲屬未來識？且現在已生識中定無自性之功能，未來未生體中亦無彼功能。若計現在識有彼功能，識與功能應同時有。若於功能與有功能，作六囀聲名「功能之識」。則說彼二法無別體故，功能之識即彼功能，不應道理。若不爾者，則離果外應無別因，芽已生時種應不壞。若於功能與有功能，作五囀聲名「從功能識」。則彼識生是從同時之功能中生，不應道理。以於因位果已有故。故現在識中功能非有。

亥二　破未來識有自性功能

若謂未生識有彼功能者。頌曰：

「非離能別有所別，或石女兒亦有彼」。

若云「識之功能」，功能是所別事，識是能別法。其未來未生識，不能表示其所立體性，云是識，亦不能表示其所破體性，云非識。其未來識，現在尙無識體，以何法簡別功能，云此功能是彼識之功能耶。如是既無能別之識，則以彼所別之功能，亦定非有。若不爾者，則石女兒亦應有彼功能也。

若謂心想某識當從功能生，便云：此是彼識之功能，從此功能出生彼識。於是即成能別所別。世人亦云：煮飯。及云：此線織布。心想當來之衣布，作如是說。俱舍亦云：「前三種入胎，謂輪王二佛」。是於當來之輪王等入胎，說名彼等入胎。如是心想當生之識，說名識之功能。此亦全無心要。頌曰：

「若想當生而說者，既無功能無當生。」

若法有時生者，乃可說當生彼果。其恆時決定不生者，如石女兒等及無爲虛空等，則現在後時皆定不生。若自性之功能是有者，乃能生識、若現在未來皆無有自性之識者，則定無生彼識之功能。既無生自性識之功能，則自性識之當生亦定非有。如石女兒等。

中觀師破芽自相生時，多出難云：若種時無芽而生芽者，亦應生兎角等。此中關要，是因自相之芽，一是無有，則終非有，便與無法無別。非總破種時無芽而有芽生，便云應生兎角等。

此理亦釋煮飯等喻，以若如自性生者，則飯等亦無當生故。復次頌曰。

「若互相依而成者，諸善士說即不成。」

若觀待當生之識，立彼識之功能，觀待識所從生之功能，而立識者，則是互相依待而成也。若許此者，諸善智者皆說有自性之識即不成立矣。釋論復說：如長短，彼此，觀待成者，皆是假有，無自性成。故非泛破彼等成立，當知是別破自性成立也。若如是許，則當隨順吾等而說。故未來識亦無功能。

亥三　破過去識有自性功能

今當明過去識亦無功能，頌曰：

「若滅功能成熟生，從他功能應生他。」

若謂已生正滅之識，爲生自類果故，於阿賴耶識薰成習氣功能差別，從已滅識之功能，成熟力故，出生當生之識者。則從他自性功能，應生其他果識。何以故？

頌曰：

「諸有相續互異故」

由有相續諸刹那法次第生者，如汝所許，前後體性互相異故。相續之字界云：「達努謂增廣」。施以字緣成展轉義，名曰相續。猶如河流相不斷。因果相續轉時由於生死展轉無間無斷，是三世諸行刹那之能取。此說是諸刹那分之有分。非僅說前後無間也。由此遍於諸相續分刹那中有，故相續支分之諸刹那，名有相續。由諸支分，是有分相續之支分，故說相續是彼之能取。如瓶是瓶嘴瓶項等之能取也。此前後諸刹那，更互相異爲自相之他。是敵者所許。故應是從有自性之他功能，而生他識也。若謂許者。頌曰：

「一切應從一切生。」

是則一切法應從一切法生也。頌曰：

「彼諸刹那雖互異，相續無異故無過，此待成立仍不成，相續不異非理故」。

設作是念：彼前後刹那次第轉時，其有相續諸刹那法，自性互異雖有他性，然遍於彼前後刹那上之相續，則唯一無異，故所說應一切法從一切生，此過非有。此說前後相續是一者，卽答他生太過之根本釋難。若前後自性異法同一相續，已極成者，可容無過。然相續是一尙未極成。故一相續，仍是所立之法也。所以者何？以前後自性各異諸法，是一相續不應理故。頌曰：

「如依慈氏近密法，由是他故非一續，所有自相各依法，是一相續不應理。」

喻如慈氏與近密身中所攝諸法，由補特伽羅是各別他故非一相續所攝。如是自相各別前後刹那，說是一相續攝，亦不應道理。如是於他生出太過時，他宗答曰：

稻之種芽是一相續，彼與麥之種芽非一相續，故非一切從一切生。破他此答不能釋難之關要，是因他宗，許有自相之他，非凡許他即爲出難，極爲明顯。以是有人或作同類攻難而破。或由未知所破之簡別是自相他。棄捨月稱論師所說他宗不能釋難之理由，別說所未說之理由，實是正宗之汚垢也。

酉二 重破說無外境而有內識分二，戌一 敘計，戌二 破執。今初

如是說已。諸唯識師，復欲申述自宗，成所樂義。頌曰：

『能生眼識自功能，從此無間有識生，即此內識依功能，妄執名爲色根眼。』

由前眼識正滅時，於阿賴耶識中無間薰成，能生眼識之功能習氣，從此習氣成熟，便於後時有前識行相之眼識生起，眼識無間所從生之功能剎那，是眼識之所依。世間愚人，即執彼功能名有色根之眼。實離內識眼根非有。餘有色根應知亦爾。

其能生眼識之習氣因，是因緣。眼根是眼識之增上緣。此中說眼根是眼識之親因者，意說能生眼識之習氣已成熟位。非說眼根皆爾。如辨中邊論云：「識生變似義，有情我及了，此境實非有。」說變似色等義與有情五根之識生，是阿賴耶識。安慧論師亦說諸有色根是阿賴耶識之所緣。故許阿賴耶識之唯識師，是說阿賴耶識變似之有色根，爲眼根等。已說無有離識之眼根等，當說色等亦不離識。頌曰：

「此中從根所生識，無外所取由自種，變似青等愚不了，凡夫執爲外所取。」

於此世間從五根所生之五識，實無所取青等外境，是由前識於阿賴耶識中薰成自種，由此種成熟，變似青色等相。由彼凡愚不了此義，遂於內心所變之青等相，執爲所取外境。故離內識別無外境。更有異說。頌曰：

「如夢實無餘外色，由功能熟生彼心，如是於此醒覺位，雖無外境

意得有。』

喻如夢中無餘色等，唯由自心習氣功能成熟之力，而生帶彼色聲等行相之心。如是此醒覺位中，亦無外境而有意生也。

戊二　破執

此皆不然，頌曰：

「如於夢中無眼根，有似青等意心生，無眼唯由自種熟，此間盲人何不生。」

如夢中無眼根，有變似青等意識之心生。如是無眼根唯由自識種子成熟而生，則此醒覺盲人，何不生見色等之意識，如不盲者。以夢覺二位無眼根相同故。此亦是因無外色等而有自性識生，則夢醒二位都無差別也。

若作是念：盲人醒覺時，不生明見色等之意識，如夢中者。其原因非由無眼根，是因無有生如是意識之功能成熟。故唯有功能成熟者，乃有如是意識生。此復是以睡眠爲緣，故唯夢中乃有，覺時則無也。

此不應理，頌曰：

「若如汝說夢乃有，第六能熟醒非有，如此無第六成熟，說夢亦無何非理。」

若如汝說夢中乃有第六意識之功能成，醒覺時非有。則說如此醒覺時盲人，無有第六意識明見色等之功能成熟，如是夢時亦無，云何非理。若汝全無正理，僅憑口說，吾等亦可如上說也。頌曰：

「如說無眼非此因，亦說夢中睡非因。」

夢中見境，應無眼識行相相順意識功能，成熟所起之意識，由識所依根無作用故，如醒時之盲人。如說無根，非醒時盲人，見境習氣成熟之因，如是睡眠亦非夢中見境習氣成熟之因。以無外境識能自性生者，不須觀待習氣成熟也。頌曰：

「是故夢中亦應許，彼法眼爲妄識因。」

由虛妄習氣，生夢中見境之虛妄識，故夢中亦應許如醒覺位見如是色等境法之識是虛妄，及夢中眼爲彼識之所依因。如釋論云：「夢中所見境，亦有三法和合可得」。又云：「夢中無色處，眼根，并彼二所發之識」，當知是說，夢中雖無眼識等前五之根境識，然就夢人前，有彼三法可得，故應許有夢中眼，夢中眼識，及夢中色。非許彼三是真眼等。如許有幻象馬，及幻人，不必許彼是真象馬及真人也。頌曰：

「隨此如如而答辯，卽見彼彼等同宗，如是能除此妄諍。」

如是隨此唯識師，對中觀師作如何如何之答辯。卽見彼彼所答，等同所立不極成宗。如是卽能除遣此唯識師之妄諍也。如中觀師說，醒時之根境識三皆自性空，是所緣故，如夢。唯識師則云：醒時內識由外境空，是識性故，如夢中識。又云：醒時所緣境，是虛妄性，以是境故，如夢中境。如是更云：若無染淨所依之依他起性，應無染淨，無所依故，如龜毛衣。翳喻亦如是說。其中前二比量，喻不極成，犯能立等同所立過，夢中亦有離意識之法處所攝色故。第三比量，是欲成立染淨法有自相所依，其「無所依」因，犯不成過。若謂無自相所依，則犯不定過。

如是破唯識宗，非但不違正理，亦不違聖教。頌曰：

酉三　明破唯識宗不違聖教

「諸佛未說有實法。」

諸正等覺，於自宗經中不曾說有實法故。如楞伽經云：「三有唯假立，全無自性法，於假立分別，執爲法自性。無體無了別，無賴耶無事，凡愚惡分別，如屍妄計度。」初句明三有唯由心假立。第二句明假立義，謂無自性法。是說無自性，非說法全無。後二句明未通達眞實義之惡分別者，於如是唯心假立法，計爲有自性之法。初頌總明無自性，次頌別釋。梵語：「茹巴，」通自體與色二義，此處當作色解，以與了別相對故。無事句之事字，上句已說無色事心事，故此處當作餘自性事解，是無破實有時所說之自性事。如死屍之理，謂無觀察眞實義之心力。此經卽破計三界依他起爲有自性也。

若謂此經是說依他起性，由異體二取之徧計執自性空，無故過失。計此是真空，不應道理，楞伽經說：「大慧，於一法無一法之空性，是一切空之性最下者。」釋論云：「由牛非馬，故說牛非有，不應道理，自體有故。」於此一法無彼一法之空與此喻相同之理，謂世尊宣說，離自性之空性者，是因衆生無始以來於色等法執爲實有，爲破此實執而說，對彼當說所見之色等依他起非是實有。若不作是說，而說此依他起，異體二取非是實有，則與無牛之理由，云「牛非馬故」相同也。

以是當知，中觀唯識無論何宗，說衆生執著之所依，卽此所見內外諸法。無所不同。明彼空者，是遣除於所依上所生之執著，亦無不同。所不同者，謂執著之相。唯識師說：現見二取內外分離，若如所見執爲二取異體，是此執著相。其能對治，謂以此現見之依他起爲有法，破除二取有異體，故是破彼所依事是此所破性也。中觀師說：若執現見法，非由名言心安立，是實有者，卽此執著相。其能對治，謂以此現見法爲有法，破無斯實有故亦是破彼所依事是此所破性。以有情之執著，非於彼所依事執有異體之所破性，是執彼所依事卽是彼所破性故。宣說空性，亦須如彼所執，卽明如是空故。

故有人說：現在所見諸所依事，以實有空，爲斷滅空。棄此不用。別以餘所見法爲空所依事，亦不說「由是彼所破故空，」而說「以有事故空。」俱非中觀唯識宗義。卽衆生身中無始傳來之執著，有無執如斯所破之心，當自向內反觀。法稱論師曰：「於此亦隨說，故惡闇周遍。」智者當知，現在正是此類最多之時也。

釋論此處，引父子相見經決擇二十二根無自性曰：「但有假名，於勝義中，眼與眼根俱不可得。」又曰：「如是一切諸法，自性皆不可得。」此說諸法但有假名，於勝義無及自性非有。故於所破加簡別時，此二僅是異門。安立自宗，皆云：「但有假名。」又說：「夢中共相娛樂之境，夢中尚不可得，況於醒時。」如此者甚多。故說夢中人與醒時人，是人非人無差別者。極不應理。以經說夢中共相娛樂之有情，夢中亦不可得，醒時有情，有可得故。以是當知有說此宗，許夢中有眼識等五識，實乃大錯。

故唯識宗無通達究竟了義之慧力，其所立宗義，恆應破斥也。

申三　明如是破與修不淨觀不相違

設作是念：若無外境，即無明見色聲等之自性識者，則依師長教授修不淨觀之瑜伽師，見有骨鏁充滿大地，云何應理。以雖無骨鏁，而有自性之識故。頌曰：

「諸瑜伽師依師教，所見大地骨充滿，見彼三法亦無生，說是顛倒作意故。」

修不淨觀之瑜伽師，依師長教授，所見骨鏁充滿大地者，今見彼中根境識三法，亦皆無自性生。經說彼定，是顛倒不實作意故。若見骨鏁之心是有自性，彼心所見亦應有自性，是則彼作意應成真實境作意，故定應如是許也。若不爾者，頌曰：

「如汝根識所見境，如是不淨心見境，餘觀彼境亦應見，彼定亦應不虛妄」。

如汝觀戲劇等時，多人共觀彼境。如一人所生具彼境行相之眼識，餘觀戲者，亦皆生具彼行相之眼識。如是餘非修定者，於瑜伽師見骨鏁處，審諦觀視求其骨鏁等境，亦應生如修不淨觀瑜伽師見骨鏁之識，如緣青等之眼識。若依釋論，似應譯爲：「如汝所觀根識境，如是如修不淨心，餘觀彼境亦應生，彼定亦應不虛妄。」此定亦應非是虛妄顛倒義之作意也。此出是非瑜伽師，理應相等之過者，亦因識有自性，則不應觀待修骨鏁之教授也。如是頌曰：

「如同有翳諸眼根，鬼見膿河心亦爾。」

如有翳眼根，若引幻事，影像等喻，答辯之理應亦爾。又說餓鬼於江河處起膿血心，亦應知同前。

此中法處之五種色，非實事師宗假立，是經中所說，自宗亦許有。故雖無骨鏁而明見之骨鏁，如同影像當許爲有色。然此唯是意識所見，故非色處攝。亦非餘九有色處，故是法處之徧計所起色。眼識所見毛髮，則如影像是色處攝。餓鬼見河爲膿血者，是彼眼識所見故亦當立爲色處。攝大乘論亦云：「鬼傍生人天，各隨其所應，等事心異故，許義非真實。」其等事爲何，及各別見之理，攝論中俱未明說。無性釋云：「於一河事，自業變異增上力故，餓鬼所見充滿膿血等處。魚等傍生卽見宅舍遊從道路。人類卽見甘清冷水，沐浴飲渡。入空無邊處定諸天，卽見虛空，壞色想故。」

若作是念，此諸衆生所見是名言量，若於一事有量成立諸相違事，則膿血與非膿血應不相違，量所成立亦不可信。若彼論義作如是解如是安立，許量不可憑信，此實非理，當如何釋？此是智者之疑問也。答：若執彼解卽是論義，說量所成立不可憑信者，則不可說：「吾於此義亦如是了解。」是卽毀謗一切正量，極不應理，今先說喻，如有善持明咒者，雖觸熾燃鐵丸而不燒手，將彼鐵丸取於手中，身識雖亦緣彼鐵觸，然不生感覺極燒熱相之識。是因用咒水洗手爲緣也。其無彼咒力者，則生覺彼鐵丸爲極燒熱相之識也。如是燒觸與不燒觸，但應許是彼一鐵丸之觸塵，二身識量，此一量所成立之觸塵，非彼一量所成立者。故雖許彼二俱是量，然非此一量之所成者，卽彼一量之所破也。如是於一河處，河之一分，由鬼昔業增上力故，見爲膿血。河餘一分，由人昔業增上力故，不現膿血，現爲可飲可浴之水。彼二俱是河之一分，由餓鬼眼識量所成立義與人眼識所成立義，事體各別。故非一量所成立義，餘量卽成立爲彼相違事，親友書云：「諸餓鬼趣於夏季，覺月亦熱冬日寒。」亦說餓鬼由昔業力，夏季覺月光觸塵爲極燒熱，冬季覺日光觸塵亦極寒冷。人則覺日光爲熱相，月光爲涼相，全不相違。此二亦非一量所量之熱觸，卽餘量所量之寒觸。此二亦俱可立爲日月光之觸故。論中亦云：「等事」故不應不審觀論義，略得粗解便以爲足也。

未二　結破

「總如所知非有故，應知內識亦非有。」

總結上來廣說諸義，謂如所知自性非有，如是應知具所知行相之內識亦無自性生。此說能知所知，俱無自性同也。若謂毛髮非有卽無見彼相之識，及無於幻所執之象馬，卽亦無執彼之心。實非此師之正宗也。出世讚亦云：「不知非所知，彼無知亦無，是故佛宣說，知所知無性」。又云：「諸識同幻化，是日親所說，彼所緣亦爾。決定同幻事。」此謂若不可說云：「是此識之所知，」則不能安立爲所知境。若不可說云：「此知知此境」，亦不能安立爲能知。故無所知，能知亦無。由能知所知觀待立故。佛說彼二俱無自性。以是彼二於二諦中不可分別一有一無，即是聖者意趣。釋菩提心論云：「由知知所知，離所知無知。」與前所引讚義相同。故亦是心境有無相同之根據也。

入中論善顯密意疏卷八終

入中論善顯密意疏 卷九

宗喀巴大師造

釋第六勝義菩提心之六

巳二 破成立依他起有自性之量分四，午一 破成立依他起之自證，午二 明唯識宗失壞二諦，午三 唯龍猛宗應隨修學，午四 明破依他起與破世間名言不同。初中又四，未一 徵依他起之能立明其非理，未二 破救。未三 以餘正理明自證非理，未四 明依他起有自性同石女兒。今初。

如是已說若離外境定無內識。今當更破不加無外境之簡別，依他起唯事是有自性。頌曰：

『若立所取無能取，而有二空依他事，此有由何能證知，未知云有亦非理』。

若謂離外所取亦無異體之能取，異體二取空之依他起是實有者。今當問彼此依他起之有，是由何識證知耶？若謂由彼自識證知自識。不應道理。自之作用於自體轉成相違故。如刀不自割，指不自觸，輕捷技人不能自乘己肩，火不自燒，眼不自見。許自識知自識之敵宗，至下當說。彼識亦非餘識能知，唯識自宗相違故。唯識教說：未得轉依果之前，若有他識能爲此識所見境者，卽失壞唯識宗也。以是若依唯識宗義，則彼能知畢竟非有。識未知者，而說境有，亦非道理。中觀師如是破已，唯識師曰：雖無餘識能知，然有自證。唯由自證知有依他起，故此得有。破彼頌曰：

「彼自領受不得成。」

若謂卽彼自識領受自體，亦不成立。今當略說唯識宗自證之依據。如分別熾然論云：「唯識師說，識見二事，謂見自及見境。見境之識，變似外境相已，復爲見自識之境。答曰：除見境所餘，如何見自心」。此說除見境所餘，謂離彼之外，未見有能見自體者。故唯識師說向內觀識全無二相。復說彼識自見自體爲之自證。然不許彼識有能證所證之異相。乙諦論釋破自證時亦云：「遠離識二性，要有能證者，乃能知無彼。若不爾者亦不應理故」。此說唯識師，成立依他起爲異體二取徧計執空時，其依他起識遠離二取之自性，要先以能知之自證成立。乃可以彼爲所依事，知彼無有異體二取。若先未以自證成立彼所依事，則不可以彼爲所依事，成立徧計執空。此是破云：如汝所許，須以離二取相之自證，成立依他起。然彼亦不成也。有說由破如是自證故亦破諸瑜伽師各別內證之自證。及破世人名言義云我自見之自證者，實屬愚談。

未二 破救分二，申一 敘計，申二 破執。今初

此中唯識師，許經部計，爲成立自證故，作如是言：如火生時，非漸照自體及瓶等，是頓時俱照。說瓶聲時頓緣彼聲及所詮瓶。如是識生時，亦非各別漸知，是頓了自體及境。故定有自證也。其不許自證者，亦定當許有自證，若不許彼，則後時憶念境謂先見此事，及憶念能領受境者，謂我先見，皆不應理。何以故？先未領受念必不生，念心唯緣曾領受境。汝既不許自證，如前見青識當時不曾有領受故，後時有念則不得成。此是以後念爲因，成立前見青識有能領受。若成立前

見青識有自領受之自證者，則不得他極成之同喻，故不作如是成立也。若已成立見青識有能領受者，則此領受，不出自領受與他領受之二類。初非汝宗所許，次爲自宗所破。既破領受之能遍，則領受亦不成也。此破卽是成立自證最有力之正理。又此見青識，由餘識領受亦不應道理。此有二過。一應成無窮，謂若見青識，由後起之餘識知者，則彼後識，須否更由餘識證知？若不須者，前識亦應爾。若更須者，彼識亦應更須餘知。故成無窮過。成無窮者，初見青識便有領受不成之過也。二應不見餘境，謂若前識由後識知，則應不知餘色等境，不於後轉。以識相續，唯緣前識爲境故。此非不定，以前前識爲後後識知，則以前識爲所取義而生後識。爾時不應捨內近所取義，而趣外遠事故。若謂能證前見青識之後見青識，與觀青色之見青識同時生起，無不於境轉之過者，則一補特伽羅身中，應有同類異體之二眼識，同時生起。若許爾者，經說：「諸有情類各一識相續」，則成相違。

釋論云：「諸識次第起者，如刺青蓮百瓣，由速轉故，現似頓起」。疏論解云：

「如人舞場，觀舞人面，聽歌樂聲等頓緣五境云何五識不能頓起？曰：緣五境之諸識，雖次第生起，由速轉故現似頓起」。此極不應理，成立有自證之經部師及唯識師，解經說諸有情類各一識相續之義，如釋量論云：「彼等從同類，功能成決定」。是許一補特伽羅，諸同類識不能頓生。非許異類識不能頓生也。藏人多說：「如觀彩緞時，緣赤色白色等多識，豈非頓生。曰：彼諸識實是次第生，而似頓生」。此是不知經說：「各一識相續」，意說同類心王。復不知一眼識能緣多色。更不知有緣雜色之眼識也。故應解爲：「他問同類識應頓生，答曰：彼等由速轉故，雖次第生現似頓生」。然說成立有自證之二宗，以速疾轉爲誤認頓生之因。釋量論中已廣破斥。則此論文難以立爲彼二宗義。似是梵本有誤，諸有智者更當觀察。爲免無窮過，與不見餘境過故，決定當許有自證分。由境心俱能引生後念，故能比知前見青時，有領受境時與領受心者，既有自領受之自證，由此自證亦能成立有依他起。汝中觀師問：「此有由何能證知？」故如上答。

申二 破執分三，酉一 正破他宗，酉二 自宗不許自證亦有念生，酉三 釋難。今初，頌曰：

「若由後念而成立，立未成故所宣說，此尙未成非能立。」

若依有自相說由後念，成立所念境之前識有自證者，則爲成立所未成立之自證故，汝所宣說有自性之念。此於敵者尙未極成，非是自證之能立。如爲成立聲是無常，云眼所見性。若依世間名言而說，亦無自證之果念。何以故？如火先成立，方知煙是彼果。如是要先成立自證，及念從彼生之關係，乃能由念比知自證爲有。今彼自證於敵者宗尙未成立，寧得有念爲自證之果。此關係不成之喻，謂如見有水火，不能比知定有水珠火珠，卽無彼珠，由降雨鑽木等，亦有水火故，如是雖無自證亦有念生。下當廣說。

此非說念與自證如煙與火，從因果門由念比度自證。是如前說，由念比度前識有能領受。此復定爲自領受與他領受二門，破他領受，成立爲自領受，然許識爲能證之經部師與唯識師所立二門寔不決定，如燈不自照，仍不失其爲能照。如是內識雖不如敵宗所計能自領受，亦不失其爲能領受也。若謂燈能自照者，闇亦應能自蔽。若爾如瓶在闇中不可見，闇亦應不可見矣。如中論云：「若燈能自照，亦能照於彼，闇亦應自蔽，亦能蔽於彼」。卽不作如是推察，亦不應理。頌曰：

「縱許成立有自證，憶彼之念亦非理，他故如未知身生，此因亦破諸差別」。

縱許內識能自證及了境，然說念心憶彼心境亦不應理，汝許後時念心與前領受境之識，是有自性之他故。如慈氏識之自證與領受境，近密之識，先未領受不能憶念。如是自身後時所生識，亦應不能念未曾領受之心境，是自性他故，如先未知未曾領受者身中所生之識。

若謂一相續所攝者是因果法故有可念者，亦不應理。以此「是自相他故」之因，亦能破彼一相續所攝，及因果等諸差別故。此於前：「如依慈氏近密法」時，已廣論訖。

酉二　自宗不許自證亦有念生分二，戌一　此論所說，戌二　餘論所說。今初。

汝既不許自證，生念之理云何？頌曰：

「由離能領受境識，此他性念非我許，故能憶念是我見，此復是依世言說。」

由離前能領受境之識，說此能憶念識是有自相他者，非我宗所許有如上已說。如種芽等親因果法，其執爲自相之他者，世人通常心中無有此執，亦如前說。故前領受境，與後憶念之因果。世人俱生心，亦不執爲有自相之他。非但不執，且於後時憶念前緣境識所見之境時，幷可說言，我先亦見此境。故領受與念，及彼時二念，世間常心不執爲名言有自相。若不爾者，則他人所領受，自亦應能念也。由前領受靑識所受所了，後憶彼之識非不受不了。故能生念心，謂我先亦見此。此復是世間之言說也。不可唯以假名猶覺不足，必要推求假名立義觀察而立。以推求假立都無可得虛妄之義，即世間名言故。釋論於破自相實者之自證與念後，又云：「若依世間名言增上，亦無以自證爲因之念」。此說不但勝義，即於名言亦破自證。又云：「無自證分念如何生，至下當說」。是指此段雖無自證，然由領受即能生念之理也。若念云：「我見」。是憶能見。若念云：「見此青等」。是憶彼境。若念云：「以前我自見者，我自憶念」。此是特殊憶念。他宗意謂，若有此種念心，則如見慈氏之識，應自領受。以念心是隨領受境起故。自宗雖許世間之憶念，然說能如是憶念者，非由前領受境識能自證故而起。是因前領受所了者，後念亦能了別。由境是一，故起念心謂「我以前亦曾見此慈氏」也。以是當知，如云：「我自見者，我自憶念」。此類名言自宗亦許。然此與所破之自證全不相同。

他宗安立領受與念，及彼時二境，皆是有自相之他。彼雖亦說領受與念同緣一境，及許彼二爲一相續，然實不能如是安立。前已廣說。

又雖念云：「見此慈氏」。然非執此時此處所差別之慈氏，是先所見。是緣總慈氏而說。反觀內心便可了知。

戊二 餘論所說

說無自證能生念心之兩大派中，靜天論師意，如入行論云：「若無自證分，云何能念識」。此敵者宗如前廣說。於敵者宗所出之過，答云不定。自宗既無自證，卽念云何生耶？曰：「由念餘相連，能念如鼠毒」。由能取心領受餘所取境事，卽領受境識，引生憶識之念也。若謂由領受餘境，能引生憶內心之念，不應道理太過失故。答曰無過，言由領受境引生憶內心之念者，非離識而念。如念：「昔見此色」，是由心境相連，憶念相連也。如於冬季身被鼠咬中毒，只覺被咬不知中毒。後聞雷聲毒發，雖亦能憶念是被咬時中毒，然非前時已覺中毒也。此中鼠咬，喻緣青識領受青境。咬時中毒，喻緣境時有能領受心。爾時自心不自領受，如被咬時不知中毒。後時憶被咬，喻憶領受境，昔能緣心雖不自證，然由憶念領受境時，卽能憶念，如由憶念被咬之力，卽能憶念昔時中毒也。此是論師證明無自證分而能生念之最妙道理。然諸解入行論者，似皆未能如實闡明也。

他難：後憶識之念，應非道理，前識不能自領受故。此既總答不定，故有說入行論於名言中不破自證者，非此大論師所許也。

酉三 釋難分二，戊一 釋餘現量及比量難，戊二 釋餘意識難。今初。

問：自宗既亦許有緣青等識。如破他時說：「此有由何能證知，未知云有亦非理。」自宗亦應犯過。以此青識，若自知爲有，應許自證。若由餘識證知，亦非理故。答：此是最難解處，若以憶念心境爲喻，則易了知。如由憶境之力，卽能憶內心，不須別憶內心。如是由成立青境之力，卽能成立有能緣之心，離成立青境，不須別成立能緣青之心也。此復由青色境於緣青識印現有自相之力，成立青色爲有，與他宗相同。其不同者，爲成立此緣青內識。他宗說是，由離二取相純能取相之自證成立。復說一切識皆同。自宗則如中觀心論與二諦論本釋所說，如斯單純之能取相決定非有。故彼青識，非由自證成立。是由成立青境之力，卽成立彼青識。如由憶境，卽能憶心，非如他宗所許，要彼前心能自證之力，乃能憶念也。此如顯句論云：「能量之數是由所量增上決定，唯隨所量行相，安立能量之體性故。」此說能量決定爲二者，是由所量決定爲二增上之力而安立故。及說能量由現所量行相增上之力，安立能量自體爲有。唯字是遮，如唯識與經部所許，由能量心隨所量行相轉故，成立所量，次成立能量時，捨棄前理，別說能量自體，由離二取相純能取相之自證成立。義說唯由成立所量卽能成立能量也。聖者亦云：「若量自成者，則應汝能量，不待所量成，皆不待他成。」此謂若如他宗成立能量時，唯由成立所量猶嫌不足，必要能量自成立爲量者，則應不待所量，成立爲能量。若許爾者，一切諸法皆應不待因緣各自成立。此亦反顯，唯由成立所量，卽能成立能量也。以是當知青識，非如他宗由自證成立，是由根現量成立。由緣青識成立所量，卽能通達有彼識故。故一切量，皆是由成立所量卽各自成立也。

戊二 釋餘意識難

問：此宗既如上說，影像與谷響等亦是色聲等處所攝。顯句論亦說：「第二月等，待無翳識，非是現事，待有翳識唯是現事。」此宗於說明現字，爲色聲等境之寔名，爲緣彼心之假名時，說第二月等，待世常人，雖有是否現事之別。然自宗則許，第二月等亦是所量現事。故諸根識，不論待世常人爲錯不錯亂，但由成立各自所量，卽能成立爲內心也。然則不許自證者，應不能安立因位，於所見境及所著境之錯亂意識，以彼諸識，不能由成立各自所量，而成立內心故。答：此宗離六識外，不許更有異識，故除依止色根與唯依此意根之二種量外，亦不許餘量。顯句論說：現比二量與聖教量，譬喻量之四量者，是依迴諍論本釋而說。其後二量亦比量攝。四百論釋云：「非一切法皆是現識所了，亦有比量所通達者。」又現量中，他宗說有四種現量，自證現量是此所破。意識現量亦與因明中所說者不同。四百論釋中解釋對法所說色等五處，各爲根識意識所了時，云：「非由二識共知一境，是先起一識，親了境相，次第二識，非親知彼相，由根識之力，起如是分別，卽安立彼識爲了知彼境。」此說先起根識，親了色等境義，由根識力意識亦了，然非如根識親了也。說念亦爾。四百論釋又云：「非如受等領納行相，亦非如色聲等，由諸根親知。」此說量度現事僅有二種，一如根識親見色等，二如受苦樂等，由內心領納而知。此後者，因位亦許有。但離四現量外，此宗未說更有現量。然不可立爲瑜伽現量與根現量及自證現量。故當立爲意現量攝。雖說意現量與因明論者不同，然非不許意現量也。如是受字，可通作者，作用，作業。如云此人受，由此受，受此事。其第二種屬於能量卽受心所。第三是所量，有苦樂捨，此是依意識增上而說。根識之三受則能親知色聲等境，成立之理如上已說。

若意識受，能現知苦樂等，寧非自證耶？曰不然。所破之自證，是一切識唯向內緣，永離能證所證之異相，係單純之能取相。此是經說以領納爲相之受心。世間名言亦說受苦樂故。此有能受所受之異相，故與自證不同。由能成立受苦樂等，卽能成立能受心也。

又如意識見骨鎖等法處色時，由於意識現彼等相，卽由意識成立彼等。成立緣彼之識，與前理同。彼境亦與意識各異。

又如二種我執之意識，成立之理，如顯句論云：「隨是所相，自相，共相，凡世間所有者，一切皆是現可得故非不現事。故與彼能緣識同安立爲現事。」此說能相所相一切皆是現可得者，是明四量中之現量時說，故非是說由一切種智現前可得。又云：「緣不現境，從不錯因所生之識是名比量。」故亦非說一切自相共相，唯是現事無不現事也。以是當知，若識緣於自相共相，彼識卽有二相之相現。其所現相卽彼識之現境。安立彼境與彼識俱爲現事。故許現字，爲彼境之實名，爲彼心之假名。若於此識有彼相現，卽說彼相爲此識現境。彼現境於此識爲現見事，此識於彼境爲不欺誑識。世間共許不欺誑識爲能量，故此識亦是能量，爾時彼所量相，卽由此識而得成立。其成立此識之理亦同上說。故二種我執亦是現見二種我相，彼所量現相，卽由此二執成立等，亦同上說。其餘於所著境錯亂之內識，皆當如是了知。

如是諸識，雖於所現境同是現量，然於二我，二無我，及色常無常等，是量非量，則大有差別。故內心是量非量之建立，亦皆能成立也。如上所說，於所現境爲能量之意識，當知是於彼現境之意現量，以是餘量皆已遮故。不可說是自證現量，以於彼境有二取相故。根本無漏智，離二取相，而與法性，有能證所證。與一切諸識唯向內觀，離二取相仍有能證所證者，全不相同。後者唯是宗派假立之能證所證，卽以觀慧審諦觀察，終不見有能證所證之二相。前者不然，只要用意觀察，能證之智與所證之法性境，卽各別現故。由根本無分別智成立所量之法性時，卽由此力便能成立能緣之智。此智離能證所證之二相，與他宗所說，一切諸識唯向內觀永離二相純能取相之差別，後果地時當廣說。

自破他云：「此有由何能證知」等，所說衆過。他反難時，其不知各宗微細建立者，復不能以自宗了義聖教最精微義，及最難通達之深細正理而釋他難。唯樂狡辯，云我宗無所許故不犯過者。實不需知如斯精微建立，然諸聰叡智士，若不見以精細正理，簡擇得失之正道，便不能信受。吾爲此輩，故略示安立此宗無過之門徑也。

問：其念：「我見青色，」此我是補特伽羅，與緣青識相違。如是念時，如何是念緣青識耶？答：緣青眼識與見青之補特伽羅，雖屬相違。然以彼識見青爲緣，卽可安立是我見青，并不相違。如是由念緣青眼識見青爲緣，云我先見青。說此補特伽羅，卽念緣青眼識，何違之有。

奈三 以餘正理明自證非理

由是因緣，頌曰：

『是故自證且非有，汝依他起由何知，作者作業作非一，故說自證

不應理。』

是故自證且非是有，汝唯識師所說依他起性，爲由爲識證知爲有耶？又由能斫木之作者，與所斫之木，及斫木之作用，三非是一。故說彼識能自證知不應正理。此違害之理，如二諦論釋云：「於識自體，不見有諸極微及離二相之體性。不可見者卽無言說。」一安立諸識唯向內觀離二取相領受體性，自爲能證所證。然以觀慧任何觀察，終不見有能證所證。若於彼上能安立能證所證者，則餘作者作業作用，皆應成一也。故智藏論師說：唯識宗之自證與小乘部之無方分極微，有無相等。以無方分極微，亦必有所在處。見彼相時離諸方分則無可見。故說彼二之能證所證與無方分，純屬宗派之假立也。

若說彼二是見而不定法，亦不應理。如二諦論釋云：「若謂此是見而不定。如是亦無言說。縱言可見，不可信故，唯可飲誓水。此謂唯有盟誓成立為可見。」又以楞伽經所說道理，亦能證明自證非有。經云：「如劍不自割，指亦不自觸，如是應知心，不自證亦爾。」

未四　明依他起有自性同石女兒，頌曰：

「若既不生復無知，謂有依他起自性，石女兒亦何害汝，由何謂此不應有。」

依他起性不從自他生，既如前說。今復宣說，無有能知彼之自證。若既不由自性生，又無量能知，而謂依他起事是有自性。則由何道理謂石女兒不應有。此石女兒，於汝唯識師復有何害。汝今亦可許彼為有。謂石女兒，離一切戲論，唯聖智所行，是離言自性也。

午二　明唯識宗失壞二諦

又汝前說：「是假有法所依因」。若依他起是有自性，雖可應理。頌曰：

「若時都無依他起，云何得有世俗因。」

若時依他起都無少分自性，則說名言世俗錯亂之因爲實物，云何得有也。此明由計依他起勝義有故，卽失壞勝義諦。故唯識師所說世間名言之因，非有自性。頌曰：

「如他由著實物故，世間建立皆破壞。」

嗚呼可嘆，如他唯識師，由無簡擇究竟了義之慧力，執著依他起物，以爲真實。須知依他起法如未燒之泥瓶，非理觀察如注以水。由智慧惡劣故，例如觀待世間共許之建立，坐，去，作等，及諸外色與從外境所生之受等，皆被破壞。故唯識師唯護衰損，不能證得增上勝道。由破外境，乃破去坐等諸外事乎。此明唯識宗失壞世俗諦。

午三　唯龍猛宗應隨修學

如是由師倒說不了義爲了義，不得佛意，隨自分別妄造宗派。入彼道者，頌曰：

「出離龍猛論師道，更無寂滅正方便。」

出離龍猛菩薩所開之軌道，更無能得寂滅涅槃之正方便。何以故？頌曰：

「彼失世俗及眞諦，失此不能得解脫。」

由出此外者，決定失壞世俗諦及勝義諦。失壞二諦者，至未捨盡彼執，決定不能證得解脫。何以故？頌曰：

「由名言諦爲方便，勝義諦是方便生，不知分別此二諦，由邪分別入歧途。」

由不顚倒名言諦之建立，即是如實通達勝義諦之方便。如實通達勝義諦，是從上說方便生起之果。故不知此二諦之差別者，即由邪分別誤入歧途。此明未知無過失之名言建立，必不能如實通達眞勝義諦。故唯當隨學龍猛菩薩所開闢之軌道也如見真實三摩地經（即寶積經見實會）云：世間智者於塞法，不從他聞自然解，所謂世俗及真諦，離此更無第三法」。此明佛自力宣說二諦，及明一切所知，決定唯二諦所攝。又云：「衆生爲求安樂故，於善逝所生信心，如來悲愍於一切，爲利世間說俗諦」。此明說世俗諦之所爲。又云：「人中獅子設世俗，顯示衆生爲六趣，地獄畜生及餓鬼，阿修羅趣與人天，下賤種姓高貴族。大富家庭與貧舍，奴僕之屬及婢使，男女等類并二根，所有衆生諸差別，佛無比者爲世說，智者了知世俗諦，佛爲利人故宣說」。此明宣說世俗諦相。又云：「衆生著此淪生死，不能脫離世八法，所謂利衰及毀譽，所有稱譏并苦樂，得利即便生忻喜，失利便起瞋惱心，餘未說者皆應知，八病恆損於世間」。此明樂著世俗爲實有者，便恆追求世間八法，爲彼所惱流轉生死。及明八法中初二法，餘未說者亦當例知。又云：「誰說世俗爲勝義，應知彼人慧顚倒」。此明若誰說世俗六道等法，爲勝義實有，當知彼是具顚倒慧者。故說自教如是計者亦是錯謬宗派。又云：「不淨苦中說淨樂，於無我性說有我。無常法中說是常，住此相中而愛著。彼聞如來所說法，恐怖誹謗不信受，誹謗如來正法已，墮地獄中受劇苦，凡愚非理求安樂，轉受無量百千苦。」。此明串習四倒及被成立四倒邪宗所迷之外道輩，聞佛聖教，憎背誹謗，由此力故墮地獄中。及明彼等以非理方便求解脫樂，非但不得，反受無量大苦。又云：「若有於佛正法中，如寔觀察不顚倒，超出諸有入涅槃，如蛇脫去其故皮。一切諸法自性離，空無有相第一義，若聞此法生愛樂，必得無上大菩提。佛見諸蘊皆空寂，諸界及處亦復然，諸根聚落咸離相，能仁皆悉如寔知。」此明無倒通達甚深教義，便能解脫生死。次問如何通達？謂聞一切諸法，皆離自性之教，心生愛樂，了達其義，必當證得大菩提也。前明世俗，此明勝義。界謂地等界，處謂色聲等處。故諸不知世俗假立，與勝義諦無自性者，寧得解脫。故唯識師皆是轉入歧途者也。

此說名言諦爲方便者，如三摩地王經云：「無文字法中，何說何可聞？於不變增益，故有聞有說」。初二向明勝義無文字。於彼勝義無文字之法中，以分別心增益假立，故有聞有說。字之梵語爲阿乂囉，通字與不變二義，此處若譯爲無字尤妄。增益，雖多釋爲：「於無計有，於非計是。」然不限於彼義。凡由分別假立者皆可謂增益也。唯依世俗諦，始可宣說勝義諦，由此乃能通達勝義而得勝義涅槃。如中論云：「若不依俗諦，不得第一義，不得第一義，則不得涅槃。」

午四 明破依他起與破世俗名言不同

若汝於我等極不顧忌，我今於汝亦不容忍。汝僅善破他宗，謂以正理觀察不應理故，破依他起自性。我今仍以破自他生等道理，破汝所許之世俗。曰：如無始以來，經百千艱苦所積財寶被他奪去，詐現親善，授以毒食，還奪其財，深心慶喜。我等奪汝依他起性寔執之境，寔爲饒益，若汝於我以怨報德，深心歡喜者，可隨汝欲。我等自得勝善利益也。頌曰：

「如汝所計依他事，我不許有彼世俗，果故此等雖非有，我依世間說爲有。」

如汝唯識師，計依他起事是有自性。三十論云：「非不見此彼。」是聖智所證。是自力許。是汝自宗許有。如是有自性之世俗，非我所許也。此蘊等諸法皆無自性，唯由世間共許為有。故我唯依世間說彼為有也。此中世俗蘊等，依世間名言安立，有二道理：一中觀師自宗所安立之世俗．是依名言量安立，非依理智安立。二有時為化導增上，安立蘊等有自性者，是唯就他力而立，非是自宗所許。故破此二各有不同。唯就他力而立者，論曰「果故，」是有所為而立者。為令所化捨棄邪宗，漸次通達真寔義之方便也。此文非說一切建立，皆就他立，自宗不許。由所引教證，亦可了知。如引三律儀經云：「世間與我諍，我不與世間諍，世間說有者我亦說有，世間說無者我亦說無。」七十空性論云：「生住滅有無，以及劣等勝，佛依世間說，非是依真寔。」此說安立有無等，皆是依世間共許之名言增上而立也。頌曰：

「如斷諸蘊入寂滅，諸阿羅漢皆非有，若於世間亦皆無，則我依世不說有。」

如諸阿羅漢，永斷諸蘊入無餘依妙涅槃界，則一切世俗法，皆悉非有。若此世俗法，於世間亦如是無者，則我依世間名言，亦不說爲有。故我唯依世間名言增上，許有世俗法。非不依世間名言，由自力許有也。

又此，唯由世間先許爲有，汝應唯待世間而破，不可待餘中觀師而破也。頌曰：

『**若世於汝無妨害，當待世間而破此，汝可先與世間諍，後有力者我當依。**』

我等爲遣除自身之錯亂世俗境故，設大劬勞而修諸道。若世間於汝無妨害者，汝當唯待世間破此世俗。若汝之道理能破世俗，我亦當相助。然以世間寔相妨害，故我等不能助汝，唯當旁觀。汝可先與世間諍辯，諍辯之後誰强有力，我卽當依止之。如果汝勝，我隨依汝。若汝爲世間所敗，則當依止有强力之世間。如是若無外境，則違害名言量。故不能成立外境非有。

問：諸唯識師，以無無方分之極微，破彼極微所合成之外境。此理，豈不能破無方分之外境耶？答：非說正量不能破彼等，然破彼等，不必無外境。由此當知，雖破無時分之內識，及彼識所續成之相續。然亦不必破內識也。他宗意謂，若能破無方分之外境，則亦能破，於所見境不錯亂之根識。錯亂根識，旣不能安立其境爲有，故亦破其外境也。此宗則謂，錯亂根識，雖不能安立其所量，爲真實有，然安立其所量爲虛妄，適成相違。此亦是提婆菩薩之意趣，如四百論云：「謂一有一無，非真非世間。」此說分別心境有無，俱非二諦之建立。故如是分別，亦非龍猛菩薩所許也。

巳二 明說唯心非破外境分三，午一 解釋地經說唯心之密意，午二 明外境內心有無相同，午三 解楞伽經說唯心之密意。初又分三，未一 以釋地經成立唯字非破外境，未二 復以餘經成立彼義，未三 成立唯字表內爲主。今初：

問：若汝怖畏世間妨難，雖無觀察真實正理成立，而許有世俗者。亦應怖畏聖教妨難，而許唯識。如釋地經云：「如是三界皆唯有心。」答：佛所說經如琉璃寶地，汝不知彼是琉璃體，迷爲寔事識水。今欲取彼寔事識水，汝之智慧如未燒瓶，試爲汲浸必當碎成百片。徒爲知彼體者之所恥笑。此經密意，非如汝慧之所解也。若爾經義云何？頌曰：

「現前菩薩已現證，通達三有唯是識，是破常我作者故，彼知作者唯是心。」

經說第六現前地，現證法界，由有思得一切種智菩提之心，故名菩薩。彼能通達三界諸有唯是識者，是令破除常我作者，通達世俗作者唯是心故。彼菩薩能通達世間作者唯是一心。如釋地經云：「隨順行相觀察緣起。如是但生純大苦蘊純大苦樹。其中都無作者受者。彼復作是念，由執作者，方有作業。既無作者，於勝義中業亦無得。彼復作是念，如是三界皆唯有心，如來分別演說十二有支，一切皆依一心而立。」乃至廣說。此經但成立無作者受者。解釋唯心之義，則說十二有支皆依一心。故此經之唯字，但遮離心之作者，不遮外境。此之敵宗，是如攝大乘論云：「此中教者，如釋地經，薄伽梵說，如是三界皆唯有心。」由教理比知唯識中，引此爲教證。二十唯識論，亦引彼教。謂心字意取相應心心所法，唯字遮遣外境。如上破者，清辨論師曾先破，月稱論師亦隨破。

未二 復以餘經成立彼義

如是已說釋地經義，唯心之唯字是破餘作者。更以餘經顯示此義。頌曰：

「故爲增長智者慧，徧智曾於楞伽經，以摧外道高山峯，此語金剛解彼意。」

由此唯字破餘作者，是釋地經義故。復爲增長諸能通達眞實義智者之慧故。佛一切智於楞伽經中，曾以如下所述此語金剛，摧壞外道身中，執我及自性等爲世間作者之惡見高山，解釋餘經宣說唯心之密意。其語金剛，如楞伽經云：「餘說數取趣，相續蘊緣塵，自性自在作，我說唯是心。」此謂：餘人說補特伽羅，乃至大自在天以爲作者。我說彼等皆非作者，作者唯是自心。今爲解釋此經義故。頌曰：

「各如彼彼諸論中，外道說數取趣等，佛見彼等非作者，說作世者唯是心。」

各如外道自宗彼彼論中，說補特伽羅等以爲作者。等取相續及蘊等。佛見彼等皆非作者，故說世間作者，唯是自心。頌言外道，意取多分。以內道佛弟子，亦假立補特伽羅及相續等，爲作者故。或凡計補特伽羅等爲作者者，即非內道佛弟子數，如同外道，不能無倒通達佛經之義，故外道言，能徧一切世。寶鬘論亦云：「凡說人蘊者，世間數論師，鵂鶹徒無衣，問彼離有無。故知唯佛教，宣說甘露法，離有無甚深，是正法殊勝。」此說，凡說補特伽羅與諸蘊爲實物者，雖似宣說雙離有無二邊之義。應當問彼，彼必不能解說其義。是故當知永離有無二邊之數義，唯是正法差別，是爲他宗所無之勝法。

由此生死無始故，諸惡分別何所不有，何不當有。即現在世，白淨斷等，亦計實有蘊等而爲作者。有本作「白淨乞等。」疏中譯作：「苾芻白淨等，」釋彼義，謂諸

露形苾芻・然斷是靜慮之名，故是內道說諸蘊實有爲作者之一派，名白淨靜慮者也・

入中論善顯密意疏卷九終

入中論善顯密意疏 卷十

宗喀巴大師造

釋第六勝義菩提心之七

未三 成立唯字表心爲主

上文已說破離心作者，唯字義盡，故彼唯字不破外境。除前理外，今更以說心爲主之餘門，明不破外境。頌曰：

「如覺眞理說名佛，如是唯心最主要，經說世間唯是心，故此破色非經義。」

如於眞實義覺慧圓滿，說名曰佛。略去前句醒寤之義，亦可名佛。如是色心二法中，唯心爲主。當知略去後句「爲主」之義，經說世間三界唯心。故此唯心，是遮色等爲成就世間之主因。若說唯心有自性，都無外色，則非經義。故此釋地經義，當許唯如我等所說也。若如汝宗，頌曰：

「若知此等唯有心，故破離心外色者，何故如來於彼經，復說心從業生。」

若佛由知三界唯是有自性之心，故於釋地經中破外色者，則佛世尊何故復於釋地經中，說識從無明愚癡及諸行業生耶？如云：「無明緣行，行緣識。」釋地經說識是無明諸行之果，未說識有自性。若說是緣起，復說有自性，則彼說者應成迷亂。自宗必不俱許彼二。當知是爲引導衆生，依衆生力而許也。自宗不可俱許彼二者，謂識有自性，應不觀待無明及行。然實觀待，故無自性也。內識畢竟非有自性，如眩翳人見毛輪等，要有顚倒因緣，彼方得有。若無顚倒因緣，彼卽無故。要有顚倒因緣乃有識者，由經中流轉緣起顯示。若無無明卽無識者，由還滅緣起顯示。其後又云：「菩薩如是觀察有爲，多諸過患，無有自性，不生不滅。」誰有心者，見此教已，復計識爲寔有。如是計者，唯由自內實執宗之所迷耳。六十正理論云：「佛說此世間，以無明爲緣，故世卽分別，云何不應理。若無明滅者，此法卽隨滅，是無明徧計，云何不明顯。」義謂若有自性，卽是寔有。迷惑滅時理應明顯，不應隨滅也。

爲顯心爲主故。頌曰：

「有情世間器世間，種種差別由心立，經說衆生從業生，心已斷者業非有。」

有情世間，是由各自業及煩惱，感得我事。器世間種種差別，下自風輪，上至色究竟天，亦唯由諸有情心所造共業之所感生。如孔雀翎等各種雜色，是由彼衆生自不共業之所感生。如蓮華瓣各種顏色，是由衆生共業所感。餘亦應知。經云：「隨有情業力，應時起黑山，如地獄天宮，有劍林寶樹。」唯識教中亦說二種世間，是由共不共業所感。故唯識宗，亦非不許有器世間也。如是一切衆生皆從業生，心已斷者業卽非有，要有心者乃能造業。故業亦依心。

如是依釋地經說無作者受者，明唯字破餘作者。依經說十二有支皆依一心，顯唯字以心為主。前者約遮品說，後者約表品說。由衆生流轉，唯心是主要之因，餘非主要之因。故經安立唯心為主，不立外色。頌曰：

「若謂雖許有色法，然非如心為作者，則遮離心餘作者，非是遮遣此色法。」

若謂雖許有色法，然說色法非如內心能為衆生之作者。是則唯破離心之作者，非遮遣此外色也。

此中數論師等，計自性等為作者，佛弟子衆許內心為作者。色非作者則俱無諍也。故當觀察自性等餘作者。為破無作者相之自性等故，於名言中說有作者功能之唯心乃是作者。由破自性等作者，自即據有驅自性等出境之所諍地。如有二王欲王一國，逐走敵人，自即得有其國。民衆是二王所共需者，故於國民都不損害。如是此色，亦是二者所共需，都不損害。故定應知此色是有也。

午二　明外境內心有無相同

由前所說道理，頌曰：

「若謂安住世間理，世間五蘊皆是有，若許現起真實智，行者五蘊皆非有。」

若謂安住世間建立之道理，則世間共許外色等五蘊皆是有。若許是現起親證真實義之智者，則行者住根本定時，五蘊皆非有也。

由是當知，頌曰：

「無色不應執有心，有心不應執無色。」

若許無外色者，則亦不應執有內心。若許有內心者，則亦不應執無外色。若時以正理推求假立義，了知無外色者，亦應了達無有內心，以內外二法之有，皆非正理所成立故。若時了達有內心者，亦應了達有外色。以二法俱是世間所共許故。此說唯識師，許心色二法有無不同者，其所無之色，謂無外色。如論云：「無外所取由自種，變似青等。」釋云：「雖無青等外色。」說無色時於所破上加外簡別。釋又云：「故彼唯字不破所知，更以異門明不破外境。」說破色非是經義時，解釋破色卽是破外境故。若不如是解，但依文者，則釋云：「故彼唯字不破所知。」亦應說唯識宗，許唯字破所知心也。若謂唯識宗不許有色者，則唯識宗成立阿賴耶識時，攝大乘論云：「復次結生相續已，若離異熟識，執受色根亦不可得。」又云：「若離異熟識，識與名色更互相依譬如蘆束相依而轉，此亦不成。」應皆成相違，以許有色法，卽須許有外境故。以是當知，雖許以識爲緣生名色等，不須許有外境。不可違此而說。明唯識宗不共建立時，多作如是說故。

卽由聖教亦應了達內心外境有無相同。頌曰：

「般若經中佛俱遮，彼等對法俱說有。」

色等五蘊，佛於般若波羅蜜多經中，俱遮其自性故，如云：「須菩提，色自性空。」乃至：「識自性空。」對法藏中則由自相共相等門，俱說五蘊爲有也。如是頌曰：

「二諦次第縱破壞，汝物已遮終不成。」

是故他宗是破壞上來所說，外境內心勝義俱無，世俗俱有，聖教以正理所成立之二諦次第。縱使如是破壞，然汝唯識師所計之依他起實物，終不得成。何以故？依他起寔有，前已數破。故汝徒勞無益也。不可破壞二諦次第，應許勝義中無，世俗中有。頌曰：

「由是次第知諸法，眞實不生世間生。」

由上來所說次第，當知諸法，於眞寔義本來不生，於世間名言中則有生也。此中既說諸法不生是依勝義，於名言中則許有生。故於所破定當加簡別。

午三 解楞伽經說唯心之密意分二，未一 明說唯心都無外境是不了義，未二 明通達不了義經之方便。初又分二，申一 以教明不了義，申二 以理明不了義。初中又二，酉一 正義，酉二 明如是餘經亦非了義。今初

問：釋地經義雖如是說，然楞伽經云：「外境悉非有，心變種種相，似身受用處

，故我說唯心」此中身謂眼等有色根。受用謂色聲等五境。處謂器世間。由離內心無外境故。內識生時變似根身受用處所。故身等境事，似離內識別有外境。是故三界唯心也。爲顯此經是密意語，頌曰：

「經說外境悉非有，唯心變爲種種事。」

彼經密意，頌曰；

「是於貪著妙色者，爲遮色故非了義。」

諸有情以貪著妙色爲緣，隨貪瞋慢等而轉，不得自在。由貪著彼故造諸重罪，退失福德智慧資糧。世尊爲破以色爲緣所起煩惱，故說唯心。如於有貪衆生說除外境貪之骨鏁，雖非寔有亦如是說。

復次：此經是不了義，非是了義。由何決定？頌曰：

「佛說此是不了義，此非了義理亦成。」

此經說唯心都無外境，大師自說是不了義，故由聖教卽能成立爲不了義。此經是不了義，以正理亦能成立也。

月稱論師，不說外境悉非有等，唯心之唯字，如釋地經，不破外境破餘作者。說此唯字是破外境。然釋此經是不了義。清辨論師則釋此經說心似身受用處者，謂心帶彼影像而生。外境悉非有者，謂破心無相而見。故說此唯字亦不破外境也。

酉二　明如是餘經亦非了義

非但說外境悉非有等，明唯有心都無外境之經是不了義。頌曰：

『如是行相諸餘經，此教亦顯不了義。』

凡如上說行相之經，唯識宗許為了義者，由下引之教，亦皆顯其是不了義。如是行相之經為何等耶？釋論說如解深密經明三自性中，偏計執無性，依他起有性。又說：「阿陀那識甚深細，一切種子如暴流，我於凡愚不開演，恐彼分別執為我。」如是等經。

彼經中說：偏計執無自相，依他起有自相。分其有無之別。如二我偏計執，與假立諸法自性差別為有自相之偏計執。唯識宗雖不許有。然如假立自性差別之偏計執等，許爲有者亦多也。彼經雖說依他起，與圓成實，俱有自相。釋論僅說依他起者，因中觀與唯識，諍有無實性之主要所依，爲依他起。以施設偏計執之所依是依他起，圓成實亦是依依他起而安立故。此宗則說，如是分別（偏計無性，依他有性）亦非了義。又彼經說阿陀那識等八識品。謂離六轉識外別有阿賴耶識。此宗說彼亦非了義。既無阿賴耶識，則亦不能安立染污意也。等字所攝，謂彼經中破除外境，及究竟三乘二義。故此宗須解爲不了義者，共有四義也。若於此等義，不得透澈了解，則不能知二宗差別，更不能了知此宗之不共要義。於辨了不了義論中皆已詳釋。

解深密經何文顯示無有外境？攝大乘論曰：「世尊！三摩地所行影像，彼與此心，當言有異，當言無異？佛告慈氏菩薩曰：善男子！當言無異。何以故？我說識所緣，唯識所現故。」引此經文。此宗於上述四義，皆須釋爲不了義。不可說彼中有者是不了義。有者是了義也。其說究竟三乘者，意謂就龍猛菩薩集經論中成立究竟一乘，易可了知，故入中論中未更解說。餘三義中，以教顯示說無外境唯心有自性爲不了義者，如楞伽經云：「如對諸病者，醫生給衆藥，如是對有情，佛亦說唯心。」謂如醫生對各別病人，給各別藥。此非由醫生自主，是須順病人之病情而給也。如是佛說唯心，亦非由大師自主，是隨順衆生意樂增上而說。故知前經是不了義。

釋論於引：「如對諸病者」之後，又廣引楞伽經云：「如是，世尊於契經中說如來藏。」乃至：「速證無上正等菩提。」此教是顯，唯識宗許說阿賴耶識爲了義者，亦是不了義。

疏說：「言如是者，謂經說常住堅固如來藏是不了義。如是顯經說唯心亦是不了義。」此是倒說。釋論顯然是說：「如經說唯心是不了義」故。彼文是說：「如以「如對諸病者」等，解釋經說唯心是不了義。如是以說常住堅固如來藏是不了義，亦能成立解深密經等說有阿賴耶識非如宣言也。」此須先知說如來藏非如實言。

如楞伽經云：「隨順有情意樂所說諸經，是權便義，非如宣言。譬如陽燄宣無有水，欺誑渴鹿。彼所說法，亦爲令諸愚夫歡喜，非是聖智安立之言。故汝應隨義轉，莫著言說。」又曰：「大慧問曰，佛於經中說如來藏，謂彼自性光明，本來清淨，具足三十二相，一切有情身中皆有。如摩尼寶被垢衣纏裹，如是此亦被蘊處界衣之所纏裹，而有垢染。然是常恆堅固者。此如來藏與諸外道所說神我有何差別。」如來解釋，謂如是說者非如寔言，故與外道之神我不同。其密意之所依，是空性，無相，無願，法無我性。密意之所爲，是爲除愚夫之無我恐怖，及爲引攝著我之外道與曾習彼見之有情。令彼漸次入真寔義。故說有常恆堅固之如來藏。現在及未來之菩薩，不應於此妄執爲我也。此義是說：如言執著，則與執著外道神我相同，故不應如言執著也。如言執著之妨難，謂如言而許，則與外道之神我無別。此等已於餘處廣釋。

釋論曰：「彼經又云：大慧！空性，不生，不二，無自性相，皆悉偏入一切佛經。」又曰：「是故如是行相契經，凡唯識師計爲了義者，已由此教顯彼一切皆非了義。」如是行相之經，非指其前無間所引兩段楞伽經文。以彼兩段經文，唯識宗不許是了義。釋論前文，明說是解深密經也。「由此教」句，疏中釋爲釋地經中觀察緣起破餘作者。極不應理。破餘作者，是證釋地經所說唯心不遮外境。非證雖破外境而非了義也。以是當知，頌中「此教亦顯不了義」之此教，凡有三教：（一）顯破外境說唯有心是不了義者，謂「如對諸病者」等四句。（二）顯說阿賴耶是不了義者，謂明常恆堅固如來藏之教是不了義之教。由說有如來藏是不了義，如何成立說阿賴耶亦是不了義耶？如厚嚴經云：「地等阿賴耶，亦善如來藏，佛於如來藏，說名阿賴耶，劣慧者不知，藏名阿賴耶。」楞伽經亦云：「說如來藏名阿賴耶識具前七識。」多說彼二，是異名也。由說彼二，一是常住，一是無常。故非說彼二如言義同。然依何義說如來藏，卽依彼義說阿賴耶。觀待密意所依，唯是異名，故義是一。由說前者是不了義，故亦能成立後者是不了義。釋論云：「由隨一切法性轉故，當知唯說空性名阿賴耶識。」若將此文與說常恆堅固如來藏是不了義之經文，善爲配觀。則能知彼教，可顯阿賴耶識亦非了義也。（三）經云：「大慧，空性，」乃至：「徧入一切佛經。」又云：「任於何經，應當了知皆是此義。」是顯分初二自性，有無自相之差別，是不了義之教也。

申二　以理明不了義

今以正理明說唯心是不了義。頌曰：

「佛說所知若非有，則亦易除諸能知，由無所知卽遮知，是故佛先遮所知。」

如修植福德，是易悟入法性之方便，故佛先說布施等。如是最初不能通達甚深空義之衆生，佛亦令彼漸入無性。若先爲彼說無外所知，後易遣除能知自性。由先破外境說無所知，卽是圓滿通達無我之方便，故佛先遮所知外境。以了達無所知，外境無我，亦易遣除能知，了達能知無我故。了達外境無自性已，有唯以自力便能了達能知無自性者，有因他略加開導卽能了達者。又釋菩提心論，亦說無外境唯心有自性，是不了義。如云：「爲除愚夫怖，故佛說此等，一切皆唯心，然非如實言。」提婆菩薩，智藏集論中，亦明顯宣說。

未二　明通達了不了義經之方便

諸有慧者，於餘不了義經，凡未圓滿宣說真寔義者，皆應如是解釋。頌曰：

「如是了知教規已，凡經所說非眞義，應知不了而解釋，說空性者是了義。」

了知如上所說了義不了義經之建立規矩者，凡有契經詮說非真寔義，未明了宣說不生等緣起者當知彼經，卽不了義。了知彼是不了義已，卽當解釋彼是悟入無自性之因。如出世讚云：「大種非眼見，眼寧見彼造，佛爲破色執，於色如是說。」經亦云：「無常義者，是謂無義。」前教成證之理，謂佛於對法中，說四大種是觸塵，非眼所見境，四大種所造色處，是眼所見。須俱許此二事也。佛明彼等之真寔義時，謂若彼等有自性者，應四大種亦是眼所見。或應色境亦非眼所見。由知此理，則知前說，非是彼等之真實義，須更通達彼真實義。亦知前說，是悟入真寔義之方便也。後教成證之理，亦同前說，了知經說諸法生滅，卽是無有自性之義也。

若有契經明了宣說人法性空。當知彼經是真了義。如三摩地王經云：「當知善逝宣說空，是諸了義經差別，若說有情數取趣，當知彼法不了義。」經差別，謂不同不了義經之差別。說數取趣，僅是一例，說有作者，作業，作用等，亦是不了義經。此即安立契經有了不了義二類之根據。彼經又云：「我於千世界，所說諸契經，不能盡宣說，文異義唯一。若能修一事，即徧修一切。盡一切諸佛，所說無量法，諸法皆無我。若人善解義，能於此處學，不難得佛法。」我於千世界等四句，謂盡諸佛所說一切經中，凡明顯宣說勝義者，即是直接趣入真如。其不如是說之不了義經，亦是間接趣向真如，故趣入真如其義唯一也。初發業者，不能盡學世界所有一切佛經，可學任何一經之真實義。此是引證，請未明說真實義之契經，亦是悟入真寔義之因也。若能修一事等二句，若善了知一法之真寔義，而修習之，則能修習一切法之真寔義，不須別修一一法之法性也。若修一事，即成修一切法，彼事爲何。盡一切諸佛等三句，即明彼事，謂法無我。非說廣大行品，唯修一法即足也。

如月燈經（卽三摩地王經）安立了不了義之理，無盡慧經等亦如是廣說。此等已於辨了不了義論中，詳盡解說。

釋論曰：「略說少分。」謂旣釋解深密經所說三性爲不了義，自宗如何安立三性耶？此謂略說彼義之少分。如蛇在盤繩之緣起上，是偏計執，以彼蛇於此繩上非是有故。於眞蛇上則是圓成寔，以非是於無上偏計執故，如是眞理自性，於依他起有爲法上，是偏計執。中論云：「自性名無作，不待異法成。」以眞理之自性，非所作法故。如於現見之緣起所作如幻法上，偏計執爲眞理之自性者，於佛如所有智所行境上乃是眞理，以彼非於無上偏計執故。由智慧不觸因緣所作事，唯親證自性者，名曰佛。證悟眞理故。不觸之義，後當決擇。

釋論曰：「當了達如是三性建立，而解說契經密意。」謂由彼道理，旣可了知彌勒問品所說三性之密意。亦能了知解深密經所說三性之密意是不了義也。

又唯識師，說於依他起上，假立異體二取，爲偏計執。此是所應思察者，以能取所取，卽是依他起，離二取外，別無依他起事故。

彌勒問品所說之三自性，與解深密經所說三自性之建立。於辨了不了義論中，已廣決擇。

寅三　破共生

「計從共生亦非理，俱犯已說衆過故。」

露形外道計自他共生，謂如從泥團，杖，輪，繩，水，陶師等而有瓶生，瓶要泥性中有乃得生，故從自生。陶師功用等他法，亦能生瓶，故亦從他生。外法既爾，內法亦然。要自他共乃得有生。彼宗安立九句義，謂人我所愛護之命，諸根等非命，能生善趣與解脫之法，與彼相違之非法，煩惱等諸漏，遮止犯戒等之律儀，苦，業，從所知生能爲知因之和合勢力。如慈氏，要於前生命中已有乃受現生，故從自生。以慈氏與命不異故，命能從此世往他世故，復許能往天等諸趣故。慈氏亦從父，母，法，非法，有漏等他法生，故亦從他生。以不許自他各別能生，故前破自他各別生，於吾等無妨也。

不但計自他各別生不應道理，即計從自他和合共生亦不應理。前對各別生者所說來過，於計共生宗，亦成過故。若計慈氏觀待彼命，是自生者，前說生應無用等過已破。若謂觀待父母等是他生者，前說應從一切生等過已破。又如前說，計自生他生，於世俗勝義皆不應理，如是今計共生，亦定非有。故結頌曰：

「此非世間非眞實。」

此計從自他共生，世間非有是事，於眞實勝義亦非有也。頌曰：

「各生未成況共生。」

由自他各別生，尚且未成，故從共生亦非正理也。

甲四　破無因生

順世外道計自然生，謂若有因生，觀待彼果，必是自生，他生，共生，便有上過。我今不許從因生，故無彼三宗之過失。如蓮莖之粗，蓮瓣之柔，未見有人製造。其瓣，鬚，蕊等，顏色形狀各別不同，亦未見作者。波那娑果及石榴等，各種差別亦皆如是。外物既爾，內界亦然。如孔雀，底底利鳥及水鵠等，未見有人强擬爲作種種形狀色彩。故諸法生唯自然生，破彼頌曰：

「若計無因而有生，一切恆從一切生，世間爲求果實故，不應多門收集種。」

若計諸法無因自然而生者，應一切法，從一切非因而生，以一切法同是非因故。又如現見阿摩羅果等，要待時節乃得成熟，是暫時性。彼等亦應恆時而有，不待時故。如是烏鴉亦應有孔雀翎。孔雀於胎中亦應有鸚鵡之羽，彼皆不待因故。如是已說違理，當說違背現事，世人爲求穀實等果故，亦應不由多門劬勞收集種子。然實收集。故非自然生。

復有過失。頌曰：

「衆生無因應無取，猶如空花色與香，繁華世間有可取，知世有因如自心。」

若衆生無因者，應諸衆生，如同虛空青蓮花之色香，都無可取。然此繁華複雜之世間，寔有可取。故當知世間皆從自因而生，如有青相之自心是從青色而生也。

又順世外道，計四大種寔物，爲一切衆生之因，謂地，水，火，風。由彼等變異差別，非但現見之蓮花，石榴等，及孔雀，水鵠等各種差別，應合道理。卽能了別各種物體之內心，亦唯從彼生也。如諸酒中由四大種和合變異差別，便有狂醉之功能，爲諸衆生狂醉，悶絶之因。如是由羯邏藍等大種之差別變異，生諸心識，乃至能廣了別一切衆物。故一切法，唯從現世因生。非是前世造業，今世成熟，此世造業，他世成熟，前後他世皆非是有。彼欲受用美女，爲令美女了知無有後世，曾曰：「美女善行善飮噉，妙身已去非汝有，此身唯是假合成，去已不返不須畏。」一末句擎錯譯爲：「過去怖畏不復生。」一

問：汝謂無有他世，爲以何理決定？曰：他世非現見故。問：他世非現見。此爲現事，抑非現事？若言現事者，旣許非現見者爲現事，應無事與現事不相違。是則汝宗無事亦成有事。以許他世非現見，爲現見所親量之現事故，猶如有事。旣

全無無事，亦應無有事，無所待故。若彼二非有，則汝有四大種及無他世之宗，皆當失壞也。若謂非現事者，既非現事，則以現量應不可見。云何由不可見門而比知他世非有耶？若謂由比量能知者，雖總不限於現量，由比量所成立者，亦能成辦士夫之義利。奈此比量非汝宗所許，如云：「唯根所行境，齊此是士夫，多聞者所說，欺惑如狼跡。」此說士夫見境之量，唯齊眼等諸根所行境也。頌曰：

「汝論所說大種性，汝心所緣且非有，汝意對此尚愚闇，何能正知於他世。」

知汝論所說地等四大種性，於汝心所緣彼等境界尚且非有。汝意對此最粗顯義，猶有厚重之愚暗。則於最極微細之他世，何能正知其爲有無耶？復有過失。頌曰：

「破他世時汝自體，於所知性成倒見，由具彼見同依身，如計大種有性時。」

破他世時，汝順世外道自體，於所知自性成顛倒見，以具足彼毀謗他世見，同等所依之身故。如計大種自性實有之時也。所依謂彼見安住之因。若謂我計大種寔有時非顛倒見，汝之同喻缺所立法也。曰：此過非有。汝計自性不生自性非有之大種，爲自性有及自性生，是顛倒見已成立故。此明自宗正因之量式中，所舉同喻，要不缺所立法。則所建之正因亦必應爾。前說成立聲是無常，以眼所見爲因，猶不成過。故以正因成立宗，要具三相也。

若謂大種自性不生，猶待成立者。頌曰：

「大種非有前已說，由前總破自他生，共生及從無因生，故無未說諸大種。」

彼諸大種非有自性，如前已說。由前破自生，他生，共生，無因生時，大種自性生，我已總破。前總破時未說到之諸大種，皆悉非有。故喻已成。如是破除毀謗一切智者，及計有餘自性法等諸宗派時，亦當配云：「謗正覺時汝自體，於所知性成倒見，由具彼見同依身，如計大種有性時。」意在總破一切有無見故。

若謂汝自宗亦應同犯此過。曰：非有。以無成立我等爲倒見之同喻故。且可作是說：「我達他世爲有時，即成正見所知性，由具此見同依身，如許通達無我時。」如是配云：「我達一切智有時，即成正見所知性。」因喻同前。於一切法亦如是說。

釋曰：「由此道理，即善成立：「彼非彼生豈從他，亦非共生寧無因。」前說之四宗。」故不應說，唯破他宗，不立自宗也。

丑四　破四邊生結成義

問：若諸法不自生，他生，共生，無因生者，爲如何生？曰：若計諸法有自性，決定無疑，或自生或他生或共生或無因生，以更無餘生故。諸計大自在天等能生諸法者，彼大自在天等亦必是若自若他若共。故計大自在天等爲因，亦不能出上說諸過。故無第五能生之因。以無餘因故，由破四種分別妄計之生，故說諸法無自性生。爲顯此義，頌曰：

「由無自他共無因，故說諸法離自性。」

由無自生他生共生無因生故，故說諸法永離自性。此明破四邊生後，依止正因引生比量之理。言無四邊生，卽正因。諸法，是有法。永離自性，卽所立宗也。

子二 釋妨難分二，丑一 正義，丑二 總結。今初

若謂諸法皆無自性生者，不生之青等云何可見？曰：青等自性，非有無明染者之所見境，故現在眼等識，都不能見青等自性也。若爾現前數數所見之境性，爲是何事？曰：此是顚倒增上所現，非眞自性。唯有無明染著增上者，乃見彼境性故。爲明此義。頌曰：

「世有厚癡同稠雲，故諸境性顚倒現。」

世間衆生，由有厚重愚癡，如同稠雲，障蔽青等自性，令不得見。故諸愚夫，不能親見青等自性，其於境上可倒執爲自性者，唯諸寔執愚夫，顛倒所現耳。若謂由愚癡覆蔽故，雖可不見真實義，何以反見顛倒性耶？曰：雖無自性而現有者，是由愚癡之力。當以外喻顯示。頌曰：

「如由翳力倒執髮，二月雀翎蜂蠅等，如是無智由癡過，以種種慧觀有爲。」

如有翳根，由眩翳力，雖無毛髮，二月，雀翎，蜂蠅等事，倒執爲有。如是諸無智異生，由愚癡過失力故，以種種慧解，觀察青等之有爲。如佛於緣起經云：「無明緣行，」又云：「補特伽羅由無明隨逐故，造福，非福，不動諸行。」又云：「無明滅故行滅。」由此道理，頌曰：

「說癡起業無癡滅，唯使無智者了達，慧日破除諸冥暗，智者達空

即解脫。」

佛說：依於無明愚癡，起諸行業，若無愚癡業則不生者，唯使無智衆生了達彼義，是依彼增上而說。智者見說無明緣行。非但了達諸行空無自性，且以通達緣起眞理之慧日，破除如同冥暗之無明，卽亦不取諸行業，由已斷造業之無明因，故亦決定解脫生死也。般若攝頌曰：「菩薩般若觀緣起，了知無生無有盡，如日無雲放光明，破無明障證菩提。」

若謂色等諸法於眞寔勝義中都無自性者，應如石女兒，於名言中亦無靑等自性。然色等性於世俗有，故彼等有，亦應是勝義中有也。頌曰：

「若謂諸法眞實無，則彼應如石女兒，於名言中亦非有，故彼定應自性有。」

今當告彼。頌曰：

「有眩翳者所見境，彼毛髮等皆不生，汝且與彼而辯諍，後責無明眩翳者。」

如有眩翳人所見毛髮等境，皆悉不生，與石女兒不生相同。汝應且先問彼爲眩翳等壞眼根者，何故汝等唯見非有之毛髮等境，不見石女兒耶？後再責難爲無明翳障慧眼者，同是自性不生，汝何故唯見色等，不見石女兒耶？此於我等不應責難，以經說：「諸瑜伽師諸法如是，餘欲求得瑜伽智者，於所說法性亦應如是信解。」我等是依聖教說瑜伽師通達諸法皆無自性，非依自智而作是說。我等亦被無明眩翳障蔽慧眼故。如經云：「知蘊性離皆空寂，菩提性空亦遠離，所修正行無空性，智者能知非凡了，能知智慧自性空，所知境界空離性，了達知者亦如是，是人能修菩提道。」故於諸瑜伽師亦無此責難，彼於世俗中不見少法是有自性，於勝義中亦不見故。

暫勿責難有眩翳人，且應詰問汝自身。頌曰：

「若見夢境尋香城，陽燄幻事影像等，同石女兒非有性，汝見不見
應非理。」

若見夢中房屋，乾闥婆城，幻師所幻之男女等，及陽燄為水，影像為人，等取谷響，變化等無生非有之事。既同屬非有性，汝云何只見彼等，不見石女兒耶？此亦應非理。故應先自責難，後問我等也。頌曰：

「此於眞實雖不生，然不同於石女兒，非是世間所見境，故汝所言
不決定。」

此色等法於真實中雖無有生，然不同石女兒非是世間所見之境。故汝所言：「若勝義無，應如石女兒於名言中亦無所見。」此因不定，有錯誤失。薄伽梵亦說：「言諸趣如夢，非依真實說，夢中都無物，倒慧者妄執。乾闥婆城雖可見，十方非有餘亦無，彼城唯名假安立，佛說諸趣亦復然。有水想者雖見水，然陽燄中水

絲無，如是分別擾亂者，於不淨中見爲淨。猶如淨鏡中，現無性影像，大樹汝應知，諸法亦如是。」此教亦說，色等雖自性不生，然是世間共見之境，石女兒則不爾。此於汝自宗成不定過。此於我等不成責難，以我等非於世俗許色等有自性生，次於勝義中破也。

丑二　總結

問：汝宗何故非世俗中許色等有自性生，勝義中破。頌曰：

「如石女兒自性生，眞實世間均非有，如是諸法自性生，世間眞實
皆悉無。」

如石女兒之自性生，非但於眞寔義中無有，於世間名言中亦非是有。如是色等一切諸法，於世間名言與眞寔義中俱無自性生也。諸法自性生，雖於錯亂執前似有。然中觀師絕不許爲世俗中有。復應憶念，於所破上加自性生之簡別也。由此道理。頌曰：

「故佛宣說一切法，本寂靜離自性生，復是自性般涅槃，以是知生恆非有。」

是故佛薄伽梵，宣說一切諸法，本來寂靜，離自性生，自性涅槃。以是當知自性生恆時非有。寶雲經云：「佛轉妙法輪，宣說一切法，本寂靜不生，自性般涅槃。」此說諸法真實義，由是寂靜智之境，故名寂靜。其理由：謂自性不生故。不生之理由，謂若法有自性，彼乃有生，自性且無，彼云何生耶？故是清淨涅槃。言本來者，表示諸法非唯得瑜伽智時乃不生，是於彼前世間名言時，亦自性不生也。

本字是最初之異名。

自部不應難云：若勝義中無，世俗中亦應無。何以故？是彼所共許故。頌曰：

「如說瓶等真實無，世間共許亦容有，應一切法皆如是，故不同於石女兒。」

如說瓶等，於真寔勝義中無，於世間共許名言中有，一切諸法皆應如是。故勝義中無，不同石女兒。如俱舍云：「彼覺破便無，慧析餘亦爾，如瓶水世俗，異此名勝義。」論曰：「若彼物覺彼破便無，應知彼物名世俗有，如瓶被破爲碎瓦時，瓶覺則無。又若有物，以慧析餘彼覺便無，亦是世俗。如水被慧析色等時，水覺便無。若彼物覺彼破不無，及慧析餘彼覺仍有，應知彼物名勝義有。如色等物碎至極微，或以勝慧析餘味等，彼覺恆有。受等亦爾。」

此等是說：彼諸部師不可說云：「若勝義無，世俗亦無。」非說：彼等安立二諦之理與自宗二諦相同。以彼等立爲世俗有者，亦是中觀師所說之勝義有故。

要有假有瓶等所依之四大種及所造色是寔物故，乃可假立瓶等有因有依。汝中觀師，說一切法皆唯假有，都無假有所依之寔物，則同石女兒無可避免也。曰：此說非理，假有所依之寔物，不得成故。如依假有之形等和合，便有假有影像可見。及依假有柱等，假立爲屋，依假有樹等，假名爲林。又如夢中見從自性不生之種子，出生自性不生之芽。如是一切假有法，理應唯以假法爲依也。

入中論善顯密意疏卷十終

入中論善顯密意疏 卷十一

宗喀巴大師造

釋第六勝義菩提心之八。

子三 以緣起生破邊執分別。

若汝於二諦俱破自生他生共生無因生者，則從無明生行識等，及從種子生芽苗等，此世俗生如何決定？頌曰：

「諸法非是無因生，非由自在等因生，非有他生所共生，故知唯是依緣生。」

由前所說道理，諸法之生，非無因自然生，非由大自在天爲因而生，等取非從時，微塵，自性，士夫，那羅延天等生。亦非自生，他生，共生。故知唯是依此因緣，有彼果生。破四生已唯有彼生，故亦不破壞世間之因果名言。如薄伽梵說：

「諸法名言，謂此有故彼有，此生故彼生，所謂無明緣行。」寶鬘論云：「此有故彼有，如有長說短，此生故彼生，如燈然發光。」中論云：「因業有作者，因作者有業，除此緣起外，更無成業因。如破業作者，受受者亦爾，及餘一切法，亦應如是破。」唯說有此生，不說有四邊生。如佛說唯有緣生，聖者亦唯作是說。幷許依業立作者等觀待緣起。言「除此緣起外」，卽分別自宗生與他宗生之差別。凡屬有法皆如是說。月稱論師亦多勵力總許有生，由非四邊生，故許緣起生。有違反此宗，倒說四邊不生卽全無生者，當知是以惡分別垢，污染此宗通達空性之無上正理，謂緣起深義卽空性義也。

如是宣說唯有緣性之緣起，非但不落無因生等四生，其餘增益有自性之常見，都無作用之斷見，及先有後仍存在之常住，前後自性各別之剎那無常，有自性之有事，無事，此等分別或分別境，亦皆非有。為顯此義，頌曰：

「由說諸法依緣生，非諸分別能觀察，是故以此緣起理，能破一切惡見網。」

依此爲緣有彼果生，唯由此道理，諸世俗法便得成立。非由餘理。故非自他生等諸邪分別之所能觀察。以此緣起道理，卽能破除前說計，自化生等一切惡見網也。

唯以此緣性立爲緣起義之中觀師，不許少法是有自性。六十正理論云：「若依彼彼生，卽自性不生，自性不生者，云何得名生。」此說依緣生者卽自性不生，是則如何可說苗芽由自性生。中論亦云：「因緣所生法，我說卽是空，亦爲是假名，亦是中道義。」此說由是因緣生故，卽是自性空。經亦云：「若從緣生卽不生，此中無有生自性。若法依緣卽說空，知空卽是不放逸。」從緣生是因，不生是所立，第二句解釋彼義，謂自性不生。故非於所破不加簡別。顯句論引楞伽經云：「大慧，我依自性不生密意，說一切法不生。」。佛自解其密意故。龍猛菩薩由見世尊，以緣起理破自性生，最爲希有。故中論及六十正理論等，多由宣說緣起門，稱讚世尊。諸有智者，不可肌說，由依緣生卽是不生也。

不許諸法是有自性，無自性中，如何得有自他生等。唯計有自性者，乃有自然生，自生，他生，自在等生，及生已安住不滅之常，與壞已斷滅等分別。餘則不爾。爲顯此義，頌曰：

「有性乃生諸分別，已觀自性咸非有，無性彼等即不生，譬如無薪則無火。」

執諸法有自性，乃生諸邊執分別。由前道理已觀諸法是無自性。既不執諸法有自性，則不生彼等邊執分別。譬如無薪爲因，則不生火果也。諸瑜伽師由修所決擇之真實義故，證聖道時，以根本智不見戲論境相之理而見真實義。無始所習執著諸法實有之分別，皆得息滅。如眩翳人塗以安膳那藥，令毛髮等相皆歸息滅，即所得之果。非令毛髮等相轉成餘性之境也。

子四　明正理觀察之果。

「異生皆被分別縛，能滅分別即解脫，智者說滅諸分別，即是觀察所得果。」

由諸異生，不知如前所說法性，卽被邊執分別繫縛，諸聖瑜伽師，由能如是通達法性，不邪分別，卽得解脫。故破盡一切邊執分別所執之境，令分別息滅。智者說彼卽是龍猛菩薩中論等中，觀察所得之果。四百論云：「若法有自性，見空有何德，虛妄分別縛，彼是此所破。」此說諸法若有自性，彼卽諸法之真理，見彼爲妙。見自性空則無功德。虛妄分別執有自性，彼卽是縛，彼所著境卽此中觀論之所破也。月稱疏亦云：「分別謂增益不實之自性。」此說於非真實有。增益爲真實有。故非說一切分別，是說實執分別與邊執分別。邊執分別之邊字，雖亦通多義，然離邊見之邊，如中觀光明論云：「若計任何一法是勝義有性者，以有彼故，隨執爲常。或云無常，皆是邊見。若謂如實隨順諸法真實性轉，如理作意，是墮落處者，則不應道理。」此謂若如所執而境有者，彼境非邊，彼心亦是如理作意，非是邊見。故此之邊是墮落處，如世間之懸險名邊，墮彼險處名墮邊處。如是由執何事能使執者衰損，卽名墮落邊處。由自性有，於名言中亦不可有，其自性無，於名言中則可容有。故云「勝義無」，非執無邊。及云「非如是」，亦非彼無邊。然執所破之無爲真實有，則是墮落於無事邊，破彼亦是破無邊也。因果等法於名言有，無量能害。若執彼無或執非有，其所執境卽是無邊，其能執心卽無邊執。若謂佛無過失，則非是無邊，及無邊執。此執無因果等，是損減之無邊。前者是增益執之無邊。無邊卽斷邊，有邊卽常邊。除前說之所破，若執餘法爲勝義有或自相有，其所執境卽是有邊，其能執心卽有邊執。若謂佛有悲智，則非是有邊及有邊執。論亦有時，說一切勝義有，皆是有邊。頌曰：

「**論中觀察非好諍，爲解脫故顯眞理。**」

龍猛菩薩於中論中演說極多觀察道理，當知非好諍論爲降伏他故而說。是爲解脫衆生故。演說觀察道理，顯示真理。謂念云何能使衆生無倒通達此真實義，而得解脫。

汝於論中豈非列舉實事師一切所計而破斥乎？故汝造論專爲諍論，云何可說唯滅分別爲所得果。曰：此諸觀察雖非爲諍論而發，然由顯示真實義時，他宗本性脆弱，所有教理不能建立，如近光明冥闇自息，此於我等何咎之有。頌曰：

「**若由解釋眞實義，他宗破壞亦無咎。**」

若由解釋眞實義故，破壞他宗假立諸法，無有過咎。四百論云：「諸佛雖無心，說法摧他論，而他論自壞，如野火焚薪。」謂如然火意在煎，非爲造灰炭，然灰炭亦自然而有也。

若因好諍而說法者，決定瞋他有過宗，愛自應理宗。必不能滅貪瞋分別。何以故？頌曰：

「**若於自見起愛者，及瞋他見即分別。**」

若愛著自見，及瞋恚他見，此卽繫縛之分別。貪瞋分別增長不息，是爲繫縛，非是解脫。若時說法非爲諍論，頌曰：

「**是故若能除貪瞋，觀察速當得解脫。**」

是故若能除遣貪著自宗，瞋恚他宗，而以正理觀察，則能速得解脫。六十正理論云：「智者無諍論，彼卽無所宗，自宗尙非有，云何有他宗。」四百論云：「若汝愛自宗，他宗則不喜，不能證涅槃，二行無寂滅。」三摩地王經云：「若聞此法起貪愛，聞說非法動瞋心，被憍慢摧成顛倒，由憍慢力受衆苦。」此說若於自他宗，不能棄捨貪瞋私見，以正直慧如理觀察。則於宗派觀察修習，依此因緣，反令生死繫縛緊迫。當知此是由大悲心賜給我等最勝教授。

釋論說：從破自生，至此，明法無我。意謂多明有爲法無我，中間亦兼明無爲法無我。

癸二 以理成立人無我，分三 子一 明求解脫者當先破自性我，子二 破我我所有自性之理，子三 觀我及車亦例餘法。今初

上文已以聖教正理明法無我，今當明人無我，頌曰：

「慧見煩惱諸過患，皆從薩迦耶見生，由了知我是彼境，故瑜伽師先破我。」

諸瑜伽師，欲求悟入真實義，斷除一切煩惱過患。先作是念：生死輪迴以何爲本

，既以正慧觀察已，便見貪等煩惱，與生老病死等一切過患，皆從執我我所有自性之染慧薩迦耶見而生。彼等皆是薩迦耶見之果。諸有智者，如是見已，爲欲斷除薩迦耶見故，便知要如前引法界讚與四百論所說，由觀彼境上無彼所執之我，乃能斷除。進觀薩迦耶見爲著何事，以何爲所緣？則能了知所言之我，是我見所緣之境。以我執是緣我之心故。欲求斷除一切過患者，應斷根本薩迦耶見。後由通達彼所緣我是無自性，乃能斷除。故瑜伽師，先應觀察我執所緣之我，爲有無自性。諸瑜伽師，由破自性我故，便斷薩迦耶見，滅盡一切過患。故觀察我，即是修解脫之方便。集學論云：「若善成立補特伽羅空，由根本斷故，一切煩惱皆悉不生。如來秘密經云：寂靜慧，如斬斷樹根，一切枝葉皆當乾枯。寂靜慧，如是若滅薩迦耶見，一切煩惱及隨煩惱亦皆寂滅」。諸天論師於此所說意旨相同，故當了知生死過患，如理思惟，次應認識何爲其本。爲斷彼故，須求能斷止確方便，破所著境，於無我見獲決定解，後於彼義數數修習。是大小乘共需之道。設作是念：寶鬘論云：「乃至有蘊執，從彼起我執，有我執造業，從業復受生。」

說法我執執蘊實有爲生死之根本。此中則說薩迦耶見爲生死根本。二應相違。以生死根本，不容有不同之二法故。曰：無過，此宗所說二種我執，由所緣分，行相無別，二執俱以執有自相爲行相故。若生死根本二相違者，須立二法行相不同爲生死之根本也。論說法我執爲薩迦耶見之因者，是顯無明中二執之因果。說彼二執爲煩惱之根本者，是明爲餘行相不同一切煩惱之根本。由彼二執皆具此理，故不相違。如說前後二念同類無明爲生死之根本。

子二 破我我所有自性之理，分二，丑一 破我有自性，丑二 破我所有自性。初又分六，寅一 破外道所計離蘊我，寅二 破內道所計卽蘊我，寅三 破能依所依等三計。寅四 破不一不異之實我，寅五 明假我及喻，寅六 明此建立易除邊執分別之功德。初中又二，卯一 敍計，卯二 破執。初中又二，辰一 敍數論宗，辰二 敍勝論等宗。今初

薩迦耶見所緣之我其相云何？且述外道計。頌曰：

「外計受者常法我，無德無作非作者，依彼少少差別義，諸外道類

成多派」。

數論計我，是能受者受苦樂等。是常法，非變異之作者，無喜憂闇之功德，徧一切故更無作用。彼論云：「根本自性非變異，大等七性亦變異，餘十六法唯變異，神我非性非變異」由能生故名自性。於何時生？謂見神我起欲時生。若時自性了知神我欲受用聲等境，卽與神我相合。次由自性出生聲等。生起次第謂自性生大，大生慢，慢生十一根與五唯共十六法。十六法中聲等五唯復生五大。言自性非變異者，謂但生果，非如大等亦通變異。大等七法既是能生亦是變異。以大等七法，望自果則是自性，望根本自性則是變異。五知根等十六法唯是變異。神我既非能生亦非變異。耳等五根由意加持，攝取聲等五境，覺便貪著。神我思惟覺所著義，卽由彼欲受用諸境也。若時神我於境少欲，觀察諸境過患，遠離諸欲，修習靜慮。依止靜慮得天眼通。次以天眼觀察自性。由是觀察，自性含羞如他人婦，卽便脫離神我。一切變異亦皆逆轉入自性中隱滅不現。爾時神我獨存名曰解脫。由彼神我常時獨立故名爲常。

何等是作者，何等非作者。曰：其中喜憂闇爲三德。憂以動轉爲性。闇以重覆爲性。喜以輕明爲性。苦樂癡三卽此三之異名。三德平等時名冥性。此時三德爲主極寂靜故。三德未變時名有自性。從自性生大，大爲覺之異名。此能雙現外境與內我之影像，從大生慢，慢有三種，曰變異慢，喜慢，闇慢。從變異生色聲香味觸五唯。從五唯生地水火風空五大。從喜慢生十一根，曰五作根，謂口手足大小便道。曰五知根，謂眼耳鼻舌皮。曰通二性之意根。闇慢能發動餘二慢。其中大慢五唯等七法，雙通自性與變異。十一根及五大，唯是變異。根本自性唯是自性。（自性卽因，變異卽果。）

辰二　敍勝論等宗

如數論派所計之我，卽依彼我少少差別，諸外道類演成多派。如勝論派計覺，樂，苦，欲，瞋，勤勇，法，非法，行勢，爲我之九種功德。覺謂能取境。樂謂受所欲境。苦與上相違。欲謂希望所願事。瞋謂厭離所不欲境。勤勇謂於所作事，思惟善巧令到究竟。法謂能感增上生與決定勝者。非法與上相違。行勢謂從知生復爲知因。若時我與九德和合，卽由彼等造善不善業流轉生死。若時神我以眞實智，斷除覺等功德，便獲獨存而得解脫。又說彼神我，爲常住，能作果，能受用果，有功德，徧一切故更無作用。勝論有一派計我有屈伸作用。吠陀派計，如一虛空，瓶等各異。由所依身異，卽一能依神我成爲多種。

釋論曰：「依我少少差別，諸外道類遂成異派。」有說此謂依數論之差別，分成多派外道者。是未了解論義。

卯二　破執

外道各派說我不同，頌曰：

「如石女兒不生故，彼所計我皆非有，此亦非是我執依，不許世俗中有此。」

彼等所計之我皆非實有，以離生故，如石女兒。此因是外道自許比量。彼因雖破所說有法，然無過失。以因與法，皆唯遮詮故。如是他所計我亦非是俱生我執所依，因喻同前。言非我執所依者，謂非所緣境。以彼所緣境，是我及補特伽羅。許此是有事，與不生相違故。其行相境謂補特伽羅我，此於名言亦不許有，與不生無違也。有說此宗許補特伽羅我於名言有者，是未了解此宗關要，復未能分薩迦耶見所緣境與行相境之差別，隨意妄說。

如是破彼我有，及薩迦耶見之境，是依勝義差別而破。非但如是，當知於世俗中亦破彼二。言不許有我者，謂不許我爲實物也。

又彼因喻，非但破上述二義，當知亦破外道所計我之差別，一切非有。頌曰：

「由於彼彼諸論中，外道所計我差別，自許不生因盡破，故彼差別皆非有。」

數論論典與勝論等論典中，外道所計我之一切差別，當知以外道自許之不生因與石女兒喻，便能廣破我之自性差別。頌曰：

「是故離蘊無異我，離蘊無我可取故。」

是故無離蘊之異我，以離五蘊別無單獨之我可取故。若我與蘊異，以俱無二種係屬故，應全無關係，有我可取，如不取瓶可單取衣。然彼都無可見也。中論云：「若離取有我，是事則不然，離取應可見，而實無可見。」又云：「若我異五蘊，應無五蘊相。」取即五蘊也。復有過失。頌曰：

「不許爲世我執依，不了亦起我見故。」

不許此異蘊之我，爲世間有情無始以來我執所依之境，以不了知外道所計之我，不執彼相。然由執著差別之力，亦起我見執我我所故。此與前文：「此亦非是我執依。」無重複過。前破實我爲我見所緣，此破異蘊我爲所緣故。

設作是念：現在諸人，雖不了知我有常住不生等差別，然由往昔串習之力，彼等亦有緣彼我之我見也。曰：此亦不然，唯學邪宗者，乃計離蘊之我爲我見所依。初未學邪宗之有情，現見彼等亦有我執。頌曰：

「有生旁生經多劫，彼亦未見常不生，然猶見彼有我執，故離五蘊

全無我。」

有諸有情生旁生趣，經過多刧，至今未出旁生趣者，彼亦未見有如外道所計常住不生之我。然猶見彼等有我執轉，誰有智者，執著外道所計之我爲我執所依耶？故離五蘊全無異體之我。亦字攝墮地獄等趣。

寅二 破內道所計卽蘊我分五，卯一 明計卽蘊是我之妨難，卯二 成立彼計非理，卯三 明計卽蘊是我之餘難，卯四 解釋說蘊爲我之密意，卯五 明他宗無係屬。初又分二，辰一 正義，辰二 破救。初中又二，巳一 敍計，巳二 破執。今初，

此中內教人計。頌曰：

「由離諸蘊無我故，我見所緣唯是蘊。」

由離諸蘊無異體我，故我見薩迦耶見之所緣，唯是自蘊，以彼所緣，異蘊卽蘊二類決定，異蘊非理。故說唯自內蘊爲我。此是犢子部等正量部計。復有異執。頌

曰：

「有計我見依五蘊，有者唯計依一心。」

正量部二派，計自身五蘊爲我見所緣之依，說此我執從五蘊起。如薄伽梵說：「苾芻當知，一切沙門婆羅門等所有執我，一切唯見此五取蘊。」爲顯此見是於可懷積聚之法而起，非於我我所起。故說我我所行相之見，名薩迦耶見。因經說見五取蘊，故計五蘊爲我見所緣。正量別派則計唯心爲我。如契經云：「我自爲依怙，更有誰爲依，由善調伏我，智者得生天。」此頌卽說內心爲我。何以知然？以無異蘊之我故，餘經亦說調伏心故。如契經云：「應善調伏心，心調能引樂。」故說我執所依之心，名我。

分別熾然論云：「我等於名言中亦於識上安立我名。由識能取後有，故識是我」。又引教云：「有契經說，調伏內心能得安樂。有契經說，由調伏我能得生天。故於內心安立爲我。」又以理成立云：「能取蘊者謂我。識能取後有，故立識爲我。」清辨論師不許阿賴耶識，故說取後有之識是意識。餘不許阿賴耶識者，當知亦爾。許阿賴耶識者，則計阿賴耶識爲補特伽羅。彼等宗中，說二乘能證無實物之補特伽羅，然不許彼能證無實物之第二識（第六第八）。言補特伽羅無自立實物者，是說補特伽羅自相無實。非說補特伽羅所相識無實也。

巳二　破執

「若謂五蘊卽是我，由蘊多故我應多，其我復應成實物，我見緣物應非倒。」

若謂自身五蘊卽是我者，由蘊多故，一補特伽羅亦應有多我。若謂唯心是我，由眼識等差別，或由一一刹那有多識生滅差別，有多識故我亦應多。釋論說：「我應成多之過，於彼二派中爲第一派出。或餘過失通難兩派」。此非說凡許我與多蘊是同體者，便能出過。是許我與蘊全無異者，乃能出過。他宗初不許爾。故先應難彼，若是假我與蘊同體異相，雖可無過。然汝計我蘊實有，故應成全無差別之一體。次乃難彼我應成多，或五蘊應成一也。契經說：「世間生時，唯一補特伽羅生。」故他宗亦不許有多我。

我應是實物者，由色等物有過去等差別，唯諸異法說名為蘊。汝說彼等是我。故我應是實物。然契經說：「苾芻當知，有五種法，唯名唯言唯是假音，謂過去時，未來時，虛空，涅槃，補特伽羅。」又有頌言：「如即攬支聚，假想立為車，世俗立有情，應知攬諸蘊。」故彼亦不許我為實物。

又見諸蘊之薩迦耶見，由於實物轉故，是緣實物之心，應非顛倒，如緣青黃等識。故斷薩迦耶見，應非令其同類相續不生名斷。應如斷緣青黃色等之識，唯斷緣薩迦耶見之欲貪，說名為斷也。復有過失，頌曰：

「般涅槃時我定斷，般涅槃前諸剎那，生滅無作故無果，他所造業餘受果。」

若如汝說，自蘊是我者，則無餘依般涅槃時，由五蘊斷故，我亦決定應斷。故成邊執之斷見。以汝等說緣所計我執常斷者，是邊見故。未般涅槃前諸剎那中，如五蘊剎那生滅，其我亦應一一剎那各別生滅。如憶宿命決不念曰：「我今此身昔已曾有。」如是亦不應說：「我於爾時爲頂生王。」以彼時我，如身已滅，現在非有，汝許離彼前我，別有異性之義，受此生故。中論云：「非所取卽我，彼有生滅故，云何以所取，而作能取者。」又曰：「若五蘊是我，我應有生滅。」若前後剎那自性各異，應無能作之我。由業無所依故，業亦應無。則我與業果亦應無關係。

設作是念。前剎那造業，後剎那受果，無過失者。是則他人作業，應餘人受果。以他造業，餘受報故。如是亦犯造業失壞，未造受報等過失。中論云：「若謂有者，離彼應有今，我住過去世，未死今我生，如是則斷滅，失壞諸業報，他作業此受，有如是等過。」此說若前後我自性各異，則後我不應觀待前我，卽無前我後我亦應生。前我照常安住不死，今我應自生也。

辰二　破救

設有是念，前後剎那雖異，而是一相續，故無過咎。頌曰：

「實一相續無過者，前已觀察說其失。」

若謂諸真實異法，是一相續故無過者。此不應理。前文：「如依慈氏近密法」，觀察自性異法是一相續時，已說其過失。中論云：「若天異於人，是卽爲無常，若天異人者，是則無相續。」故自性互異諸法，是一相續，不應正理。未造業而受報，造業後失壞等過，仍不能免。頌曰：

「故蘊與心皆非我。」

故計自身諸蘊爲我，與計內心爲我，皆不應理。

卯二　成立彼計非理，

非但以上文所說道理，諸蘊與內心非我。復有過失。頌曰：

「世有邊等無記故。」

世間有邊，等取無邊，二俱，雙非。世間常，無常，二俱，雙非。如來死後有，非有，二俱，雙非。身卽命者，身異命者。許此十四見，爲不應記故。此不應記見，一切部中咸誦持故，說蘊是我不應道理。若「世間」言目諸蘊者，自宗許諸蘊生滅，則應記世間無常。般涅槃後諸蘊皆無，汝亦應記世間有邊，如來死後非有。然問世間有邊等遮止授記，故計諸蘊是我不應道理。此中命者是我之異名。問世間亦是依我而問。問者意樂既是依神我而問，彼所別事尚屬非有，如何可記其能別法。若依假我而答，由彼問者尚非通達無我之法器，故亦不可作如是答。

卯三 明計即蘊是我之餘難。

復有過失，頌曰：

『若汝瑜伽見無我，爾時定見無諸法。』

若如汝說，則瑜伽師現見無我時，謂見一切法無我，是見苦諦無我相。爾時決定由見無有蘊等諸法名見無我，以計五蘊及心即是我故。然不許爾。故五蘊非我。問：不許諸蘊爲我之宗，現見無我時，亦應見安立爲我之補特伽羅畢竟非有，理相等故。答：未解微細正理者，不能答此難，茲當解釋。他宗計蘊與心爲我者，是因未知我及補特伽羅等，唯由名言增上假立。謂要尋求假立之義有所得者乃能安立。故計五蘊或內心爲我，成爲有自性之我。現見無我時，應見彼我畢竟非有。故他宗計爲內我之五蘊內心等性，亦應見爲一切非有也。其許唯由假名安立，非由尋求假義而立之宗，則無彼失。

設作是念，業果關係時，由離五蘊更無別法，故所說我唯詮五蘊。見無我時，則詮外道所計神我。故見無我時，是離神我唯見諸行。不犯見無蘊等諸法之失。頌曰：

「若謂爾時離常我，則汝心蘊非是我。」

若謂見無我時，是離常住神我，見爲非有。餘處所說之我，亦不可作別義解。則汝所說內心及蘊，皆非是我。便失汝自宗。

若謂業果關係時，不許外道所計之我於彼境轉，故無失壞自宗之過失者。此亦非理，汝於此時，說是神我，於業果關係時，則說是五蘊。如斯隨意轉計，非正理故。

若謂於業果時，決無神我爲作業者及受果者，則五蘊上亦無此我，前已宣說。故說一切法無我時，不許我字詮五蘊者，則業果時亦應不許。若業果時許彼我字詮五蘊者。則說一切法無我時亦應許我字詮表五蘊。復有過失，頌曰：

「汝宗瑜伽見無我，不達色等眞實義，緣色轉故生貪等，以未達彼本性故」。

若如汝宗，則瑜伽師現見無我時，應不通達色等真實義，以彼於爾時唯見無有外道所計之常我故。由緣色等有實執故，則緣色等生貪等煩惱，以未通達彼色等之本性真理故。如昔未曾嘗花中蜜汁者，僅見花上有鳥，猶不能知彼味甘美。如是諸瑜伽師先不曾知色等體性者，僅見蘊等法離常住之我，後仍不知色等體性，又如曾嘗花中蜜汁者，卽見花中無鳥，非卽不知彼味甘美，亦不能斷彼味之愛著。如是執著色等自性實有者，雖見無有常住之我，由何能斷緣色等所起之貪等耶。若見無有常住之我，卽能斷除緣色等之貪等。任何有情，皆不爲令神我快樂求可樂境，及恐常我痛苦避不可愛境。是故若無能斷貪等之因緣，則必不能解脫生死

•猶如外道。

卯四 解釋說蘊爲我之密意（分五），辰一 解釋經說我見唯見諸蘊之義，辰二 依止餘經解釋蘊聚非我，辰三 破蘊聚之形狀爲我，辰四 計蘊聚爲我出餘妨難，辰五 佛說依六界等假立爲我。初又分三，巳一 明遮詮遮遣所破是經密意，巳二 縱是表詮亦非說諸蘊即我，巳三 破救，今初，

設作是說：吾等以聖教爲量，諸分別量不能妨難。聖教中說唯蘊爲我。如世尊說：「苾芻當知，一切沙門婆羅門等，所有執我，一切唯見此五取蘊。」頌曰：

「若謂佛說蘊是我，故計諸蘊爲我者，彼唯破除離蘊我，餘經說色非我故。」

若謂此經說蘊是我，便計五蘊爲我者•然彼經非說諸蘊是我，佛說唯蘊之密意，是破計離蘊之我爲我見所緣，是觀待世俗諦外道論，及爲無倒顯示世俗諦中所有之我故。

由何知彼是破離蘊之我耶？曰：以餘經說色非我等，破色等是我故，餘經如何破。頌曰：

『由餘經說色非我，受想諸行皆非我，說識亦非是我故，略標非許蘊爲我。』

由餘經說色受想行識皆非是我，故前經略標：「唯見此五取蘊」者，非許諸蘊卽我。是破計有離蘊之我。

設作是念：彼經言「唯見」，雖破異我，然言「唯見此五取蘊」。旣說見五蘊。則明說諸蘊爲我見所緣，故彼經意，是說諸蘊爲我見所緣也。若如是者，則違餘經說諸蘊非我。以俱生我執薩迦耶見之所緣，定是我故。此於後經義，都無妨難。不爾則如前說違難極多。後亦當說。故知前經非說諸蘊卽薩迦耶見之所緣，經言「唯見諸蘊」者，當知是說緣依蘊假立之我。計卽蘊離蘊爲我執所緣，皆已破故。

若有經中破除色等爲我，當知彼經，亦破薩迦耶見所緣，依蘊假立能取諸蘊之我爲有自性。以說色等非我之經，是依真實義而說故。若能取之我是無自性，則我所取之諸蘊自性亦定非有。故於色等遠離實執之貪著，亦應正理。

若將衆經互相配合，破除卽蘊離蘊爲我見之所緣，則知唯由名言增上，依蘊假立我名，安立此補特伽羅爲無我義。此不共理，是內教大乘各宗論師解釋契經密意者所未能闡發之契經密意。今以精微教理無倒揭出。依此道理，亦顯安立所餘諸法法無我義，與前無別，披露諸佛最深密意，是此論師不共深旨。諸有智者，當善學習。

巳二　縱是表詮亦非說諸蘊卽我，

卽使經說「唯見此五蘊，」是表詮門說蘊是我，然亦非說一一蘊皆是我。頌曰：

「經說五蘊是我時，是諸蘊聚非蘊體。」

經說五蘊是我時，是說諸蘊總聚爲我。非說一一蘊體皆是我。如言衆樹爲林，是說樹聚爲林，非說一一樹皆是林。此是他宗共許之喻。若謂許蘊總聚爲我者。頌曰：

「非依非調非證者，由彼無故亦非聚。」

經說我爲依怙，可調伏，爲證者。若如汝宗，則彼蘊聚非是依怙亦非可調伏，非是證者。以唯蘊聚，無實物故。故蘊聚亦非我。經說我爲依怙等，如云：「我自爲依怙，亦自爲怨家，若作善作惡，我自爲證者。」此說我爲依怙爲證者。又云：「由善調伏我，智者得生天。」此說我可調伏。

巳三　破救。

若作是念：離有聚法別無總聚，能作依怙等果，卽是有聚法。故我作依怙，可調伏，爲證者亦應道理。破曰：汝之我名，時詮蘊聚，時詮有聚諸蘊，何得如是隨意轉計，此過如前已說。復有過失，頌曰：

「爾時支聚應名車，以車與我相等故。」

若計蘊聚爲我者，爾時車之支分堆聚一處亦應名車，以車與我，於自支聚安立不安立，二者相等故。如經云：「汝墮惡見趣，於空行聚中，妄執有有情，智者遠離有，如卽攬支聚，假想立爲車，世俗立有情，應知攬諸蘊。」

辰二 依止餘經解釋蘊聚非我。

由前說道理，頌曰：

「經說依止諸蘊立，故唯蘊聚非是我。」

經說依止諸蘊假立有情，故唯蘊聚非卽是我。此以量式立云：凡依他法而立者，非唯他法支聚，依他立故，如大種所造。如以大種爲因，安立青等大種所造色與眼等根。然彼二法非唯大種相聚。 如是以蘊爲因安立爲我，說唯蘊聚亦不應理。

設作是念：若經云：「攬諸蘊聚」。雖不可說蘊聚卽是補特伽羅，然經僅云：「攬諸蘊」而無聚字，不可證明蘊聚爲安立補特伽羅之所依也。曰：不然！經舉喻云：「如卽攬支聚，」說依支聚假立爲車。又合法云：「應知攬諸蘊。」雖未明說聚字，勢必應有。故當知智者誦經之文句，而生歡喜。若謂瓶等不決定者，此亦不然，說瓶等唯色等聚亦不成故。彼亦與觀察我相同。如唯我之支聚爲不可說爲我，唯色等支聚亦不可說爲瓶等，二者相同。

辰三　破蘊聚之形狀爲我。

設作是念：唯輪等堆積猶非是車，要觳等堆積，具足特殊車形，乃名爲車。如是有情身中色等諸蘊之有形狀乃是自我。此亦不然。頌曰：

「若謂是形色乃有，汝應唯說色是我，心等諸蘊應非我，彼等非有形狀故。」

形狀唯色法乃有，汝宗應說唯色法是我，心心所等聚，應不立爲我，以心心所等非有形故。非色法故。

辰四　計蘊聚爲我出餘妨難

復有過失，頌曰：

「取者取一不應理，業與作者亦應一。」

由此取故，名能取者，卽作者我。由取此故名所取事，卽所作五蘊。言彼二爲一體不應理者，謂安立蘊聚爲我，不應道理。倘計色等蘊聚卽是我者，則作業作者皆應成一。然非汝許，以大種與所造色，瓶與陶師皆應一故。中論云：「若薪卽是火，作者業則一。」又云：「以薪與火理。說我與所取，及說瓶衣等，一切皆如是。」如不許火與薪爲一，亦不應計我與所取爲一，論說彼二相等故。設作是念；此中全無能取蘊聚之作者，唯有所取蘊聚之所作業耳。此亦不然，頌曰：

「若謂有業無作者，不然離作者無業。」

若無作者，亦無無因之業故。中論云：「如破作作者，應知取亦爾，及餘一切法，亦應如是破。」此說以破作業作者有自性之理，當知亦破受與受者是有自性。言餘法者，顯句論云：「亦破能生所生，能去所去，能見所見，能相所相，能出所出，支與有支，德與有德，能量所量等法是自有性。智者應知唯是互相觀待而有。」此中總說一切能作所作，別說能量所量非有自性，許爲觀待而有。故此觀待。當知更有不共互相觀待之理也。言取者，此中事字界「鄔跋札」，給以「羅札」字緣，猶能取故名之爲取。若離作用則亦無事。故所取能取，俱名曰取。問曰：羅札字緣，表由此取之作用，云何可說通所取業？答：如聲明論云：「枳達與羅札是多分。」謂多分雖爾，然於作業可給羅札字緣，故通所取業亦不相違。中論亦云：「我不異於取，亦不卽是取，而復非無取，亦不定是無。」此說我非異所取而有，亦非卽是所取，復非不待所取，此我亦非全無。故非無作者而有作業。勝義空經，說無作者，有業有報。當知是破有自性之作者，非破名言支分假立之我。如經廣云：「補特伽羅無明隨轉，作諸福行。」解釋正理論雖說前經於無性宗不相符合，於唯識宗極爲符順。然此宗安立補特伽羅之理，謂蘊之自性作者，名言中亦無。若名言中所有業報，則如後經所說能作業之補特伽羅，亦定許有。故不立所取卽我，立我爲彼之能取者，極爲善哉。

辰五、佛說依六界等假立爲我。

若計諸蘊積聚卽是我者，復有過失。頌曰：

「佛說依於地水火，風識空等六種界，及依眼等六觸處，假名安立以爲我，說依心心所立我，故非彼等卽是我，彼等積聚亦非我，故彼非是我執境。」

佛於父子相見經中，說依於六界，謂地水火風識界，鼻孔等空界，及依六觸處，謂眼觸處乃至意觸處，假說名我，既說依於心，心所等法假立爲我，故非彼地等任何一界卽是我。亦非彼等積聚卽立爲我，故彼諸法若總若別皆非無始傳來我執心之所緣也。經云：「大王，六界，六觸處，十八意近行，是士夫補特伽羅。」士夫與補特伽羅是異名。六界，六觸處，十八意近行之三者，是所具之法。補特伽羅是能具之人。十八意近行，謂緣六種可愛境，生六種喜受。緣六種不可愛境，生六種憂受。緣六種中庸境，生六種捨受。由憂喜捨受之力，含意於色聲等境，數數馳逐，故名意近行。

如是諸蘊既非俱生我執所緣境，離諸蘊外亦無彼之所緣。故我執所緣境非有自性。諸瑜伽師，由見我無自性故，亦知我所是無自性。卽能斷除一切有爲生死繫縛，不受後有而得涅槃。是故五蘊若總若別，及離五蘊，皆不立爲我見所緣。然善安立我見所緣補特伽羅。依此道理，便能安立補特伽羅是自性空。此觀察慧，是最利根求解脫者，至上莊嚴。於他宗中皆非有故。

入中論善顯密意疏卷十一終

入中論善顯密意疏 卷十二

宗喀巴大師造

釋第六勝義菩提心之九

卯五 明他宗無係屬

尋求我執所緣假我義，有計為五蘊，有計為唯心者。若如彼宗，則至自身有諸蘊時，卽應有補特伽羅我執生起。以計我執所緣之我義，是尋求所得而立，彼卽補特伽羅我執所依境，是有事故。頌曰：

「證無我時斷常我，不許此是我執依，故云了知無我義，永斷我執最希有。」

汝計現證補特伽羅無我時，唯斷除常我。然不許此常我、是俱生我執薩迦耶見所緣行相任何所依境。故云唯見無此常我，修習彼智，使能永斷無始傳來之我見。

噫汝此事，可謂最希有矣。

計唯見無有常我，卽能斷無始我執。當以世喻明其毫無係屬。頌曰：

「見自室壁有蛇居，云此無象除其怖，倘此亦能除蛇畏，噫嘻誠爲他所笑。」

有諸愚人，見自室壁中有蛇居住，甚可怖畏。餘人告曰，汝勿恐怖此室無象。若謂由知彼室無象，非但能除象怖，亦能除蛇畏者。噫嘻，誠爲智者所竊笑也。若有毒蛇恐怖因緣。唯因他語，由知無象，便安閒居住，不知恐怖，不作除彼恐怖之方便。則定遭蛇噬。如是僅見無如象之常我。若謂修習彼義，亦能斷除無始傳來如蛇之我執恐怖，便安閒而住者。必不能除，緣五蘊之我執薩迦耶見。故彼補特伽羅亦定不能解脫生死。此顯自他各部諸欲決擇諸法真實義者，由不知破除俱生我執所執境，而作決擇餘真實義之建立，皆徒勞無果。故知此義至爲切要。

寅三 破能依所依等三計分二，卯一 正破三計，卯二 總結諸破。今初已說我與五蘊自性一異不成，今說我蘊亦無自性更互相依。頌曰：

「於諸蘊中無有我，我中亦非有諸蘊，若有異性乃有此，無異故此唯分別。」

於諸蘊中無有自性能依之我。於我中亦非有自性能依之諸蘊。何以故？若蘊與我，有自性成就之異性，乃可有此自性成就之能依所依二種分別。然實無自性成就之他性。故此自性成就之能依所依，唯是顛倒分別之所安立。喻如世間盤酪異性，乃見能依所依。我與諸蘊，未見是事，故能依所依都無自性也。

我亦非自性有五蘊，頌曰：

「我非有色由我無，是故全無具有義，異如有牛一有色，我色俱無一異性。」

亦不許我自性有色蘊。何以故？以我與諸蘊自性一異，皆已破訖。是故我與諸蘊無自性具有義。以具有之因緣，異性者，如云：天授有牛。不異性者，如云天授有色。然我與色，俱無一性異性，故我亦非自性有色也。破自性有餘四蘊，應知亦爾。

卯二 總結諸破

今當總結以上諸破，由行相所緣顛倒數量門明薩迦耶見，頌曰：

「我非有色色非我，色中無我我無色，當知四相通諸蘊，是爲二十種我見。」

色非是我而見爲我。我非自性有色而見爲有色。我自性不在色中，色亦不在我中，而見相在。如於色蘊所說四種薩迦耶見，當知於受等四蘊，皆有四見。是爲二十種薩迦耶我見。

若謂：此加我異色蘊見，於一一蘊可作五類觀察，中論亦云：「非蘊不離蘊，此彼不相在，如來不有蘊，何處有如來。」應成二十五種我見，云何只說二十種耶？曰：二十種薩迦耶見，是經所建立。建立之理，謂薩迦耶見，若不先取五蘊，必不能起我執。故由四相緣慮諸蘊執以爲我。執離五蘊第五相爲我者，唯諸外道乃起彼執。故經不說第五聚。中論說第五異品者，當知是爲破外道而說也。

經言：「以金剛智杵，摧壞二十種薩迦耶見高山，證預流果。」此義，頌曰：

「由證無我金剛杵，摧我見山同壞者，謂依薩迦耶見山，所有如是衆高峯。」

薩迦耶見山，以我爲所緣，執有自性爲行相。未以聖金剛智杵摧壞之前，始從無始生死而有，從無明地基之所發起，日日增長煩惱巉巖，豎窮三界橫遍十方。經現證無我金剛智杵摧壞之後，與所摧我見同時摧壞者，謂依根本薩迦耶見山而住，卽前所說五蘊各有四相之二十種高峯也。釋論譯爲：「與最高峯同時壞者，當知彼等卽是高峯。」今如頌釋，謂與根本薩迦耶見同時。又俱生薩迦耶見我執，都非前說二十種見攝。故論云：「依薩迦耶見山。」謂二十種薩迦耶見高峯，依止根本薩迦耶見而住。然預流果所斷，與二十種見同時之根本薩迦耶見，亦是分別我執。彼非僅執我是有自相，且計彼執爲應正理。是依邪宗所薰之種子，爲預流所斷也。

寅四　破不一不異之實我分二，卯一　敍計，卯二　破執。今初

今爲破正量部所計實我，頌曰：

「有計不可說一異，常無常等實有我，復是六識之所識，亦是我執所緣事。」

正量部有云：「由離諸蘊無我故」之理，我與諸蘊非是異性。亦非卽蘊爲性，若是則我應有生滅故。故我與五蘊一性異性俱不可說。亦不可說我是常無常。然計彼我是實物有，以是能作二業者，與能受苦樂二果者，及是繫縛生死者，與解脫涅槃者故。復計彼我是六識之所識。亦計彼我是我執所緣事也。

卯二　破執

此計實有補特伽羅，亦不應理。頌曰：

「不許心色不可說，實物皆非不可說，若謂我是實有物，如心應非不可說。」

如不許心與色是一性異性俱不可說法，則諸實物皆非不可說者。若謂我是實物，則應如心，非是一異俱不可說也。此頌已明，不可說者定非實有。次顯假有補特伽羅，頌曰：

「如汝謂瓶非實物，則與色等不可說，我與諸蘊既叵說，故不應計自性有。」

如汝謂瓶非是獨立之實物，則計彼體與色等支分，不可說是一性異性。如是彼我，既與諸蘊，是不可說一性異性之假有。故不應計補特伽羅為自性有也。如是二頌，已破實有，成立假有。今當更述一異，為實法所依。以我非所依，破我實有。頌曰：

「汝識不許與自異，而許異於色等法，實法唯見彼一二相，離實法故我非有。」

若如汝計我實有者。如汝內識不許與自體相異，則補特伽羅亦定不異自體，卽可說爲一。又如汝識許與色等爲相異法，則補特伽羅亦可說與諸蘊相異也。凡諸實法，決定唯見彼一異二相。故我非實有，以離一異實法理故。

寅五 明假我及喻分四，卯一 明七邊無我唯依緣立如車，卯二 廣釋前未說之餘二計。卯三 釋妨難，卯四 餘名言義均得成立。今初

如上觀察實有補特伽羅，不應道理。頌曰：

「故我執依非實法，不離五蘊不卽蘊，非諸蘊依非有蘊。」

故我執所依，非有自性之實法，以觀察時，我非離蘊別有異體。諸蘊總別亦非是我。我非諸蘊之所依蘊在我中。亦非以蘊爲我所依我在蘊中。我亦非自性能有諸

蘊也。是故內教諸部，隨計假我，或計我非勝義可得。然皆不應計如上行相。頌曰：

「此依諸蘊得成立。」

此我唯依諸蘊卽得成立也。如爲不壞世俗諦故。唯許依彼因緣有此法生，然不許無因生等四邊生。如是觀察我時，其許依蘊假立我者，雖破上述有過五計。然爲使世間名言得安立故，亦許依此諸蘊假立之我。現見有名言假立之我，不可強撥爲無也。

爲顯所說假我之義，復說外喻，頌曰：

「如車不許異支分，亦非不異非有支，不依支分非支依，非唯積聚復非形。」

如不許車異自支分。亦非是一全不相異。又非自性有彼支分。自性不依支分，支分亦不依車。亦非唯支積聚。復非支分形狀。我與五蘊當知亦爾。

卯二 廣釋前未說之餘二―計分二，辰一 正義，辰二 旁通。初中又二，巳一 破計積聚爲車，巳二 破計唯形是車。今初

初五計如前說。此當別破計聚爲車與計形爲車。頌曰：

「若謂積聚即是車，散支堆積車應有。」

若謂車支積聚即是車者。則車拆散之支，堆積一處，亦應有車。前雖已破車聚爲有分。此中說者，是爲顯示所餘過失。復有過失，頌曰：

「由離有支則無支，唯形爲車亦非理。」

由離有支，則無支分，故支分亦非有。以彼諸部自許，無有支車故。若謂：彼等，許支聚爲有分，諸支爲分。亦可如是許支與有支。故彼非許無有支也。曰：無過。以自宗中，如蘊若別若總皆是所取，非能取者。如是車之支分，若零若聚亦俱安立爲支，不安立爲有支。彼等諸部不許離聚之有支，聚已破故。

頌中亦字，攝未明說之積聚。謂唯支形爲車不應道理。當知唯聚爲車，亦不應

理•

巳二　破計唯形是車

復次若汝計唯車形是車者•爲是一一支分之形耶？抑是積聚之形耶？若謂如前者，爲是不捨未成車時原有之形耶？抑是捨棄原形別有餘形耶？若謂如前，且不應理•何以故？頌曰：

「汝形各支先已有，造成車時仍如舊，如散支中無有車，車於現在亦非有。」

如汝所許，車輪等一一支分，如先未成車時所有形狀，後造成車時仍如舊者。是則如未造車前分散之支中全無有車。現在支分積聚之時車亦應非有。以汝唯以各支形狀，立爲車故。各支形狀前後無差別故。

若如第二義，謂不同先形，後生餘形以爲車者，頌曰：

「若謂現在車成時，輪等別有異形者，此應可取然非有，是故唯形非是車。」

若謂現在車成之時，輪，軸，鎋等車衆支分，方長圓等各別形狀，與未成車前別有不同者。則此各支之不同形狀，眼識應有可取。然實非有。故唯各支之形狀仍非是車。

若謂輪等支分合積之特殊形狀乃立為車，亦不應理。頌曰：

「由汝積聚無所有，彼形應非依支聚，故以無所有為依，此中云何能有形。」

若所言積聚有少實體，乃可依彼假立形狀。然所言支聚無少實體。由汝積聚都無所有無少實體。故彼形狀，應非是依支聚假立。以汝宗說，假有諸法，要以實法為所依故。汝亦許支聚是假有故。此觀察車時，云何能以都無所有無少實體者為所依事，而安立有車之形耶？此中僅說敵者計假有諸法，要以獨立實有諸法為所依事乃能假立。復許積聚與形狀，俱是假有。今若計積聚為形狀所依事，則自成相違。然亦應知，如人之形色不可安立為人，如是車之形色亦不可安立為車，以彼二法俱是車之所取故。

辰二 旁通

若謂積聚雖假有非實，然卽依彼，安立不實假有之形。頌曰：

「如汝許此假立義，如是依於不實因，能生自性不實果，當知一切生皆爾。」

如汝許此依假有積聚，安立假有形狀。如是應知依於無明與種子不實之因，能生諸行與苗芽自性不實之果。其餘一切自性不實之因果，當知皆如是生。則於無肉可食之物影假鹿，徒費百千辛勞强執實有。此復何爲？頌曰：

「有謂色等如是住，便起瓶覺亦非理。」

內教多說，如瓶之色等八微合積而住卽是瓶，故於彼上便起瓶覺。以此車喻卽能破除。故彼說亦非理。復次頌曰：

『由無生故無色等，故彼不應卽是形。』

由前已說無自性生，故色等亦無自性。由計瓶等有實法爲因，不應道理。是故瓶等，不應卽是色等之形狀差別。

卯二　釋妨難

問：若以所說七相道理，求車之假立義都非有者。則車亦應無。世間由車假立之名言，皆應斷絕。然此不應理，現見世云：取車，買車，造車等。由是世間所共許故，車定當有。曰：此過唯汝乃有。此是我爲汝所立者。汝計要觀察車假立義，乃安立車。若不觀察，不許有餘能安立車之方便。若於七相求假立義，則取車等世間名言，於汝宗中云何得有？此是論師答彼妨難。現在藏地講應成者，謂七相尋求若不得車，則不能安立車。是中觀宗之攻難。當知是以惡分別水，污此清淨宗義也。我宗則無彼過。頌曰：

『雖以七相推求彼，眞實世間皆非有，若不觀察就世間，依自支分可安立。」

雖以七相推求彼車之假立義，隨於眞實勝義，或於世間世俗，皆不得有彼車。若不觀察此車之假立義，唯就世間名言，如立靑與受等，卽可依輪等支分安立爲車。如許緣起性，亦許此車依自支分假設立故。故於我宗，取車等世間名言，無不應理。彼等亦應許此義也。此說不以推求車假立義，而安立爲車之中觀宗，許有世間名言，卽彼宗亦應許。非是難他之過，自不能免，便云我無所許也。

卯四 餘名言義均得成立

此中觀宗依世間所許，非但成立名言爲車。卽車之諸名差別，皆可不推求假設立義，唯依世間所許而自許也。頌曰：

「可爲衆生說彼車，名爲有支及有分，亦名作者與受者。」

可爲衆生宣說彼車，觀待輪等諸支名爲有支。觀待輪等諸分名爲有分。又卽彼車觀待有取輪等之作用，名爲作者。觀待所受色等事亦名受者。復有倒解佛經義者，而更倒說世間世俗，謂只有支聚，離支聚外決無有支，以異支聚之有支，不可得故。如是復說：只有分，業，所取等聚，離彼之外決無有分，作者，受者。以異彼之有分等不可得故。若如彼宗，即以彼說無有支之因，其支聚等亦皆非有。頌曰：

「莫壞世間許世俗。」

故應遮止，莫妄破壞世間共許之車等世俗也。

內教大小諸部計支聚等卽有支者，因見不以彼等立爲有支，更無異彼等之有支，便不能安立有作用之有支等，故作是計。由彼等推求有支等假立義若無可得，卽不知安立彼等。故彼不許車等唯假名安立，而計車等爲自性有。故釋論說彼等是倒解經義者。此宗則說，若支積聚，若支分離，皆非有支。然唯假名之有支等，亦善安立其作用，是爲此宗解釋經義，亦是如來不共意趣。故有智者當善學此宗解經之理。

寅六　明此建立易除邊執之功德分五，卯一　正義，卯二　釋難，卯三　車與我名法

喻相合，卯四 明許有假我之功德，卯五 明凡聖繫縛解脫所依之我。今初
此世間世俗，若以推求假立義之七相觀察，都無可得。若不觀察唯依世間共許，則皆是有。故瑜伽師，以此次第，如前觀察我及車義，速能測得真理底蘊。所以者何？頌曰：

「七相都無復何有，此有行者無所得，彼亦速入眞實義，故如是許彼成立。」

若車有自性，以七相推求，於七相中定當有所得。但瑜伽師都不能得此車是有。以七相推求都無所得，復云何可說是有自性。故瑜伽師生是定解，言車有自性，唯是由無明翳障蔽慧眼者之所妄計。其自性實無所有。卽由彼理，速易悟入真實義性。亦字攝亦不失壞世俗建立。故此中觀宗時，卽如是許彼車成立之理，謂不觀察。
釋論說：「諸善巧中觀宗者，當知前說此宗，全無過失唯有功德。決當受許。」故

當自許此無過宗，不應避過謂此無宗。

問：諸瑜伽師如前觀察，雖不見有車，然見有彼支聚，此應有自性。答：汝於燒布之灰中尋求縷線，誠屬可笑。頌曰：

卯二　釋難

「若時其車且非有，有支無故支亦無。」

若時車無自性，由有支無自性故，其支亦無自性。

若謂車拆毀時，其車輪等聚豈非可見。云何可說由無有支亦無支耶？曰：此亦不然。其執車拆散之支聚，爲車支者，是由先見彼支與車相屬，乃知輪等是車支分。餘先未見如是相屬者，則定不知。彼人却見輪等，觀待自支，而知輪等自爲有支。由彼人全不曾見輪等係屬於車，故亦不知彼等是車之支也。

復次，若車無自性，則彼支分亦無自性。當以喻明。頌曰：

「如車燒盡支亦毀，慧燒有支更無支。」

喻如火燒有支車，則諸支分亦皆燒毀。如是諸瑜伽師，若以觀察所發無所得之慧火，燒盡有支車之自性。則成爲慧火柴薪之支分，亦定不能存其自性，必爲慧火之所燒毀。

卯三　車與我名法喻相合

如爲不斷滅世俗諦故，諸瑜伽師速能悟入眞實義故，觀察車義立爲假有。頌曰：

「如是世間所共許，依止蘊界及六處，亦許我爲能取者，所取爲業此作者。」

如是由世間共許門，依止五蘊六界及六處等，亦許我爲能取者。是依彼等安立我故。如是亦可安立所取五蘊爲作業，此我爲作者。

卯四　明許有假我之功德

若安立我爲假有，則非堅不堅等邊執分別之所依，故計常無常等有自性之分別皆易遣除。頌曰：

『非有性故此非堅，亦非不堅非生滅，此亦非有常等性，一性異性均非有。』

此依諸蘊假立之我，若堅不堅皆無自性。若我爲自性不堅，則我與所取應無異性，卽所取爲我。若果爾者，則我一一刹那，應是自性各別生滅。是則前後全無係屬。又所取法應成能取。故不應理。如是若謂常住堅固，亦不應理。我若常者，應前生之我卽現在我。又前世我與現在我，所取諸蘊自性各異，則我應非一，以離所取無異體之我故。中論曰：「若五蘊是我，我卽爲生滅。」釋論云：「可知龍猛菩薩許非生滅二種差別。」此言生滅謂有自性者。

此我亦非自性有之常性等四。中論觀如來品云：「寂滅相中無，常無常等四。」又此我亦非自性有之一性異性。此等之理由，謂非有自性我故。如經云：「世間依怙說，四法無有盡，謂有情虛空，菩提心佛法。若彼法實有，寧不有窮盡，無實不可盡，故說彼無盡。」經說有情無實故無窮盡，卽此證也。

卯五　明凡聖繫縛解脫所依之我

七相推求假立我義，常無常等決定非有。若不見我是無自性，由無明力執有自性，以薩迦耶見執著我有自性，則流轉生死。頌曰：

「衆生恆緣起我執，於彼所上起我所，當知此我由愚癡，不觀世許而成立。」

推求我時。外道求我之理，由見卽蘊是我不應道理，故倒執我性異蘊。內教諸部，則見離蘊別無異我，故倒執唯蘊是我。意謂彼二必須許一也。諸正解經義者，了知前二俱無有我，而得解脫。人鬼旁生等一切衆生，恆緣我事，起我執心。及緣此我所自在事或屬我事，謂我施設所依之眼等內法，及諸外事，於彼我所上起我所執心。當知彼我，是由不觀察世間共許愚癡無知而成立，非有自性。此我雖無自性，然由愚癡無知假名爲有。諸瑜伽師，見如是我畢竟不可得。我若不可得，則彼自性我所取之眼等亦不可得。諸瑜伽師由見我我所事，都無自性可得，故解脫生死。中論云：「若內外諸法，我我所皆滅，諸取亦當滅，取滅故生滅。」

丑二　破我所有自性

云何我無自性，我所亦無自性。頌曰：

「由無作者則無業，故離我時無我所，若見我我所皆空，諸瑜伽師得解脫。」

若無作者陶師，則無作業之瓶。故我無自性，則我所亦無自性。若瑜伽師見我與我所皆自性空，修習彼義，定能解脫生死。若見色等皆無自性可得，則緣色等自性之貪等煩惱，皆當隨滅。聲聞獨覺，便能不受後有而般湼槃。諸菩薩衆，雖見無我，然由大悲增上，至未證菩提恆生三有。以是大小二乘最勝道故，諸有智者應當勤求如是無我。

子三　觀我及車亦例餘法分三，丑一　例瓶衣等法，丑二　例因果法，丑三　釋難。

今初

如我及所取，唯是假立，與觀察車相同。如是觀察餘法亦爾。頌曰：

「瓶衣帳軍林鬘樹，舍宅小車旅舍等，應知皆如衆生說，由佛不與世諍故。」

所有瓶盂，衣服，帳幕，軍隊，森林，珠鬘，樹木，舍宅，小車，旅舍等物。若以觀察車之道理，七相推求各各假立之義，俱無所得。若不觀察只就世間共許，則皆容有。如是此類諸法，應知皆如衆生言說，不加觀察唯就世間共許而有。何以故？以佛世尊不與世間起異諍故。如寶積經三律儀會云：「世與我諍，我不與世諍。」一 此說世間名言所安立者，佛亦許有。故不應違害世間所許也。世間如何安立諸法名言？頌曰：

「功德支貪相薪等，有德支貪所相火，如觀察車七相無，由餘世間共許有。」

如瓶是有支，瓦礫等是支。瓶是有德，紺青花紋等是德。貪著可愛境之有情是有貪，緣有漏可愛境增上染愛名貪。瓶是所相，鼓腹翻口長項等是瓶之能相。火是能然，薪是可然等。要依於支乃立有支，依於有支乃立名支。如是乃至火與薪等皆是相依假立。若以七相推求彼等假立之義，雖無可得。然仍可安立爲有者，當知是由世間名言而立，非以觀察實義正理而立也。

卅二 例因果法

不但支等是相待立，即因果二法亦是相待安立。頌曰：

「因能生果乃爲因，若不生果則無因，果若有因乃得生，當說何先誰從誰。」

要因能生果，彼能生法乃可爲因。若不生果，既不能生，則果應無因。果法亦要有因，乃從彼生。故因果二法亦是相待而有，非自性有。若謂因果是自性有者；汝且當說，因果二法何者居先，爲是何法由何法生。若有自性，說因在先不應道理，以於因時，要有所待果故。說果居先亦不應理，成無因故。以是當知因果唯是假立，相依而有，非自性有。如車。

復次，若謂因自性能生果者，爲與果合而生，爲不合而生？頌曰：

『若因果合而生果，一故因果應無異，不合因非因無別，離二亦無餘可計。』

汝若謂因與果合而生果。則因果力應一，如江與海合。若成一者，不能分別此法是因，彼法是果，因果無異故。復謂何法生於何法也。若謂不合而生。則所計之因與諸非因，應無能生不能生之差別，以自性各別諸法，無關係故。又計因果有自性者，能生所生離合不合二計之外，亦無餘第三類可計。故自性因定不生果。

故又頌曰：

『因不生果則無果，離果則因應無因。』

汝若轉計自性因不生果者，則果應無自性。由生果故，乃安立因爲因。若離果亦可安立因者，則應無安立因之因相。此非汝許。故因果二法非有自性。

若爾汝宗云何？頌曰：

「此二如幻我無失，世間諸法亦得有。」

若如他宗，能生所生皆有自相。則當觀察因果二法爲合不合，俱有過失。若如我宗，諸法皆由虛妄徧計增上而生，唯由名言分別假立。故因果二法如同幻事，自性不生。雖無自性，然是名言分別安立之境，如眩翳人所見毛輪。不可思維，與計因果有自性者犯過相同。故我無有所說合不合之過失。世間所許不觀察諸法，因果及車等，亦皆得有，故一切皆成。釋論此處，破因果法，於所破上加自性等簡別。是說許無自性者不犯彼過。不應不辨有自性與有之區別，專作相似之答難也。

丑三 釋難分二，寅一 難破因果過失相同，寅二 答自不同彼失。今初

此中破因果自性。他作是難：觀因生果爲合不合，汝同犯過。何則？頌曰：

「能破所破合不合，此過於汝寧非有。」
汝此能破與所破法，爲合爲破，爲不合而破？此過於汝寧非亦有。若合而破，則應成一，復謂何法破於何法。若不合而破，則一切法同是不合皆成能破。不應道理。離此二外，更無第三可計。則汝之能破都無破除所破之力。由汝能破既已被破，則因果法是有自性。頌曰：
「汝語唯壞汝自宗，故汝不能破所破。」
由汝所說之似能破，唯能壞汝自宗。故汝不能破除他宗之所破也。復次頌曰：
「自語同犯似能破，無理而謗一切法，故汝非是善士許，汝是無宗破法人。」
汝爲敵者所出過失，自語亦同犯彼過。唯以彼似能破，別無正理而毀謗一切法。故汝非是善士所許可者。何則？汝說：「若不合而生，則一切同是不合者，皆應能生。然彼不能生。」此有何正理？如磁石未合，唯能吸引可引處之鐵，不引一切不合之鐵。如眼不合，唯見可見處之色，不見一切不合之色。如是因雖不合而生果，然不遍生一切不合者，要可生之果，乃能發生。復次汝是破法人，若不立自宗唯破他宗，名破法人，汝今亦爾。

寅二 答自不同彼失分四，卯一 自宗立破應理，卯二 不同他過之理，卯三 如成無性難成有性，卯四 了知餘能破。初又分二，辰一 於名言中許破他宗，辰二 許立自宗。今初

今當解釋，頌曰：

「前說能破與所破，為合不合諸過失，誰定有宗乃有過，我無此宗故無失。」

前說能破所破，為合而破，為不合而破，所有諸過失。若誰定計有自性之宗，彼乃有過。由我無此有自性之宗，故汝所說若合不合二種過失，我定非有。以我許

能破所破俱無自性故。釋論前說：為他宗所出，因果合不合之過失。自宗不同犯之理。謂「他計因果實有自相，自許如幻都無自性。」此處說：他所出過，自宗不犯之理。謂「無自性故。」於是應知，自宗不同之理，是因自不許有自性之二品也。迴諍論云：「若我有少宗，則我有彼過，由我全無宗，故我唯無失。」此等所說之宗義，當知皆如上說。般若經云：「具壽須菩提，為以生法，得無生得。為以無生法，得無生得，須菩提言，具壽舍利弗，我不許以生法得無生得，亦不許以無生法得無生得。舍利弗言，具壽須菩提，豈無得無證耶？須菩提言，具壽舍利弗，雖有得有證，然非以二相。具壽舍利弗，若得若證唯是世間名言。預流，一來，不還，阿羅漢，獨覺，菩薩，亦唯世間名言。於勝義中無得無證。」亦不許以無生法，得無生得以上。謂推求能得所得二假立義，則得非有。故觀察時，破由二門得其所得。由二相觀察之所得，於無自性法中不應理故，唯不觀察於世間名言，許有此得。經云：「雖有得有證，然非以二相。」卽明彼義。言得者，謂證得所得。如說此二於勝義無，於名言有。如是能破雖勝義中不破所破，然名言中破於所破。

辰二　許立自宗

復次頌曰：

「如日輪有蝕等別，於影像上亦能見，日影合否皆非理，然是名言依緣生。如爲修飾面容故，影雖不實而有用，如是此因雖非實，能淨慧面亦達宗。」

如日輪與面容上所有差別，如日蝕等。汝由見影像爲緣，亦能觀見。若推求日輪面容，與彼二影像，爲相合而生，爲不合而生，雖皆不應理，然是依日輪及面容，唯由名言增上，安立有影像生。復能成辦所求之事。如爲修飾面容，影像雖非實有，然依影像亦有彼用。如是此中所說之緣起因及離一異等因，雖非有實自性，然能淸淨慧面之垢，亦能通達無自性宗。亦字顯示無自性之能破，亦能破於所破也。由二邊言論，於許唯假有者，全不應理。故依二邊若破若答，欲求中觀宗之過失，畢竟不能得便。四百論云：「有非有俱非，諸宗皆寂滅，於彼欲興難，畢竟不能申。」中論亦云：「依空問難時，若人欲有答，是則不成答，俱同於所立。」由此所說觀察能破所破爲合不合之理，當知亦能觀察能生因爲合不合而破。

清辨論師云：「中論是說能生因，非能顯因。觀合不合，是能顯因，非能生因。故我自語非似能破。」此說觀察能生因爲合不合，不能觀察能顯因等。然不成答。以此有過答覆，他必不忍。如計能生因實有犯過，則計能顯因有自性亦犯過故。又清辨論師，爲成立中論所說無自性宗故，自安立因。他舉能破。釋彼難時，僅答似破。此唯是他人之所破。凡許有自性者，若能生因若能顯因，俱犯合不合之過失。若不許有自性，則無彼過。故唯吾人之答覆，最爲端嚴。

卯二　不同他過之理

復次頌曰：

「若能了因是實有，及所了宗有自性，則可配此合等理，非鹵故汝唐劬勞。」

若計能了宗之因是實有，及所了之宗是有自性，則可配此能破之理，推求能立與所立，爲合而立，抑不合而立。由彼自性都無所有。汝將不淨宗之過失，推於淨宗。是於我等，唐設劬勞，都無所益。如破眩翳人所見髮等，一性多性圓形黑色等宗，於無翳人都無妨害。如是觀察無自性之因果，汝執二邊而破，亦無妨難。故彼所立眼與磁石等喻，雖不相合而有作用。亦應破除。以計有自性，亦必同犯合不合之過故。汝今棄捨無自性之直途，愛著惡分別之斜徑。分別肊造，障蔽真道。汝何用此大劬勞爲。

卯三　如成無性難成有性

復次頌曰：

「易達諸法無自性，難使他知有自性，汝復以惡分別網，何爲於此惱世間。」

如中觀師，能以敵者所許幻夢等喻，極易令他了達世間一切諸法皆無自性。汝則不能使中觀師，了達諸法皆有自性。以無共許實有喻故。此說成立無實之緣起因等，若於同喻上，未能了解，凡是緣起決定無實。則於有法上更無正量，能了解無實也。由是當知，我能破除諸實事師一切妨難。誰亦不能作合法之解答。是誰差汝損惱世間，諸世間人，如蠶作繭，已爲煩惱惡分別繭之所纏縛。汝今何爲復於其上，更以惡分別絲結爲堅網，周匝遍繞。故應棄此實執妄諍。一切虛妄如同影像之法上，寧有自性成就之自相，共相，現量，比量耶？此中現證一切所知者，唯一現量，謂一切智智。

卯四 了知餘能破

復次頌曰：

「了知上述餘破已，重破外答合等難，云何而是破法人，由此當知餘能破。」

前安立緣起，如依種子而有芽生。及安立假設，如依諸蘊，假設補特伽羅時。破實事宗所餘之能破，謂卽上說，因爲合而生果，爲不合而生果。亦當了知此能破，觀察因果，合不合生。外人爲答此妨難故，反觀能破爲合不合。則於爾時，當重破彼，謂彼觀察，於自不同。上文所說亦僅一例耳。又中論中所有立破，皆爲遣除實執分別。我於「異生皆被分別縛」時，已廣說故。中論寧有破法之過。其破法者是恐安立自宗犯過，唯破他宗故。我今此中亦非勝義破除他宗，以勝義中全無法故。故我寧有破法之過。若人不立自宗，而許勝義破除他宗，是破法人相。諸中觀師誰於名言不立自宗，誰於勝義而許破他。二俱非有。故中觀師亦無破法人。故彼破法人相畢竟非理。如是前說能破之餘義，卽由此無間所說，而當了知。

始從：「彼非彼生豈從他。」至：「觀緣速當得解脫。」明法無我。次從：「慧見煩惱諸過患，」直至此頌。明人無我。

入中論善顯密意疏卷十二終

入中論善顯密意疏 卷十三

宗喀巴大師造

釋第六勝義菩提心之十。

壬三 說彼所成空性之差別 分二，癸一 略標空性之差別，癸二 廣釋彼差別義

。今初：

今爲宣說空性差別，頌曰：

「無我爲度生，由人法分二，佛復依所化，分別說多種。

如是廣宣說，十六空性已，復略說爲四，亦許是大乘。」

諸法無自性之無我，佛說爲二，謂人無我，及法無我。此二分別之理，非由人法上所無之我，有所不同故分爲二。以所無之我，同是有自性故。是由所依有法，有蘊等法與補特伽羅之差別而分也。何故宣說彼二？爲度二乘衆生解脫生死故，說人無我。爲度菩薩衆生得一切種智故。說二無我。如前所說聲聞獨覺，雖亦能

見緣起寔性，然彼不能由無量門，經無量功，圓滿修習法無我義。僅有斷除三界煩惱種子之方便。亦可說彼等圓滿修習補特伽羅無自性之人無我。雖無以無邊道理破除補特伽羅實有之智慧。然圓滿修煩惱種子之對治。未圓滿修所知障之對治。

如是二種無我，世尊復依所化種種意樂，分別說爲多種。如般若經中，已廣宣說十六空性之差別，復略說爲四種。亦許彼等卽是大乘。如是略分爲二，中分爲四，廣分爲十六種。如經云：「復次善現，菩薩摩訶薩大乘相者。謂內空，外空，內外空，空空，大空，勝義空，有爲空，無爲空，畢竟空（藏文爲離邊空）無際空，無散空，本性空，一切法空，自相空。不可得空，無性自性空」。廣說十六空已，復說四空。如云「復次善現，有性由有性空，無性由無性空，自性由自性空，他性由他性空。」又說此諸空性，名爲大乘。若空不空，都無少許自性。如是空性行相各別，唯約世俗而說。如中論云：「若有不空性，則應有空法，寔無不空法，何得有空法。空則不可說，非空不可說，共不共叵說，但以假名說。」

前數句明有自性品皆不可說。末句明可說世俗假有。

癸二 廣釋彼差別義，分二，子一 廣釋十六空，子二 廣釋四空。初又分四，丑一 釋內空等四空，丑二 釋大空等四空，丑三 釋畢竟空等四空，丑四 釋一切法等四空。初又分二，寅一 釋內空，寅二 釋餘三空。初又分二，卯一 正義，卯二 兼明所許本性。今初：

「由本性爾故，眼由眼性空，如是耳鼻舌，身及意亦爾。
非常非壞故，眼等六內法，所有無自性，是名爲內空。」

眼等六內法無自性，是爲內空。此復眼由眼自性空。以眼之本性卽自性空故。如眼所說，耳鼻舌身意，當知亦爾。如是空之理由，謂眼等諸法，於勝義中非常非壞故。此中跋曹譯爲：「此中非常，謂不捨本性，此復暫住卽滅，非全壞故。此謂若法有自性，定非常住，及非壞滅」。此譯錯誤。若如是者，因應遍於宗異品故。拏錯譯爲：「若法有自性，則應是常，或永失壞」。極爲善哉。故前譯爲遮詞，定有誤也。疏中將頌譯爲：「由是常住性，及非不壞故」。解曰：「若眼等有自性，自性無變無壞，彼等亦應無變無壞。然彼不爾。故彼等法皆無自性」。亦不應理。若如是者，言應無壞，則成有壞。經說非壞，則成相違。又：「此中非常，謂不捨本性」句，應如挐錯所譯：「常謂不壞之性」。若謂旣破常住，則眼等法本位暫住，後卽壞滅，當是實有。爲破此執，故云非壞。總謂若常無常皆非寔有。二萬光明論，更有異解，諸法本性，如中論云：「性從因緣出，是事則不然，性從因緣出，卽名爲作法。性若有作者，云何有此義，性名爲無作，不待異法成」。

卯二　兼明所許本性

龍猛菩薩論中，所說不從因緣生之本性，如是本性是菩薩所許否？曰：如薄伽梵說：「諸佛出世若不出世，諸法法性，恆常安住」。所說法性可許是有。此法性爲何等？曰：卽眼等之本性。眼等本性爲何？曰：卽眼等之不造作，不待因緣，唯是離無明翳之淨慧所通達性。有計此論師不許勝義與法性者，及計離無明染全無智者，此文已善破訖。

有此法性耶？曰：誰云此無。若無此性，則諸菩薩復爲何義，修學波羅蜜多道。謂若無勝義諦，則無由通達彼諦而到究竟。若無究竟，則修彼道徒勞無益。然諸菩薩，實爲通達法性與到究竟故，而勤修習百千難行。此卽顯示，若計法性勝義諦都非任何智慧之境，而復修學無量難行，乃最鈍根。此如寶雲經云：「善男子，當知勝義，不生，不滅，不住，不來，不去。非諸文字所能詮表，非諸文字所能解說，非諸戲論所能覺了。善男子，當知勝義不可言說，唯是聖智各別內證。善男子，當知勝義，若佛出世若不出世，爲何義故，諸菩薩衆，剃除鬚髮，被著法服，知家非家，正信出家。既出家已復爲證得此法性故，勤發精進如救頭然，安住不壞。善男子，若無勝義，則修梵行徒勞無益。諸佛出世亦無有益。由有勝義，故諸菩薩，名勝義善巧」。不可言說與非諸戲論所能覺了者，是說如無分別智親見勝義，言說分別不能覺了。非說全不能知。既無勝義諦有諸妨難，則反顯爲有。前文亦說是有。故妄分判無與非有之差別。是自顯智慧太薄弱也。跋曹譯，本多作「若佛出世若不出世。爲何義故」。夆錯譯本則作：「若佛出世若不出世，勝義不失」。與釋論前文引經，「若佛出世若不出世，諸法法性恆常安住」。極相符順，故爲善哉。

外曰：嗚呼噫嘻！既不許少法是有自性，忽許無所造作，不待他成之本性。汝誠可謂自相矛盾者。答曰：是汝未了中論意趣。此中意趣，謂若愚夫所取眼等緣起性，即眼等之本性實際。由顚倒心亦能現證彼本性故，則修梵行徒勞無益。由此眼等緣起性，非本性故。爲證彼性而修梵行。所破自性，是破眼等即是實際。所許自性，是許眼等之法性爲本性。故破諸法性有自性，與許諸法之法性本性，全不相違。如是法性，亦是依世俗諦唯名言有，說爲無所造作，不待他成。說愚夫通常心不能見之法性，名爲本性。甚爲應理。唯許此世俗有，非是勝義有事亦非真實之無事。以彼即是自性寂滅故。非但龍猛菩薩自許有此法性本性，亦能令敵者許有此義。故辯論究竟，即立此本性爲自他共許也。

有計熱等爲火等本性者。畢竟非理。以熱等是緣生性，是造作故，待因緣而生故。則說眼等本性，無所造作，不待因緣，皆不應理。次跋曹譯云：「言彼中者，謂無勝執法故，於世俗中明如是行相義故」。拏錯譯云：「此中謂無勝執性故，於世俗中，如義成立故」。譯爲「此中謂」較爲妥善。餘義：謂無實執所著之境事，於世俗中則明有造作及觀待他之行相義故。

由此所說龍猛菩薩許有本性。則法界讚中：「盡其佛所說，顯示空性經，皆爲滅煩惱，非失壞此界」。說顯示空性之經，唯是滅壞實執煩惱之所緣，非說失壞破彼所緣而顯之空如來界。亦可了知。

此言眼等由眼等空者，是顯眼等由自性空。非說眼等由離作者我故空，如聲聞部計。亦非如唯識，謂眼由異體二取空。計眼等自性不空。由此一法無彼一法，說名空性。

寅三　釋餘三空

「由本性爾故，色由色性空，聲香味及觸，并諸法亦爾，色等無自性，是名爲外空。」

相續不攝之色等六境，由自性空之無自性，名爲外空。外色由色自性空，卽彼色之本性故。聲香味觸法，性空之理，當知亦爾。此空及餘空，經說：「非常非壞」。如前內空時所說，應當了知。又頌曰：

『二分無自性，是名內外空。』

內識相續所攝之根依處，由是識相續所攝，諸根不攝，故是內外法，此法之無自性，名內外空。餘義如上。又頌曰：

『諸法無自性，智者說名空，復說此空性，由空自性空，空性之空性，卽說名空空，爲除執法者，執空故宣說』。

內外諸法，如前所說是無自性。善巧真理之智者，說名空性本性。內外諸法之本性空性，復說由空性之自性或實有而空。如是所依空性上之空性，卽說名空空。說空性由實有而空者。是爲遣除執實法者，執空性法性爲實有之妄執。故般若經宣說空空。出世讚亦云：「爲除諸分別，故說甘露空，若復執著空，佛說極可呵」。有說唯遣除寔法，名勝義諦，然執彼爲實有。有說非唯遣除所故，要如靑黃各自成就，乃是法性，復是實有。此文卽說彼二種執，俱是佛所呵責也。

丑二　釋大空等四空

『由能遍一切，情器世間故，無量喩無邊，故方名爲大。』

離東西等方，别無情器世間。由方能遍一切情器世間故。又修慈等四無量時，緣十方所遍一切有情而修。由所緣門立爲無量故。喻如十方無有限量，如是修行亦無邊際，無有限量。故十方名大。又頌曰：

『如是十方處，由十方性空，是名爲大空，爲除大執說。』

如是東西等十方，卽由十方自性空，此名大空。是爲遣除執諸方大爲有自性之大執而說。邪執諸方者。如勝論外道，執方爲常住寔法。又頌曰：

「由是勝所爲，涅槃名勝義，彼由彼性空，說名勝義空，爲除執法者，執涅槃實有，故知勝義者，宣說勝義空。」

勝義之義字，有於所爲說名義者，如云：「此中有義」。有於所知說名義者，如云：「五義」。此中是說涅槃法身。涅槃是此勝所爲故。卽此法身，由自性空，名勝義空。是爲遣除執寔法者，妄執涅槃法身爲寔有之妄執。故了知勝義之佛陀，說勝義空。又頌曰：

「三界從緣生，故說名有爲，彼由彼性空，說名有爲空。」

由從緣生，故說三界名爲有爲。卽彼三界由彼自性空，說名有爲空。又頌曰：

「若無生住滅，是法名無爲。彼由彼性空，說名無爲空。」

若法無有生，住，異，滅，是名無爲。卽彼無爲由彼自性空，說名無爲空。

丑三　釋畢竟空等四空

「若法無究竟，說名爲畢竟，彼由彼性空，是爲畢竟空。」

若執常斷一邊，卽墮險處，說名究竟。非執無爲法常，與阿羅漢斷絕業力生死相續，亦爲究竟。故當分別，所治品險處之常斷，與常斷之差別也。若於何法，墮邊執見之常斷二邊，都不可得。卽說名畢竟。卽彼畢竟由畢竟自性空，是爲畢竟空。如三摩地王經云：「斷除有無與淨不淨二邊，亦不住中間」。斷除二邊執中間實有。爲除彼執故說此空。如唯識師遠離自宗所說常斷二邊，許彼中道以爲實有。又頌曰：

「由無初後際，故說此生死，名無初後際，三有無去來，

如夢自性離，故大論說破，名爲無初際，及無後際空」。

如云：此前非有，自此乃有。是爲初際。如云：此後便無。是爲後際。由生死無彼二際，故說生死名曰無際。卽彼三有無自性往來，猶如夢事，由彼三有自性遠離。故般若大論，說彼名爲無初後際空。又頌曰：

「散謂有可放，及有可棄捨，無散謂無放，都無可棄捨，

卽彼無散法，由無散性空，由本性爾故，說名無散空」。

散謂有放自棄，無散謂無可捨者。以彼自體，任於何時都無可棄。卽不可棄捨之大乘。彼無散法，由無散自性空之空性，說名無散空。以彼空性，卽無散法之本性故。又頌曰：

「有爲等法性，都非諸聲聞，獨覺與菩薩，如來之所作。

故有爲等性，說名爲本性，彼由彼性空，是爲本性空」。

有爲等之法性，說名本性。以彼有爲等之法性，都非聲聞獨覺菩薩如來所作。本來如是安住故。卽彼本性由本性自性空，是爲本性空。問：於空空時豈非亦說此義。曰：前所說者，是爲破執內外諸法空性，由是理智所成，計爲實有。此中說者，是爲破執都非由他所作之本性，而爲實有。故無重複之失。若能了知，於法

性上雖有此二疑難，然能破塞有，都不相違。則計勝義諦，都非任何智慧所能通達之邪分別，皆可息滅也。

丑四 釋一切法空等四空分三，寅一 一切法空，寅二 自相空，寅三 不可得空與無性自性空。今初

「十八界六觸，彼所生六受，若有色無色，有爲無爲法。

如是一切法，由彼性離空」。

一切法，謂眼等所依六根界，眼識等能依六識界，色等所緣六境界。眼觸乃至意觸等六觸，六觸爲緣所生六受，及有色無色，有爲無爲等諸法。如是一切法，即由彼自性遠離而空。是爲一切法空。

寅二 自相空分三，卯一 略標，卯二 廣釋，卯三 總結。今初：

「變礙等無性，是爲自相空」。

色蘊自相謂有變碍。等字等取乃至一切種智。一切染淨種法各各自相。此等無自性，是爲自相空。

寅三 廣釋分三，辰一 因法自相，辰二 道法自性，辰三 果法自相。今初。

「色相謂變礙，受是領納性，想謂能取像，行即能造作，
各別了知境，是爲識自相。蘊自相謂苦，界性如毒蛇。
佛說十二處，是衆苦生門。所有緣起法，以和合爲相」。

何爲色等之自相？謂變碍是色自相。如經云：「諸苾芻，由有變碍，名色取蘊」。此諸自相，是舉能表各各本性者，非說各別定義。受是苦樂捨三種領納性。想則能取青黃等外像，與苦樂等內像。像爲形狀分齊。行即造作，謂除四蘊諸餘有爲。各別了知色聲等境，是識自相。五蘊之自相謂苦。諸界之自相體性，謂能令有情攝取生死，如同毒蛇捉持於他而作損害。佛說十二處能生衆苦，是苦生門。此三約生死中之蘊界處而說。緣起之自相，謂因緣和合。

辰二 道法自相

「施度謂能捨，戒相無熱惱，忍相謂不恚，精進性無罪，
靜慮相能攝，般若相無着，六波羅蜜多，經說相如是。
四靜慮無量，及餘無色定，正覺說彼等，自相爲無瞋。
三十七覺分，自相能出離，空由無所得，遠離爲自相，
無相爲寂滅，第三相謂苦，無癡八解脫，相謂能解脫」。

布施波羅蜜多自相，謂身，財，善根，皆能放捨之心。尸羅自相，謂無煩惱之熱惱，獲得清涼。忍辱自相，謂不瞋恚。卽能忍耐心。精進自相，謂攝持無罪善法勇悍爲性。靜慮自相，謂爲攝一切善法故，於善所緣心一境性。般若自相，爲不貪著。爲趣涅槃，於任何法都不貪著，破寔執故。上來所述六波羅蜜多之自相，是經中作如是說也。初靜慮等四種靜慮，慈無量等四種無量，及餘空無邊處等四

無色定。正覺佛陀，說彼等之自相，爲無瞋恚。由離瞋恚乃能得故。三十七菩提分法之自相，謂能獲得出離解脫。空解脫門之自相，謂寔執所得諸分別垢不能染故，以遠離爲自相。無相解脫門，由相不可得故。寂滅爲相。第三無願解脫門之自相，謂於行苦性正觀爲苦，更不希願三有盛事。及以真寔慧，觀察諸行本性。於出世果位，亦不執爲寔有，而生希願。故以苦及無癡爲相。八解脫之自相，謂能解脫諸等至障。八解脫，謂內有色想觀外色解脫，內無色想觀外色解脫。此二是變化障對治。釋論本多將第二，作內有色想，文有悞失。淨解脫第四靜慮相是爲第三。此是樂變淨色，不樂變不淨色雜染心之對治。現法樂住之道有二，一住順解脫道，謂四無色等至解脫。二住寂滅道，謂想受滅等至解脫。

辰三　果法自相

「經說善決擇，是十力本性。大師四無畏，本性爲堅定，
四無礙解相，謂辯等無竭。與衆生利益，是名爲大慈。

救護諸苦惱，則是大悲心。喜相謂極喜。捨相名無雜。

許佛不共法，共有十八種，由彼不可奪，不奪爲自相。

一切種智智，現見爲自相。餘智唯少分，不許名現見」。

下文所說之十力，當知以善決擇爲自相。由善決擇諸境，於諸境上無礙而轉，故名爲力。自稱於一切所知成正等覺。自稱我已永盡諸漏并諸習氣。自稱我說貪是是障解脫法。自稱我說勤修地道能盡衆苦。不見有一人，能依法立難，謂非如等。佛此四無所畏，以極堅定性爲自相。任何敵者不能動故。法義詞辯諸無礙解，以辯等無竭無盡爲相。與諸衆生利益安樂，是大慈相。救護一切苦惱有情，是大悲相。大喜以極歡喜爲相。大捨謂於此不貪，於彼不瞋，遠離貪瞋無雜爲相。許佛不共法有十八種，以不被他奪爲自相。由佛無有不共法之所治品誤失等事。無隙可乘，不能映奪，不能屈伏故。十八不共法，有三六聚。身常無誤失，語無粗暴音，意無忘失念，無不定心，生死涅槃無種種想，無不擇捨。是初六聚。志欲，精進，意念，等持，般若，解脫，皆無退失。是第二六聚。一切事業，語業，意業，智爲前導隨智而轉。於過去世，未來世，現在世，無著無礙正智見轉。是第三六聚。不共之訓詁。謂彼諸法，唯佛身乃有，餘身非有，故身不共。此等廣釋，如釋論中引陀羅尼自在王請問經，應當了知。一切種智智，以現見一切所知爲自相。一切餘智，唯於少分境轉，故不許爲現見一切所知也。如是所說，從色乃至一切種智所有諸相。唯是能表彼諸法之自體。與所破之自相。有大差別。

卯三 總結。

「若有爲自相，及無爲自相，彼由彼性空，是爲自相空」。

若有爲法之自相，及無爲法之自相。彼等自相即由彼自性空，是爲自相空。

寅三 不可得空與無性自性空

「現在此不住，去來皆非有，彼中都無得，說名不可得。

即彼不可得，由彼自性離，非常亦非壞，是不可得空。」

此現在法，自生以後不能安住。過去已生，其生已滅。未來當生，現未尙生。故三世中皆非是有。已生，當生，及現在法，如其次第於已滅時，未生時，及自生以後，都無可得。故說名不可得。彼不可得，由彼自性遠離，非常非壞，故名不可得空。頌曰：

「諸法從緣生，無有和合性，和合由彼空，是爲無性空。」

諸法由是因緣生故，無有因緣和合所生之自性。卽說彼等名曰無性。此和合生法，由自性空。是爲無性自性空。

如是所說之十六空。非因破除實執之正理不同而分。以彼一切，皆由非常非壞之正理，而成立故。亦非由一補特伽羅，成立無實而分。以於眼等內法之上，若以正量成立爲無實。則觀餘法時，不須更立別因，卽依自因便能斷疑故。以是當知是依一補特伽羅，及依於各別法實執偏盛之各別補特伽羅而分也。

「應知有性言，是總說五蘊，彼由彼性空，說名有性空。」

應知有性空之有性言，是說五蘊。非分別說，是總略而說。卽破五蘊，由彼自性空，經說名有性空。頌曰：

「總言無性者，是說無爲法，彼由無性空，名爲無性空。」

若不分別總言無性者，是說虛空與涅槃等諸無爲法。卽彼無爲法，由無性之自性空，名爲無性空。頌曰：

「自性無有性，說名自性空，此性非所作，故說名自性」。

言自性者謂諸法之本性。由此自性非聲聞等所作，諸法本性如是住故。由此法性自性，無有自性，說名自性空。頌曰：

「若諸佛出世，若佛不出世，一切法空性，說名爲他性。

實際與眞如，是爲他性空，般若波羅蜜，廣作如是說。」

若諸佛出現世間，若佛不出世間，一切法之自性空，卽說名爲他性。他性梵語，可通三義，謂勝，他，彼岸。初謂勝真實義。殊勝之義，謂常不違越真實義之自相。第二他者。謂除世間，是他出世無分別智。性謂此智所證。第三彼岸所有，名爲他性。由超出生死，故名彼岸，卽是實際。此中際者謂永盡生死之涅槃。由不改變真寔義之自相，故名真如。卽此他性，由他性之自性故空，是爲他性空。自性空等前雖已說，此中復說亦無重複之過。以此是依中分而說。此後二空，廣中二時數數宣說者，因有疑云：若許法性是諸法本性，常時而有，是無分別智之所量，則應實有。爲除彼疑而說，故不相違。

此中所說空性之差別，與空性之道理，是如般若波羅蜜多經中廣作如是宣說也。

庚四　結述此地功德

今當宣說信解般若波羅蜜多菩薩不共功德，結述般若波羅蜜多品。頌曰：

「如是慧光放光明，遍達三有本無生，如觀掌中菴摩勒，由名言諦入滅定」。

此地菩薩以如前所說行相如是觀察，發生慧慧光，放大光明，灼破障蔽見真實義所有黑闇。遍達三有本來自性無生。如觀掌中菴摩勒果。復以名言世俗諦力，入滅盡定。如是雖能入滅盡定，然不棄捨救衆生心。頌曰：

「雖常具足滅定心，然恆悲念苦衆生，此上復能以慧力，
勝過聲聞及獨覺。」

第六地菩薩雖常具足滅定光明意樂，然於無依苦惱衆生，悲心轉增。由是當知此菩薩之加行，是生死攝。意樂則是涅槃所攝。又此第六地菩薩，從此以上復能以智慧之力，勝過一切如來語生之聲聞，及中佛獨覺。又頌曰：

「世俗眞實廣白翼，鵝王引導衆生鵝，復承善力風雲勢，
飛度諸佛德海岸」。

第六地菩薩猶如鵝王，成就世俗廣大道次第，與真寔義甚深道次第。如同雙翼，潔白豐廣。引導所化衆生猶如羣鵝。復承往昔所修善根之力，勢如風雲。卽能飛度諸薩功德大海之彼岸也。是故欲學此菩薩者，亦須具備二種道次第之雙翅。若全無翅，或僅一翅。安能成飛，故不應自滿。當修具足方便智慧二品之道，而趣佛地。

釋第七勝義菩提心

巳三 釋遠行等四地分四，庚一 第七地，庚二 第八地，庚三 第九地，庚四 第十地。今初。

「此遠行地於滅定，刹那刹那能起入，亦善熾然方便度」。

住第七遠行地菩薩，於第六地所得滅定，此時刹那刹那能入能起。入滅定者謂入寔際。此說真如名爲滅定。以聖根本定時，能於此真如，滅盡一切戲論相故。如十地經云：「佛子！菩薩從第六地來，能入滅定。今住此定，能念念入，亦念念起，而不作證」。又此地中方便善巧波羅蜜多亦善熾然，最極清淨。清淨之理，如前諸地所說道理應當了知。唯由般若波羅蜜多行相差別，安立後四波羅蜜多。以擇法時，卽是慧度，非餘相故。安立爲方便善巧波羅蜜多之方便善巧，菩薩地中說二六種，初謂依內修證佛法六種方便善巧，一者菩薩，於諸有情悲心俱行顧戀不捨。二者菩薩，於一切行如是遍知。三者菩薩，恒於無上正等菩提所有妙智，深心欣樂。四者菩薩，顧戀有情爲依止故，不捨生死。五者菩薩，於一切行如實遍知爲依止故，輪轉生死而心不染。六者菩薩，欣樂佛智爲依止故，熾然精進。次謂依外成熟有情六種方便善巧，一者菩薩方便善巧，能令有情以少善根感無量果。二者菩薩方便善巧，能令有情少用功力引攝廣大無量善根。三者菩薩方便善巧，於佛聖教憎背有情，除其恚惱。四者菩薩方便善巧，於佛聖教處中有情，令其趣入。五者菩薩方便善巧，於佛聖教已趣入者，令其成熟。六者菩薩方便善巧，於佛聖教已成熟者，令得解脫。共有十二方便善巧。

釋第八勝義菩提心

庚二 第八地分二，辛一 明此地願增勝及起滅定之相，辛二 永盡一切煩惱，辛三 證得十種自在。今初

數求勝前善根故，大士當得不退轉，入於第八不動地，
此地大願極清淨，諸佛勸導起滅定」。

第七地菩薩，數數爲求勝前善根故，當得不退轉入第八不動地。此地勝過七地以下衆善之理，如十地經云：「佛子！譬如乘船欲入大海，未至於海，多用功力排牽而去。若至海已但隨風去，不假人力。以至大海一日所行，視未至時，設經百歲亦不能及。佛子，菩薩摩訶薩亦復如是。積集廣大善根資糧，乘大乘船，到菩薩行海，於一念頃以無功用智，入一切智智境界。本有功用行，經於無量百千萬億那由他劫，所不能及」。此中未到大海。喻七地以下。到大海已，喻得八地所

行之道，昔生第一出世心時，廣發百萬阿僧祇等十種大願。至此地中皆得清淨，故此地中願波羅蜜多最爲增上。又立此地名童真地，第九地時名法王子位。第十地時得佛灌頂，如轉輪王。又不動地入法性滅定時，諸佛勸導令起滅定。如十地經云：「佛子！此住不動地菩薩，由本願力故，住此法門流。諸佛世尊，與彼起如來智。作如是言：善哉善哉！善男子！此勝義忍隨順佛法。然善男子，我等所有十力四無畏等不共佛法，汝今未得，汝應爲欲成就此法，勤加精進。勿復放棄如此忍門。又善男子，汝雖得是寂滅解脫，然諸凡夫未能證得，種種煩惱常現在前，種種尋伺常相侵害。汝得愍念如是衆生。又善男子，汝當憶念本所誓願，普大饒益一切衆生，皆令得入不可思議智慧之門，又善男子，此諸法法性，若佛出世若不出世，法界常住，所謂一切法空無所得。諸佛不以得此法故名爲如來。一切聲聞獨覺，亦皆得此無分別法性」。又云：「若諸佛世尊，不與此菩薩起一切智智門者，彼時卽入究竟涅槃。棄捨一切利衆生事」。此說八地菩薩於無分別智獲得自在住彼定時，勸令起定。爲得諸佛十力等因，於後得位修集資糧，卽二乘人亦得親證法性之無分別智。有說通達真實義已，不須修餘資糧，可專修真實義者。是愚人妄說也。

辛二　永盡一切煩惱。

「淨慧諸過不共故，八地滅垢及根本，已盡煩惱三界師，不能得佛無邊德。」

八地菩薩爲諸佛勸起滅定已，由無著淨智與貪等煩惱不共存故。八地菩薩無分別智。如同日光。其如黑暗，三界所行能招生死諸煩惱垢，及彼根本種子，皆悉消滅。如是菩薩雖已永盡一切煩惱，成爲三界之師範。然當其盡煩惱時，猶不能得諸佛無量無邊如同虛空之功德。爲求證得彼功德故。八地菩薩，更當勤加精進也。

如何得知此地菩薩已盡一切煩惱？十地經說：「彼時卽入究竟涅槃」。故知此地已離三界欲。若未離欲，定不能證究竟涅槃故。

辛三　證得十種自在

此地菩薩，已離三界欲，則生死永滅。如何能圓滿一切成佛之因耶？頌曰：

「滅生而得十自在，於三有普現身。」

此八地菩薩，既已永滅由煩惱業力流轉生死。當其證此地時，卽得智自在等十種自在。故此菩薩，能如勝鬘經說受意生身，普於三有一切衆生之前，現種種身。故此菩薩圓滿資糧，都不相違。十自在者，一得壽自在，於不可說不可說刧加持壽量故。二得心自在，已於無量無數等持，智觀入故。三得財自在，已能示現一切世界無量莊嚴具，莊飾加持故。四得業自在，應時能現，業果加持故。五得生自在，於一切世界示現受生故。六得願自在，於隨所欲佛刹時分，示現成佛故。七得勝解自在，已能示現一切世界佛充滿故。八得神通自在，諸佛刹中皆能示現神通遊戲故。九得智自在，已能示現，佛力，無畏，不共佛法，相好，正等覺故。十得法自在，已能示現無邊無中，法門明故。如十地經廣說。

庚三　第九地

「第九圓淨一切力，亦得淨德無礙解。」

第九地菩薩，一切力波羅蜜多中得圓滿清淨。力波羅蜜多中說有力。如十經云：「得善住意樂力，遠離一切煩惱現行故。得善住增上意樂力，不離於道故。得善住大悲力，不捨利益有情事故。得善住大慈力，能救一切諸世間故。得善住總持力，無忘失法故。得善住辯才力，於一切佛法選擇分別得善巧故。得善住神通力，於無邊際諸世界中，行善差別處得善巧故。得善住大願力，不捨一切菩薩所作故。得善住到彼岸力，普集一切諸法故。得善住如來加特力，一切種一切智智現在前故」。（原論轉引莊嚴能仁密意論中經文，條文有悞，今依經改正。）如已圓滿力波羅蜜多，如是亦得四無礙解清淨功德。所謂法，義，詞，辯四無礙解。釋論云：「以法無礙解，了知一切諸法自相。以義無礙解，了知一切諸法差別。以詞無礙解，善能無雜演說諸法。以辯無礙解，能知諸法次等相續無間斷性。」餘處則說：法謂了知諸法異名。義謂了知所詮諸義。詞謂了知訓詁。辯謂辯說無盡。

釋第十勝義菩提心

庚四 第十地

「十地從於十方佛，得妙灌頂智增上，佛子任運澍法雨，生長衆善如大雲。」

十地菩薩，從十方諸佛，得大光明勝妙灌頂。謂此菩薩證得百萬阿僧祇三摩地已，最後名爲一切智智最勝灌頂大三摩地而現在前。此三摩地纔現前時，有大寶王蓮花出現。其花量等百萬三千大千世界。以滿百萬三千大千世界極微塵數蓮花而爲眷屬。菩薩身相，與其蓮花，正等相稱。此三摩地現在前故。示坐寶王蓮花座上。適坐已。十方一切佛剎諸佛衆會，皆從眉間白毫相中，出大光明。入此菩薩而爲灌頂。廣如十地經說。又此菩薩，十波羅蜜多中，智波羅蜜多，最爲增上。智波羅蜜多與慧波羅蜜多之差別。如菩薩地云：「於一切法如寔安立清淨妙智，當知名智波羅蜜多。今於此中，能取勝義無分別轉清淨妙慧，當知名慧波羅蜜多。能取世俗有分別轉清淨妙智，當知名智波羅蜜多。如是名爲二種差別」。如雲降雨，生長世間一切稼穡。如是十地菩薩，亦爲生長所化衆生善根稼穡，任運澍霈法雨。是故此地名法雲地。

入中論善顯密意疏卷十三終

入中論善顯密意疏 卷十四

宗喀巴大師造

戊三 明十地功德分二，已一 明初地功德，已二 明二地至七地功德，已三 明三淨地功德。今初

「菩薩時能見百佛，得佛加持亦能知，此時住壽經百劫，亦能正入前後際，智能入起百三昧，能動能照百世界，神通教化百有情，復能往遊百佛土，能正思擇百法門，佛子自身現百身，一一身有百菩薩，莊嚴圍繞爲眷屬。」

菩薩發勝義菩提心得初地時。一剎那頃，能見百佛，得彼百佛加持皆能了知。又住初地時，能住壽百劫，亦能正入前際後際各至百劫。此義謂智見能入前際後際百劫之事。又此大智菩薩，能入起百三摩地。又能動百世界，及能照百世界。又

此菩薩能以神通教化成熟百有情，復能往遊百佛世界。又能正思擇百種法門。又此佛子，自身復能示現百身。於一一身有百菩薩莊嚴圍繞而為眷屬。

巳二 明二地至七地功德

「如極喜地諸功德，如是住於無垢地，當得功德各千種。餘五菩薩得百千，得百俱胝千俱胝，次得百千俱胝量，後得俱胝那由他，百轉千轉諸功德。」

如極喜地菩薩所得十二類功德，各有一百。轉入第二無垢地時，彼十二類功德，當得一千。其餘三地，四地，五地，六地，七地菩薩，如其次第，則得百千，百俱胝，千俱胝，百千俱胝，俱胝那由他百轉千轉，即百千俱胝那由他十二類功德也。

巳三 明三淨地功德

八地以上所得功德，計算俱窮，當以微塵而數。頌曰：

『住不動　無分別，證得量等百千轉，三千大千佛世界，
極微塵數諸功德。』

住第八不動地菩薩，於人及法，都無實執分別。證得百千三千大千世界極微塵數，十二類功德。頌曰：

『菩薩住於善慧地，證得前說諸功德，量等百萬阿僧祇，
大千世界微塵數。』

菩薩住於第九善慧地，證得如前所說十二類功德，量等百萬阿僧祇三千大千世界極微塵數。頌曰：

『且說於此第十地，所得一切諸功德，量等超過言說境，
非言說境微塵數。』

於此第十地中所得如前所說之十二類功德，量等超過言說境非言說境，即不可說不可說轉佛剎極微塵數也。言且說者，謂十地菩薩之功德，猶不止如此所說者。

故下文更述諸餘功德，頌曰：

「一一毛孔皆能現，無量諸佛與菩薩，如是剎那剎那頃，
亦現天人阿修羅。」

又此菩薩，能無分別示現化身，於自身一一毛孔，剎那剎那能各別。示現無量諸佛菩薩，各有無量菩薩而爲眷屬。如是一一剎那頃，亦能於一一毛孔示現其餘天人阿修羅等，不相雜亂。亦字攝未說者。謂應以帝釋，梵王，護世，人王，聲聞，獨覺，如來等身教化之有情，卽能任運示現帝釋等身而爲說法。廣如十地經說應當了知。

丙二 果地分五，丁一 初成正覺之相，丁二 建立身與功德，丁三 明變化身，丁四 成立一乘，丁五 成佛與住世。初又分二，戊一 正義，戊二 釋難，今初

「如淨虛空月光照，生十力地復勤行，於色界頂證靜位，
衆德究竟無與等。」

譬如月光於淨虛空中能照耀一切衆生，如是已得第十菩提心之菩薩，淨治能障佛法之冥闇，了知自身能得佛法。於能生十力佛地之前第十地時，爲得佛地故，復更精勤修行。爾時世尊唯於色界頂摩醯首羅天宮，證得最極寂靜無上智位。此位一切功德皆到究竟，以念住等一切功德，至此爲極最勝妙故。此智復無與等，以無同此者故，更無過上者故。言唯於色界頂者，顯先未成佛，最初成佛者，必是色究竟天身。若先已成佛，後示現成佛者，則欲界身亦可。此是波羅蜜多大乘規。諸佛世尊於色界頂初成佛時，唯於一剎那頃得一切種智。頌曰：

「如器有異空無別，諸法雖別性無差，是故正知同一味，
妙智剎那達所知。」

如瓶盤等器雖有無量差別，然徧於一切器皿之虛空，同是遣除障礙之所顯故，無餘差別。如是色受等法從因緣生，雖有無量差別不同。然彼等上自性不生之真實義，則無少許差異。是故當知此真實義唯是一味。此一味真實義，唯以一剎那智

而正了知。故妙智世尊一刹那頃證得，通達一切所知之妙智也。

戌二 釋難分二，巳一 敍難，巳二 解釋。今初：

「若靜是實慧不轉，不轉而知亦非理，不知寧知成相違，

無知者誰爲他說。」

汝既安立自性不生爲色等之真實義，又安立智慧能知於彼。若時安立自性不生之寂靜是真實義者，則於彼境應許智慧不轉。若於自性不生之真實義，智慧能轉，則彼智慧爲見彼境是何行相。由全不見境之行相，故於真實義智慧不轉。若時智慧於境不轉，則說智慧知所知境亦不應理。何能遍知此真實義。由不遍知云知真義，不應道理。故不遍知境者寧是能知。成相違故。若能知真實義之心都無有生，則亦無有能知真實義之人，誰復爲他所化，說我了知真實義行相如是耶。

巳二 解釋分二，庚一 釋不證真實義難，庚二 釋無能知者難。今初：

「不生是實慧離生，此緣彼相證實義，如心有相知彼境，

依名言諦說爲知。」
於此世間，若識隨彼境相而緣，卽說此識了知彼境。如心生時具青境相，卽說此心了知青境。如是若能緣智生，具眞實義之行相，依名言諦亦可說爲了知眞實義。內識隨緣眞實義行相之理，謂如自性不生是境之眞實義，其能緣慧，亦具離自性生之行相。如水注水中。由緣彼境之行相，立爲證眞實義。故無所難之過失。
釋論云：「故由假名立爲通達眞實義，實無少法能知少法，能知所知俱不生故。」假名之義，如頌云：「依名言諦說爲知。」謂非由自性說爲了知，是由假名立爲了知。非說了知眞實義，唯是假說也。言「實無少法」等，義謂：若唯現離戲論相不立爲知，要現如青黃等相乃立爲知，則定非有。如所緣境眞實義是不生，其能緣慧亦具自性不生之行相也。如敵者說：慧不能現眞實義之行相。若慧不現境相，則不於境轉。若不於境轉則不知彼境。若不知境，則說心能知彼，成相違失。其慧不現境相則不轉等，自宗亦許。不須解答。故唯破其慧不能現勝義諦相。說彼行相慧能現起。由現彼相，立爲通達彼境。並舉喻爲證。有說此宗，無有通達勝義諦之無分別智者，當知是謗最勝聖智。此云：「剎那達所知。」說證得一剎那頃能達一切所得之智。又說如所有智不現能知所知各別二相而知。故於諸佛了達如所有性與盡所有性之理，應善了解。茲當略說。未成正覺，一剎那慧，不能雙達各別有法與彼法性。彼二必須各別了達。若已斷盡實執習氣成正等覺，恆常安住親證勝義諦之根本定中，永不起定。根本後得不復別起。如二諦論釋云：「以一剎那智，遍遍所知輪。」離根本智，更無異體知盡所有性之後得智。是故當許唯以一智能知二諦一切所知。若時觀待法性成如所有智，則此智前一切二相皆悉寂滅。是故此智如水注水一味而轉。若時觀待有法成盡所有智，則有心境二相顯現。由已拔除錯亂二相之習氣，故是於所見境不錯亂之二相，非錯亂二相。此不錯亂之理，餘處已廣說。又佛地中具有根本後得二智，如寶性論云：「慧智及解脫，光明照耀淨，無異故如日，光明照耀等。」疏云：「佛身出世無分別慧，能破除所知勝真實義之黑暗故，如同光明。其後得見一切所知之智，遍一切種所知事轉故，如同照耀。」出世無分別慧卽根本智。彼是觀待真實義而立，卽破除等義。言後得之後，非從根本定起，時間前後之後。是由根本定力所得或所生之義。言「遍一切種所知」等義，謂彼後得智，是由遍緣一切盡所有性而立也。故觀待有法則非如所有智，觀待法性則非盡所有智。若能善解此義，則於二諦論云：「由離徧計性，所現唯緣生，一切種妙智，現見此一切。」又云：「若能知所知，自體皆不見，爾時相不生，堅住故不起。」此說諸佛現見一切盡所有性，又說能知所知以二相理皆無所見。餘諸大論師亦多作是說。不須強解謂：「能知所知都無所見，是依佛本分而說。現見一切所知，是就衆生分上而說。無有佛地所攝之智。」即佛一智觀待二境，有二了達之相，無少相違也。

若爾前云：「由於諸法見真妄，」等所明二諦之相，與此建立應成相違。曰：無違。前說二諦相，是依總義而立。此說佛智見境之相，與十地以下皆悉不共，是依別義而立也。諸佛見境之相，總略言之，若是見真理智正量所得，要待彼境方成理智正量者，是勝義諦相。世俗諦相由此可知。若是如所有智所得，要待彼境方成如所有智，及是盡所有智所得要待彼境方成盡所有智。如是觀待各別境界，立爲見勝義世俗之相，亦當了知。復當憶念，前文觀察自證分，應不應理之自宗也。

庚二 釋無能知者難分二，辛一 正義，辛二 明理。今初：

又汝說云：「若無知者，誰復爲他說真實義行相如是耶？」今當解釋。佛地親證真實義智，與境自性不生勝義，雖是一味而轉。然諸世間亦非不能了知真實。此中難義，是謂智與真實恆一味轉，則無具說法分別之說者，旣無說者，則不說法。下文答云：「雖無分別，說法亦應理故。」爲答此難，頌曰：

「百福所感受用身，化身虛空及餘物，彼力發音說法性，

世間由彼亦了眞。」

諸佛住何色身親證法界法身。佛此色身，是由無量福德資糧之所感得，具足不可思議種種妙色。是諸菩薩受用法樂之因，名受用身。由此色身發出法音演說諸法真實義。世間衆生是聞法之法器，卽能無倒了知眞實也。不但百福所感之報身能

作是事，卽此報身加持之化身，及由化身之力，從虛空中及餘草木壁崖等無心之物，亦能發出法音演說諸法真實，今諸衆生了知真實義也。

辛二　明理

諸無分別心心所法，於說法時現前既無發起作用，云何能爲說法作用之因？當舉外喻以明此義。頌曰：

「如具強力諸陶師，經久極力轉機輪，現前雖無功用力，

旋轉仍爲瓶等因。如是佛住法性身，現前雖然無功用，

由衆生善與願力，事業恆轉不思議。」

譬如世間具有強力之陶師，由經久時極力旋轉其機輪。次彼陶師雖現前不起轉動機輪之功力，亦見彼輪旋轉不停成爲瓶等之因。如是諸佛住法性身成正覺時，如摩尼珠及如意樹，現前雖無分別功用，然由衆生善根成熟應從佛所聽聞是法，及由諸佛昔爲菩薩時發廣大願牽引之力。故佛事業恆轉不息絕不可思議也。發願之

相，謂如諸佛隨順機宜利益衆生，安住法界剎那不動，調伏衆生而不失時。願我亦當能如是也。摯錯譯本中於此處引有經證。

丁二 建立身與功德分二，戊一 建立身，戊二 建立十力功德。初又分三，己一 法身，己二 受用身，己三 等流身。今初：

今當說法身頌曰：

「盡焚所知如乾薪，諸佛法身最寂滅，時不生亦不滅，
由心滅故唯身證。」

佛智本性身由智慧火，盡焚一切如同乾薪之二相所知境。卽如所知自性不生行相而轉。故智慧自性不生行相之寂滅眞實義卽是諸佛之法身。能斷金剛經依此義云：「應觀佛法性，卽導師法身，法性非所識，故彼不能了。」此說諸佛於一切時安住法性，卽是導師之勝義法身，又此法性，亦非二相所能識也。

爾時此眞實義法身，不生不滅。經依如是義云：「曼殊室利，當知不生不滅，卽

是如來增語。」如是佛地妙智所緣真實義中，分別心心所畢竟息滅不轉。無分別智與真實義，如水注水無可分別。故世俗安立，唯由報身證彼佛果也。拏錯譯本，引不退轉輪經。心滅之義，顯句論云：「經云：云何勝義諦，謂尚非心所行，況諸文字。此謂無分別。」此說無心之行爲無分別。此處釋論解寂滅義謂離心心所已，雖是寂滅然亦能作利衆生事，舉如意樹及摩尼珠喻。其後又云：「此身雖無分別，如如意樹及摩尼珠。」亦明顯說是離分別心心所法。故引此文證佛無智慧。實乃未達論義，妄興毀謗也。

巳二 受用身

「此寂滅身無分別，如如意樹摩尼珠，衆生未空常利世，

離戲論者始能見。」

此親證法身之受用身，由離分別心心所故，是寂滅身。此身雖無分別，然亦能作利衆生事。如如意樹及摩尼珠，雖無分別亦爲成辦衆生欲樂之因。又此報身，爲

利一切衆生故，盡未來際常久住世。是故當知世界未空，虛空未盡，諸佛唯爲饒益有情安住世間。又此報身，唯諸久修二種資糧已得離諸戲論無垢慧鏡之地上菩薩，始能現見。餘有戲論諸異生類則不能見。歸依七十頌云：「諸佛妙色身，相好極熾然，衆生隨自解，執爲種種身。無量福資糧，所生彼色身，十地諸佛子，始能快先覩，此身受法樂，則是諸佛行。」

己三 等流身分三，庚一 於一身及一毛孔示現自一切行，庚二 於彼示現他一切行。庚三 隨欲自在圓滿。今初：

由佛法身，或由上述色身之力，離前受用身外，起餘化身。卽是法報等流果身，此身唯以調伏衆生因緣而起，爲顯此身威力差別亦不可思議。頌曰：

「能仁於一等流身，同時現諸本生事，自身雖已久遷滅，
明了無雜現一切。」

能仁於一法報等流色身，爲欲示現無始生死以來一切本生事故，自本生事雖久已

還滅。然能同時明了無礙，任運示現一切本事，如明鏡中現衆色像。頌曰：

「何佛何剎能仁相，諸佛身行威力等，聲聞僧量如何行，
諸菩薩身若何等，演說何法自若何，如何聞法修何行，
作何布施供佛等，於一身中能普現。如是持戒修忍進，
禪定智慧昔諸生，彼等無餘一切行，於一毛孔亦能現。」

又佛世尊昔行布施波羅蜜多時，爲於何佛所，作何供事。於何等佛剎，如吠琉璃寶等爲地，縱橫相等。其土有情如何莊嚴。能仁於彼如何示現出胎等相。諸佛身相，勝行，勢力，復若何等。諸佛眷屬聲聞僧伽若干數量，彼於正法如何修行成爲僧伽。又彼佛土諸菩薩衆相好嚴身，如何受用衣服，飲食，房舍等事。演說何法，爲說三乘抑說一乘。自於彼土，爲生婆羅門等何等種姓，成就智慧，在家，出家，復若何等。聞正法已受何學處若滿非滿。修習何種菩薩大行。於諸佛所，及諸菩薩，聲聞等所，衣服，飲食，珍寶等物，作何布施，經幾許時，供何數量

。如是一切於一身中能普示現。如現修行布施波羅蜜多本事。如是往昔修學持戒，忍辱，精進，禪定，智慧波羅蜜多時。昔諸本生事，一切無餘，於一身中亦能普現。又非但能於一身普現一切本生事跡。卽於一毛孔中亦能普現一切諸行也。

庚二　於彼示現他一切行。

「諸佛過去及未來，現在盡於虛空際，安住世間說正法，救濟苦惱衆生者，從初發心至菩提，一切諸行如已行，由知諸法同幻性，於一毛孔能頓現。」

諸佛世尊，若已過去，若尚未來，若現在世，盡虛空際，安住世間演說正法，救濟苦惱諸衆生者，從初發心，至證菩提，三世諸佛一切諸行，如已所行，於一毛孔皆能頓現。通常幻師以咒藥力，尚能於自身中示現情器種種行相。何況諸佛善巧，已知諸法本性與幻事性全無差別，復經多刧修習彼義。豈不能現彼諸幻事。是故智者，誰仍不了是義，或似了知而反生疑。當由此喻增上信解。

如自諸行與諸佛行，於一毛孔皆能頓現。頌曰：

「如是三世諸菩薩，獨覺聲聞一切行及，餘一切異生位，

一毛孔中皆頓現。」

如是三世菩薩，獨覺，聲聞，一切諸行。及餘異生位一切諸行，於一毛孔中亦皆能頓現。

庚三 隨欲自在圓滿

已說三身圓滿，次顯雖無分別而得隨欲自在圓滿。頌曰：

「此淸淨行隨欲轉，盡空世界現一塵，一塵遍於無邊界，

世界不細塵不粗。」

佛離一切垢淸淨妙行隨欲而轉。能於一微塵境上，示現盡量虛空際一切世界，及現一微塵遍於無邊一切世界。然彼一塵亦不加大，一切世界亦不減小。頌曰：

「佛無分別盡來際，一一剎那現衆行，盡贍部洲一切塵，
猶不能及彼行。」

佛無分別盡未來際，於一一剎那示現種種妙行。盡贍部洲所有一切微塵數量，猶不能及彼一剎那諸行數量。前頌依處增上說，此頌依時增上說。

戊二 建立十力功德分四，巳一 略標十力，巳二 廣釋十力，巳三 一切功德說不能盡，巳四 知深廣功德之勝利。今初

佛地是由十力所顯，故當略說少分差別。頌曰：

「處非處智力，如是業報智，知種種勝解，種種界智力，
知根勝劣智，及知遍趣行，靜慮解脫定，等至等智力，
宿住隨念智，如是死生智，諸漏盡智力，是謂十種力。」

能仁十力，謂處非處智力，如是知業異熟智力，了知種種勝解智力，種種界智力

，如是了知根勝劣智力，遍趣行智力，靜慮解脫等持等至等智力，宿住隨念智力，如是死生智力，漏盡智力。是謂十力。

巳二 廣釋十力分二，庚一 釋處非處智等五力，庚二 釋遍趣行智等五力。今初

「彼法定從此因生，知者說此為彼處，違上非處無邊境，
智無礙著說名力。」

若彼果法定從此因法生，知者諸佛，即說此因為彼果之處。如從不善業生不可愛果，從聖有學道得涅槃等。若與上說相違，名為非處。如從善業生不可愛果，已得見道猶隨業力受第八生，皆無是處。如是處非處境無量無邊，佛智無礙著轉，說名處非處智力。頌曰：

「愛與非愛違上相，盡業及彼種種果，智力無礙別別轉，
遍三世境是為力。」

愛謂善業，非愛謂不善業，是爲不雜二業。與上相違謂諸雜業。能盡有漏業者謂無漏業，及彼諸業種種果報。智無礙者別別而轉，遍於三世所攝一切業果等境。是爲業異熟智力。頌曰：

「貪等生力之所發，有劣中勝種種欲，餘法所覆諸勝解，

智遍三世名爲力。」

貪字亦表瞋等煩惱。等字等取信等諸法。生卽種子。由彼種子之力，所發欲解，此有下劣，中等，殊勝極不相間之種種欲解。又彼欲解種子雖被餘法諸行之所覆蔽。然佛妙智遍三世轉了達一切欲解。名爲種種勝解智力。頌曰：

「諸佛善巧界差別，眼等本性說名界，正等覺智無邊際，

遍諸界別說名力。」

諸佛善巧一切界之差別，謂眼根等，等攝耳至意爲六根，色至法六塵，眼識至意

識六識。說彼之內空等本性名界。正等覺智。遍於一切界差別轉，說名種種界智力。頌曰：

「徧計等利說名勝，處中鈍下名爲劣，眼等互生偕了達，

種智無礙說爲力」。

虛妄增益之徧計，於生貪等有自在力，故名爲根。等攝信等諸根。其最利者說名勝根，其處中根與鈍下根，說名劣根。眼等二十二根，及諸根互能生果。一切種智於彼一一根性皆悉了達。無礙著轉。說爲根勝劣智力。

庚二　釋遍處行智等五力

「有行趣佛亦有趣，獨覺聲聞二菩提，天人鬼畜地獄等，

智無障礙說爲力」。

頗有行道能趣佛果。有行能趣獨覺菩提。有行能趣聲聞菩提。有行能趣天，人，

餓鬼，畜生，地獄諸趣。等字顯示，正定邪定等種種諸行。於彼一切智無障礙，說爲遍趣行智力。頌曰：

「無邊世界行者別，靜慮解脫奢摩他，及九等至諸差別，

智無障礙說名力」。

無邊世界中，行者各差別。如四靜慮，八解脫，奢摩他等持，及九次第等至，與雜染淸淨無邊差別。佛智於彼一切均無滯礙，說名雜染淸淨智力。頌曰：

「過去從癡住三有，自他一一有情生，盡情無邊幷因處，

彼彼智慧說爲力」。

始從愚癡展轉傳來，於過去世住三有中。隨念自他一一有情一切生事盡有情數無有邊際。幷念其因，並念相貌，謂念自他如是色類。並念處所，謂念從彼處沒來生此處。於彼一切隨念境上。所有彼彼無障礙智，說爲宿住隨念智力。頌曰：

「盡虛空際世界中，一一有情死生時，於彼多境智遍轉，
清淨無礙說名力」。

盡虛空邊際諸世界中，諸有情類，一一有情死時，生時。由種種業感種種果」。佛清淨智於彼衆多境界，無障礙轉。說名死生智力。頌曰：

「諸佛一切種智力，速斷煩惱及習氣，弟子等慧滅煩惱，
於彼無礙智名力。」

諸佛由行一切種智之力。永斷貪等一切煩惱及諸習氣。聲聞弟子與獨覺輩，以無漏慧滅諸煩惱。佛智於彼無障無礙。是名漏盡智力。言速者，顯示佛智一剎那頃，最細習氣盡皆斷除。

此中所言煩惱習氣，釋論云：「若法於心染著，薰習，隨逐而轉，是名習氣。煩惱邊際，薰習根本，習氣，是諸異名。」聲聞獨覺雖斷煩惱，然不能斷除習氣。

釋論云：「無明習氣，能障了達所知。」此說習氣是所知障。此宗許法我執是煩惱障。故所知障，當是二取錯亂習氣。龍猛師徒於餘論中皆未明說何爲所知障。故當依止此論所說也。釋論又云：「無明與貪等習氣，唯一切種智於成佛時，始得永斷。非餘能斷。」故餘處說二乘阿羅漢與八地菩薩，斷盡一切煩惱種子。當知彼煩惱種子與此處所說煩惱習氣，亦非一事。又此習氣係最微細之品。十地最後心無間道現起，同時息滅。而成最初解脫道時，即是佛智第一剎那。故說以一切種智力斷除習氣也。如是說此諸力知一切所知者，是現前知。以佛之現量，不現而知不應道理，故是現起而知。又不現行相而知，非此宗義。六十正理論釋中已明了宣說。故亦非是由現見現在之力。而兼知去來也。例如今日於現在時，觀待此時之去來非有。雖於此時不量去來。然了知今日智，即能了知去來一切亦不相違。譬如種子，雖不生種子時之芽，然種子生芽全不相違也。

巳三　一切功德說不能盡，

諸佛所有一切功德，假使諸佛加持壽量，經無數劫不作餘事，專一汲汲演說功德，猶不能盡。况諸菩薩，尤況二乘，豈能了知宣說，諸佛所有一切功德。當以譬喻顯示此義。頌曰：

『妙翅飛還非空盡，由自力盡而回轉，佛德無邊若虛空，
弟子菩薩莫能宣。如我於佛衆功德，豈能了知而讚言，
然由龍猛已宣說，故我無疑述少分』。

如妙翅鳥王翅翮豐廣仗承風力，善能致遠。彼向虛空極力飛去，後飛還時，非緣虛空已盡而還。是由彼久飛自力用盡而回轉，如是諸佛功德無量無邊廣如虛空，聲聞弟子，及諸獨覺，并入大地諸菩薩衆，不能盡說而自退止。此亦非由佛德已盡故止，是因自己氣力已盡而止也。由佛功德說不能盡，如我作釋者，於佛功德，豈能了知而讚說耶？我以自力雖全不知諸佛功德。然我無疑竟能略說少分功德者，是因龍猛菩薩已說此等功德，我是依彼而說。

巳四　知深廣功德之勝利。

「甚深謂空性，餘德卽廣大，了知深廣理，當得此功德。」

總此論中顯示諸佛甚深廣大二種德。甚深者，謂空性法身，及因位行位之空性。其餘十一地之功德及所說十力等，卽廣大功德。若善了知如斯甚深廣大功德之理，依義修習，當能證得此二種功德。

丁三　明變化身，

諸佛化身，是諸聲聞獨覺菩薩共同境界，共同方便。隨其所應，亦是諸異生境界。是能成辦善趣等因。頌曰：

「佛得不動身，化重來三有，示天降出胎，菩提轉靜輪，

世有種種行，爲多愛索縛，佛以大悲心，咸導至涅槃。」

（原文四句六十字）

諸佛已得安住真實永無動搖之法身，現諸化身重來三有，示現從兜率天降，及出胎等，父母妻子繫屬之相。又現證大菩提，適應諸根，轉妙法輪令往寂靜涅槃大城。世界有情，有種種界行，復爲衆多愛索所縛。佛以大悲心，不顧名利等，盡行引導安立於大般涅槃。

丁四　成立一乘

已說三身建立，次明於一乘中，佛說三乘是密意教。頌曰：

「離知眞實義，餘無除衆垢，諸法眞實義，無變異差別。

此證眞實慧，亦非有別異，故佛爲衆說，無等無別乘」。（原文四句）

離了知諸法眞實義，更無餘法能除一切二障垢染。諸法眞實義亦無不同之變異差別。故此證眞實義之智慧，緣境行相亦無別異。故佛能仁，爲諸衆生，宣說無餘能等全無差別之一乘。經云：「迦葉，由知一切法平等性故而般涅槃。此唯有一無二無三。」龍猛菩薩亦云：「由法界無別，故乘無差別，佛說三乘者，爲導諸有情。」

此說：若不通達眞實義，則不能盡斷一切煩惱。諸法眞實義復無最大差殊。故有處說，往涅槃城，有達不達眞實義之因乘差別。及說斷盡煩惱證涅槃已，不復更學餘乘之果乘，有多乘者。當知是爲引導衆生而說。若能善解此義，則經說二乘不證法無我之密意，亦能了解。

若得涅槃後，不復更學餘乘。此大涅槃唯有一乘。云何經說二乘亦能般涅槃耶？

曰：此是密意語言。頌曰：

「衆生有五濁，能生諸過失，故世界不入，甚深佛行境，

然由佛善逝，具智慧方便，昔曾發誓願，度盡諸有情」。（原文四句）

由諸衆生，有刧濁，見濁，煩惱濁，衆生濁，壽命濁等五濁，能爲發生諸大煩惱過失之因，使其身心都無堪能。由此能壞勝上勝解，障求佛智。是故世界衆生，於佛甚深難測行境，不能趣入。然由諸佛善逝，具足調伏衆生之巧便妙智，及不

忘失利益衆生之大悲方便。復由往昔行菩薩道時，曾發誓願，願我度盡一切有情。決定當以他種方便，成滿斯願也。

由諸衆生有多障緣障入大乘。復應大乘諸衆生，安立涅槃。頌曰：

「以是如智者，導衆赴寶洲，爲除衆疲乏，化作可愛城。

佛令諸弟子，意趣寂滅樂，心修遠離已，次乃說一乘」。（原文四句）

法華經說，如大商主具足智慧，引導衆人赴大海寶洲之時，爲除衆人行久之疲乏故，於未到寶洲之中間，化作可愛城邑，令衆休息。如是諸佛世尊，於未到大乘之此岸，示以能得大乘之方便，令聲聞弟子及獨覺人，心意暫趣寂滅樂故，宣說二乘。待彼修心，已能遠離生死煩惱，次乃宣說唯一大乘。彼等亦當如佛世尊，圓滿資糧而得佛果。成立一乘，集經論云：「唯有一乘，無量經中皆宣說故。」如彼應知。

丁五　成佛與住世　分二，戊一　釋成佛時，戊二　釋住世時。今初

「十方世界佛行境，如其所有微塵數，佛證菩提刧亦爾，

然此祕密未嘗說」。

十方所有一切世界，唯是佛所行境，如其中所有一切微塵之數量。佛證最殊勝大菩提之刧數亦有爾許。雖然，昔未集善根者，極難信解，故佛於此祕密，未嘗宣說。若能增上信解，卽得無量福德資糧，故此言之。疏云：「此因一切諸佛同一法身，故作是說。若不爾者，則無餘佛出世免。」此說非理，釋論說是依示現化身說故。疏又云：「言現化身因，意說法身。」此亦非理。若許證法身之量，有爾許時，亦犯無餘佛出世之過失。若一切佛同一法身，則前佛成佛時，其未成佛者，於成佛時所當得之法身，應已先得。極相違故。以是當知，此是說證菩提之數量。然非說成佛後之時量，是說成佛已後，化身重現成菩提之數量。舊錯譯爲：「佛境諸刹遍十方，如彼所有微塵數，佛亦當成大菩提」，較爲妥善。若不作是解，而照疏中所說，正是本論所指不可說此秘密之機也。

戊二　釋住世時。

「直至虛空未變壞，世間未證最寂滅，慧母所生悲乳育，

佛豈入於寂滅處」。

諸佛未來之壽量，直至虛空無爲未曾變壞，一切世間衆生未證最寂滅之佛果，而無盡期。蓋諸佛係從般若波羅蜜多佛母所生，由大悲乳母之所養育，豈能入於一向寂滅處耶？

諸佛爲利濟無邊無際一切有情其大悲心，行相云何？頌曰：

「世間由癡噉毒食，如佛哀愍彼衆生，子毒母痛亦不及，

以是勝依不入滅」。

諸世間人，由愚癡過失增上力故，貪著五欲如噉毒食。以是能生大苦之因，名雜毒食。如佛哀愍彼食毒衆生之量。設使慈母，見自愛子誤噉毒食，所生之悲痛，亦不能及佛也。是如諸佛爲最勝依怙，終不入於一向寂滅。頌曰：

「由諸不智人，執有事無事，當受生死位，愛離怨會苦，

并得罪惡趣，故世成悲境，大悲遮心滅，故佛不涅槃。」（原文四句）

由諸世人不知真實義，凡執有實事，深信業果，能生人天者，決定當受生死位苦，亦定當受愛別離苦，怨憎會苦。其執無因果事成就邪見者，則當墮於諸罪惡趣地獄等中，亦定當受前說衆苦。故諸世人成爲大悲所懸之境。由大悲力遮世尊心不趣寂滅。是故世尊常住世間不般涅槃。

乙三　如何造論之理，

「月稱苾芻，廣集中論義，如聖教教授，宣說此論義」。

如是無倒解釋龍猛菩薩意趣之論義，是月稱苾芻，廣集中觀論義，如了義諸經聖教，及龍猛菩薩之教授而解說也。頌曰：

「如離於本論，餘論無此法，智者定當知，此義非餘有」。

如離中觀諸論，餘論典中未有無倒宣說此空性法者。如是智者決定當知，我等此中所說論義，如空性法，亦是餘論所未有者。釋論云：「是故有中觀師謂經部與毘婆多部所說勝義，諸中觀師許爲世俗。當知此說是未了知中論之真實義。以出世法與世間法相同，不應理故」。此顯自宗許爲名言有者，皆是無自相法。故小乘二部於許有自相上一切建立。自宗非但勝義中不許有，即名言中亦不許有。於是當知此宗非但不共唯識，即與解釋龍猛提婆意趣之餘中觀師宗亦不相共。然此論師許佛護釋堪爲完量，故非譏彼。靜天菩薩與此師宗極相符順。由此，於名言中亦不許有自相，而能安立二諦。故有多種不共善說，如不許自續及阿賴耶識等。辨了不了義等論中皆已廣說，此不煩贅。有說出世法，爲越出世間名言之僞宗，世間法爲自宗者，與釋論相違。釋論說：「棄捨此出世法，」故當反上而說。世間與出世之義，是如實知不知真實義也。

由此解釋龍猛菩薩意趣不共他故。其不知菩薩意趣，不解經論真實義者。但聞宣說空性之文字，便深生怖畏，遂即棄捨此出世法。今爲無倒顯示中論之真義，故造此入中論。頌曰：

「由怖龍猛慧海色，衆生棄此賢善宗，開彼頌蕾拘摩陁，

望月稱者心願滿」。

龍猛菩薩通達甚深空性之慧海，極廣難測顏色黝黑，見者恐怖。故唯識師等衆生，皆遠棄龍猛此賢善宗義。然中觀論如拘摩陁花之蓓蕾，諸企望月稱開放彼花者，今皆滿其心願矣。釋論云：「若謂上座世親，陳那，護法等諸造論者。彼等是否，聞文生怖，棄捨無倒顯示緣起義耶？卽作是答。」世親陳那等論中，雖皆是解釋唯識宗義。然彼諸師究竟何所許。如我等凡愚，實難揣測也。

又此甚深空義，誰能通達？頌曰：

「前說深可怖，多聞亦難解，唯諸宿習者，乃能善通達，

由見肌造宗，如說有我教，故離此宗外，莫樂他宗論」。（原文四句）

如前所說甚深真實義。極可恐怖。唯諸衆生曾於宿世樹殖增上勝解空性之習氣者，由久修習故，乃能決定通達。此處舉錯譯云：「現見於外道惡論執爲真實者，由宿因力故亦能通達空性。」較跋曹所譯爲善。如諸外道若昔無信解空性之習氣，卽使暫斷對法所說。唯除有頂，其餘三界之煩惱現行，能別創立宗派者。然於佛說勝義空性不能信解。如是彼諸論師，多聞聖教，終難了解此甚深義。除中觀宗，由見他宗解說勝義之理，未得佛意，唯由肊造。如同宣說有人我之邪教。故離此中觀宗外，於他論師所許論宗，當捨歡喜之心。以他隨意所創宗義不足爲奇。唯自能增上信解空性正見，最爲希有。

乙四　迴向造論之善

「我釋龍猛宗，獲福遍十方，惑染意藍空，皎潔若秋星，

或如心蛇頂，所有摩尼珠，願普世有情，證眞速成佛」。（原文四句）

我以教理顯釋龍猛大阿闍黎之賢善宗義，所獲廣大福德，遍十方際，此於煩惱所

染心意如蔚藍色之虛空中，最爲皎潔如同秋星。或如造者心蛇項上之摩尼寶珠。今仗此力，維願一切世間有情，如實通達甚深真理，速趣如來普光明地。

甲四 結義分二，乙一 何師所造，乙二 何人所譯。今初。

入中論頌，是薩曼達國，光顯龍猛深廣理趣，證持明位，得如幻定，住無上乘，成就逆品不可奪之殊勝智悲，能於所畫乳牛榨乳，破除有情實執之月稱大阿闍黎，著作圓滿。

乙二 何人所譯

迦濕彌羅聖天王時，印度底拉迦迦拉沙論師，與西藏跋曹日稱譯師，於迦濕彌羅國無比大城寶密寺中，依迦濕彌羅本翻譯。後於拉薩惹摩伽寺，印度金鎧論師序與前譯師，依照東印度本，善加校改，講聞決擇。此中所列，與釋論中，造論序翻譯序相同者，是將別譯本頌與釋論中之合本頌，合幷校對而序也。

一切佛經心要義，離邊中道深緣起，遠離二邊如實解，

謂佛授記聖龍猛。彼最勝宗聖天意，智者造釋有多種，

圓滿釋者謂佛護，月稱論師與靜天。合三大士所許門，
要義盡決文句到，以此善說今應成，最勝宗義淨無垢。
北方雖多信此宗，然不能分清徹理，無福信解深義者，
反謗此宗自不解。爲除所見諸垢染，爲善根者顯深道，
並願我於一切生，不離此道故解釋。由此勤勞所生善，
普願衆生達深義，一切晝夜勤修習，諸佛菩薩常歡喜。

入中論善顯密意疏，初由善吉祥大善知識，供四十兩銀曼荼羅。復由衆多信解此法，慧力殊勝之大善知識，殷誠勸請，造一文義明顯，總義決斷，廣解釋論諸難處之大疏。大中觀行者，多聞苾芻，東宗喀巴善慧稱吉祥，造於格敦寺尊勝洲。

入中論善顯密意疏卷十四終

中華民國三十一年三月三十日　　譯於縉雲山編譯處

國家圖書館出版品預行編目資料

入中論善顯密意疏／法尊法師漢譯. -- 初版. -- 新北市：華夏出版有限公司, 2024.09

面； 公分. --（圓明書房；050）

ISBN 978-626-7393-15-4（平裝）

1.CST：中觀部

222.12 112020445

圓明書房 050

入中論善顯密意疏

漢　　譯　法尊法師

出　　版　華夏出版有限公司

220 新北市板橋區縣民大道 3 段 93 巷 30 弄 25 號 1 樓

電話：02-32343788　傳真：02-22234544

E-mail：pftwsdom@ms7.hinet.net

印　　刷　百通科技股份有限公司

電話：02-86926066　傳真：02-86926016

總 經 銷　貿騰發賣股份有限公司

新北市 235 中和區立德街 136 號 6 樓

電話：02-82275988　傳真：02-82275989

網址：www.namode.com

版　　次　2024 年 9 月初版一刷

特　　價　新臺幣 750 元（缺頁或破損的書，請寄回更換）

ISBN：978-626-7393-15-4